危机与变革

百年变局中的世界经济

施东辉 著

中国出版集团 东方出版中心

图书在版编目（CIP）数据

危机与变革：百年变局中的世界经济 / 施东辉著.
—上海：东方出版中心, 2022.6
ISBN 978-7-5473-2002-0

Ⅰ. ①危… Ⅱ. ①施… Ⅲ. ① 经济史-世界
Ⅳ. ①F119

中国版本图书馆CIP数据核字（2022）第083222号

危机与变革：百年变局中的世界经济

著　　者　施东辉
策　　划　马晓俊
责任编辑　张馨予　时方圆
封面设计　钟　颖

出版发行　东方出版中心有限公司
地　　址　上海市仙霞路345号
邮政编码　200336
电　　话　021-62417400
印 刷 者　上海颛辉印刷厂有限公司

开　　本　890mm×1240mm　1/32
印　　张　9.875
字　　数　212千字
版　　次　2022年7月第1版
印　　次　2022年7月第1次印刷
定　　价　58.00元

推荐词

施东辉教授是著名的研究资本市场的专家。在这本充满国际视野与历史跨度的好书里，施教授给我们的启发却远超出资本市场。如果你想了解庞大而又不断更新的金融学与宏观经济学的文献，或者想对数字经济中反垄断及其他监管措施做一个国际比较，或者在琢磨中国经济与资本市场接下来会怎么发展，这本书会让你在看似独立的不同假说中看到联系，会让你耳目一新。

——魏尚进

哥伦比亚大学终身讲席教授

本书论述清晰简洁，无须太多经济学知识即可读懂，但其论述背后包含严谨扎实的研究分析、丰富详实的数据支持以及深刻独到的学术观点。对今日世界经济运行感兴趣的读者来说，这是一本必读的书。

——盛松成

中欧国际工商学院教授、中国人民银行调查统计司原司长

本书视野开阔，数据详实，行文简练，为读者展示了一幅世界经济

及中国经济发展变革的生动画卷，值得认真一读。

——刘煜辉

中国社会科学院经济研究所教授

挥之不去的新冠肺炎疫情，史无前例的货币宽松，日益加剧的贫富之忧，世界经济何去何从？施东辉教授在本书中将带你探秘百年变局中的世界经济，为你提供新经济秩序的重要指南。

——邵　宇

东方证券总裁助理、首席经济学家

在一个充斥着危机、经济政策剧变以及技术革命的世界大变局中，施东辉教授的这本书为我们理解后疫情时代的投资环境提供了新的视角，也为我们解读市场的繁荣和萧条提供了一个新的参考。

——张　晖

汇添富基金管理有限公司总经理

目录

推　荐　序

从更宽广的视角理解当前全球经济运行格局变迁

巴曙松教授

北京大学汇丰金融研究院执行院长

中国宏观经济学会副会长

面临当前全球经济的百年变局，我们常常感到迷惘，在这个时候，适当从现实经济运行的种种纷繁复杂的现象中有所抽离，从更广的视角、更长的历史时段，以及更多元的思想视角来进行对比，常常能给我们一些启发。这就像熊彼特说到的："一个人如果从他自己时代的著作退后一步，看一看过去思想的层峦叠嶂而不感受到他自己视野的扩大，那么这个人的头脑肯定是十分迟钝的。"现实变迁带来的迷茫，有可能会因为分析视角的扩大而得到启发。施东辉教授的这一本《危机与变革：百年变局中的世界经济》，我认为就是这种尝试从现实退后一步的深入思考，因为这样更大视角的思考，他确实在这本书中给我们提供了许多的启发。

施东辉教授在书中指出，马克・吐温曾说过，历史不会简单重复，但有其相似性。这种相似性正是源于金融危机、技术创新、民粹主义和权力中心转移这四大周期的吻合和交汇。他在书中的许多分析，都从不同的侧面对这四大周期带来的全球经济运行新格局进行了新的思考。古人云:“不谋万世者,不足谋一时;不谋全局者,不足谋一域。”这句话同样强调的是,从更大的视角、更长的时间区间来考察的重要性。熊彼特也强调了类似的看法:“如果一个人不掌握历史事实,不具备适当的历史感或所谓历史经验,他就不可能指望理解任何时代(包括当前)的经济现象。”我们要想更清晰地理解当前的全球经济运行变迁,可能同样需要从历史经验中找到启发。

站在全球百年未有之大变局的历史关口,新冠肺炎疫情加速了从2008年就已经开始发生的全球化放缓,民族主义、大国对抗、战略脱钩、科技竞争等类似趋势也在不同局部领域得到强化。时至今日,全球范围内的疫情仍然在肆虐。有分析者认为,新型冠状病毒是全球化第一阶段和第二阶段之间的历史标志。站在当前的时点来看,疫情所促发的对全球特别是部分发达经济体的冲击,以及由此带来的世界秩序的调整,恐怕远远超出了在疫情初期学者的预判。

冷战结束以来,随着两大传统阵营的解体以及新技术革命的推动,经济利益和市场原则取代意识形态成为全球资源配置的首要原则,在微观上表现为跨国企业在全球范围内利用各地的优势组织生产,大大促进了各种生产要素在全球的流动和国际间的分工,并由此极大地推动了经济全球化进程。疫情最为深远的影响是,自20世纪90年代以来全球经济的运行范式可能在发生根本变化,安全目标的重要性提升,并在特定领域超越经济利益成为资源配置的首要原则。这一影响在多个方面已经开始显现。最为直接的是,不少国家在全面强化其医疗医药保障体系,特别是强调特定产业链的完整性。由于国与国之间的不信任加剧,与安全相关的产业范围在扩大,从高新技术产业扩大到国家基础设施、医疗设备和药品,以及美国假国家安全之名扩大到社交媒体的领域。

疫情的冲击展示了全球产业链分工体系的脆弱性。在这个过程中，全球化的供应链、产业链布局正在出现调整，由跨国企业主导的全球价值链可能在未来若干年中发生规模缩减、范围缩小和形式的变化。基于不同产业重要性和供需等特点，具体可能有几个方向的变化。一是关系国计民生的重要原材料、零配件、中间投入品，尤其是医疗医药等产业的全球价值链，跨国公司可能会就此搬迁回本国，以形成政府和社会所要求的自主可控。二是区域合作深化，从离岸生产转向近岸、在岸生产。跨国公司的供应链系统会要求更加体现自主性和可控性，对实时生产模式和全球分散生产的态度变得更加保守，这样会使企业始终保持一定的生产剩余，并在配置上更加靠近国内。三是布局分散化以增强产业链的抗风险能力。一些供应链容易受突发事件影响全球价值链布局，就不可能像过去那样集中于某一区域，而极有可能是分散布局在全球各个主要国家。四是靠近市场、就地生产仍会对跨国公司的产业布局起到重要的锚定作用。

这次疫情使得原来一度建立的全球治理架构受到沉重打击，面临迅速萎缩的风险。全球治理框架的缺位要求全球领导人，特别是主要经济体的领导人以极大的自我克制来维持国际合作，并防止向公开地缘政治竞争与摩擦的方向倒退。世界格局的演变很大程度上取决于中美能否有效管控冲突。遗憾的是，新冠肺炎疫情被利用来释放美国国内的冷战思维，麦卡锡主义幽灵重现。新冠肺炎疫情可能会导致新的世界格局呈现出“区块化”的发展趋势。

为应对疫情对经济的冲击，美联储实施各种“无底线”的不限量货币救助，全球不少发达经济体的货币政策进入了无上限的无人区，将可能透支公众信用。如果危机再次来临，由于货币政策几乎缺少新的政策空间，一旦美元也走向负利率可能会出现欧日资金大幅减少对美债配置的状况。全球对美元的信任会阶段性地发生动摇，美元若出现大幅贬值，其与美国通胀上升的过程就有可能会相互促进。

在动荡的国际环境下，中国提出加快形成以国内大循环为主体、国内国际双循环相互促进的新发展格局。国内市场的生产、分配、流通各环节实现良性循环，有赖于市场化、法治化、国际化营商环境的建设，有赖于户籍、土地、社会保障等与农民工市民化相关的一系列改革能否真正破题，进而推动低收入人口收入的持续提升以及中国内需潜力的释放，有赖于国企改革、要素改革等能否补齐供给侧短板，提升资源配置效率，也有赖于以市场为导向的科技创新机制的构建。

对外加大开放力度，减小国内市场与国际市场的经济循环藩篱，需要完善知识产权保护制度、降低贸易成本，加快自由贸易协定谈判。双循环格局的形成和稳固会进一步强化改革与开放之间的互动，也会倒逼改革开放的继续深化。事实上，2020 年以来，中国对外开放的节奏和步伐在不断加快。2020 年 5 月《关于金融支持粤港澳大湾区建设的意见》正式发布；6 月《海南自由贸易港建设总体方案》正式印发；2020 年版外商投资准入负面清单进一步缩减；11 月 15 日，东盟 10 国和中国、日本、韩国、澳大利亚、新西兰共 15 个亚太国家正式签署了《区域全面经济伙伴关系协定（RCEP）》；2021 年 9 月 18 日，中国正式申请加入《全面与进步跨太平洋伙伴关系协定（CPTPP）》，都是令人关注的政策进展。与此同时，金融市场的开放也正全面推进，国际资本持有人民币资产的规模在全球动荡中稳步上升。

人类历史表明，疫情和战争有时候反而在冲击过后会在客观上推动人类文化、科技的进步与发展，人类与瘟疫的抗争史，也可以说是科学与医学的进步史。第二次世界大战直接催生了电子计算机等领域的发展。非典(SARS)加速中国电子商务登上历史舞台的进程。瘟疫带来的也并不完全是分裂和对峙,西班牙大流感间接结束了一战。新冠肺炎疫情将从科技研发、产业组织、人工智能、公共服务形态等方面,加速推动经济体系的数字化、智能化转型,给经济运行带来积极变化。例如,目前全球对医药生物科技的巨大投入酝酿着未来生物技术的革命性突破。更为显著的是,疫情加速了传统行业的数字化转型。云办公、云课堂、云游戏、云商贸、云签约等新需求的爆发在倒逼产业升级,促使企业进一步将线下业态向线上迁移,这会带来产业互联网应用的加速,带来传统企业的组织变革、流程变革。

在疫情冲击之下,全球经济同时面临转型与恢复增长的重任,这实际上也是全球经济重新洗牌的过程。当前,我们正站在全球与中国经济金融运行的重要转折点上。百年未有之大变局,必然会对金融市场运行产生深远的影响。在这个大变局中,有国际经济金融治理格局的重构,有不同经济体之间的竞争、摩擦与合作的模式重组,有经济增长方式的转型与经济增长动力的培育,同时全球也面临许多共同的经济挑战,例如,疫情的冲击与供应链的恢复、收入差距的持续分化与实现共同富裕、可持续发展的挑战与绿色金融的发展,等等。

以当前中国的经济规模,以及中国与全球经济体系的广泛联系来看,要分析中国经济,就必须要把中国经济放在全球体系变动中来观察;同样,要把握全球经济走向,也不能忽视中国经济产生的越来越大的影响。正是在这个意义上说,以开放的视野来分析中国经济金融问题,是当前经济金融界面临的共同课题。

在这样一个纷繁复杂的全球经济大转型的变革阶段,施东辉教授将一系列经济分析文章整理成《危机与变革：百年变局中的世界经济》并出版，深入地介绍他对百年变局下全球经济转型的分析和思考，这本新著不但具有学术价值，也具有现实指导意义。作为施东辉教授在业界和学界的同行，我很高兴为他的这本著作作序，相信本书可以帮助大家更好地理解当前和未来全球经济发展的脉络与趋势。

2022 年 3 月

第一章

从百年变局到新冠肺炎疫情：不曾消失的『断层线』

1.1 历史周期、新冠肺炎疫情与百年变局

马克·吐温曾说过，历史不会简单重复，但有其相似性。这种相似性正是源于金融危机、技术创新、民粹主义和权力中心转移这四大周期的吻合和交汇。在整个社会发展的历史进程里，这些事情一直在反复发生。当下，我们正处在这四大历史周期的交汇与叠加期，百年未有之变局的历史时刻正在酝酿和涌动。

1.1.1 历史大周期的交汇

“周期并不像扁桃体那样，是可以单独摘除的东西，而是像心跳一样，是人类有机体的核心。”这是著名经济学家约瑟夫·熊彼特在其著作《经济周期理论》中写下的感言，时间大约是 1939 年中。彼时，世界列强正从 1929—1933 年爆发的全球经济大萧条中缓慢复苏，生产下降、企业破产和失业激增导致民粹主义、贸易战盛行于世，隆隆的枪炮声正从远方传来。

80 年之后，导致经济大萧条的那些原因——需求不足与低生产率、高债务周期与资产泡沫、贫富差距悬殊与政治极化，在当今世界不仅没有消除，反而更为严重，我们生活在一个更好的时代吗？当我们回望时间深处，试图理解这一切的起因和迷惘的未来走向时，会发现历史也是有周期的，并且会随着各种不同时间跨度、不同类型的周期起伏而潮涨潮落，周而复始。

人类在历史长河中前进，不断取得新的成就。然而从古希腊和古罗马的金融救助，到 17 世纪郁金香泡沫时期的金融蠢行，再到 21 世纪比特币的投机狂热，金融泡沫及其破灭后的危机以惊人的频率周期性地上演。据估计，在过去的 400 年间，每 8—14 年就会发生一次泡沫繁荣和破灭的危机周期。20 世纪 80 年代以来，金融自由化和金融创新深入展开，全球贸易和资本流动显著增长，这些因素加深了经济金融化的趋势。从 1987 年全球股市的“黑色星期一”到 1997 年的亚洲金融危机，再到 2008 年的美国次贷危机及由此引发的全球经济大衰退，金融危机变得更为常见，传染影响也越来越大。这种基于高债务的投机狂热的反复出现和由此产生的金融危机及巨大破坏力，是金融体系所固有的，更是源于金融市场无数参与者的希望、贪婪和恐惧。

技术革命既是历史演进的基本内容也是催生历史周期的基本推动力量。在人类漫长的历史上，始于 1830 年的第一次工业革命及其造就的蒸汽时代（1830—1875 年）只是一瞬间，但就在这一瞬间，农耕时代的藩篱被打破，我们进入了一个被技术推动前进的现代社会。此后的 150 余年间，人类又经历了三次大的技术创新革命，每次大致以 45—50 年为一个时间周期。第二次工业革命进入了“铁路时代”（1875—1920 年），使得钢铁、铁路、化工等重工业兴起，人类开始唤醒沉睡在地球内部的储存亿万年的化石能量，世界各国的交流更为频繁，并逐渐形成一个全球化的国际政治、经济体系。第三次工业革命开创了“汽车和电气时代”（1920—1970 年），汽车和家用电器走入千家万户，人类的生活水平和人均寿命大幅提升。第四次技术革命则开创了“信息时代”（1970—2015 年），全球信息和资源交流变得更为迅速，绝大多数国家和地区都被卷入全球化进程之中。

回溯历史长河，一个长达 80 年之久的民粹主义（民族主义）周期浮现于世人眼前。1688年，英国光荣革命推翻了斯图亚特王朝的封建专制统治，建立起了君主立宪制的国家政权。1765年，北美9个殖民地举行抗议印花税大会，掀起反抗英国殖民者的怒潮，追求自由和国家意识的碰撞推动了美国的诞生。1848年，欧洲爆发了资产阶级革命，民族意识在这一时刻觉醒，为封建社会向具有现代国家结构的工业社会过渡奠定了基础。1928年，以邻为壑的保护主义政策导致了国际贸易体系的瘫痪，当国际资本流入突然停止时，德国和大部分中欧国家首先陷入经济危机，年底美国股市发生暴跌和随后的银行业危机使世界经济进入了大萧条时代，民粹主义迅速高涨，在“让德国再次伟大”的期许下，纳粹法西斯的黑暗时代终于来临。

当时间来到21世纪，经济全球化和价值链国际分工带来了资本、技术和劳动在全球范围内的重新配置，西方工业国家制造业的边缘化，使得劳动生产率下滑，贫富差距拉大，人与资本的矛盾冲突日益加剧。2008年的金融危机成为民粹主义和政治极化抬头的直接原因，唐纳德·特朗普上台、英国脱欧、法国“黄马甲”运动，极端民粹主义政客大行其道，历史周期以相同的节奏正在重演。

如果我们进一步放宽历史的视界，更可以发现一个时间跨度长达250年之久的世界权力转移周期。发轫于14世纪中叶的文艺复兴为早期的资本主义萌芽发展奠定了深厚的基础，罗马、佛罗伦萨、威尼斯及尼德兰等一系列新型城市开始茁壮发展，为1500年至1520年开始的地理大发现提供了必要条件。美国著名史学家斯塔夫理·阿诺斯在其所著《全球通史》中认为，世界历史应从公元1500年开始，因为从那时起，人类的各种族之间才第一次有了直接的交往，欧洲开始在全球殖民扩张，并成为世界力量的中心。始于1765年的北美殖民地独立浪潮产生了一个在经济、科学技术和国内治理机制等方面可以自由发展的新兴国家。1894 年，美国工业生产总值已跃居世界第一，世界力量的中心开始转移到北美大陆。当历史学家回顾我们所处的时代时，他们将中国及亚洲经济的崛起视为和文艺复兴及工业革命相似的人类发展史上的重要事件之一。如果以经济规模、贸易规模以及一国经济对外部世界的影响这些因素来衡量，中国现在已经处于成为全球经济领导地位的关键阶段，世界经济中心正开始东移。

1.1.2　新冠肺炎疫情加速周期拐点到来

历史周期的周而复始的确不以人们的意志来进行，往往在不经意之间，看似偶然的事件会敲响周期的钟声，造就历史的拐弯之处。2020 年的春天，就是这样到来的。著名的《外交事务》杂志写道：“与柏林墙倒塌或雷曼兄弟倒闭一样，新冠肺炎疫情是一个震惊世界的事件，其深远的后果我们今天仅能开始想象。但有一点是肯定的，它将导致政治和经济权力的永久性转变。”

新冠肺炎疫情给全球金融市场带来了巨大冲击，市场波动的幅度和激烈程度超出了想象。事实上，全球的经济金融状况在疫情发生之前就已经十分脆弱。2020 年底，全球债务与国内生产总值之比达到逾 355%的历史最高水平，总债务近 280 万亿美元。从家庭到政府再到企业，所有部门的债务都在大幅增长。疫情之下，各国政府纷纷加大财政刺激力度并调高赤字比率，需求萎缩和供给冲击的螺旋效应也恶化了企业的信用状况，维持债务驱动的增长模式变得越来越困难。与此同时，在全球经济增速不断下移的背景下，各大央行自新冠肺炎疫情暴发以来实施的零利率和量化宽松政策带来了更大的分配失衡和局域性的资产泡沫，低增长、低通胀、低利率、高债务等问题困扰着全球,“日本化”成为逃不开的梦魇。如果新冠肺炎疫情持续蔓延,危机周期就会加速到来,中央银行将面对一个棘手的可能性:在一个极低利率甚至负利率的世界爆发一场新的债务危机。新兴市场国家存在着广泛的“货币错配困境”,在本次恐慌中遭遇的资本流出规模和速度已超过2008年次贷危机,导致货币贬值加深,外币债务更难偿还,随着时间的推移,极有可能成为下一波风险策源地。

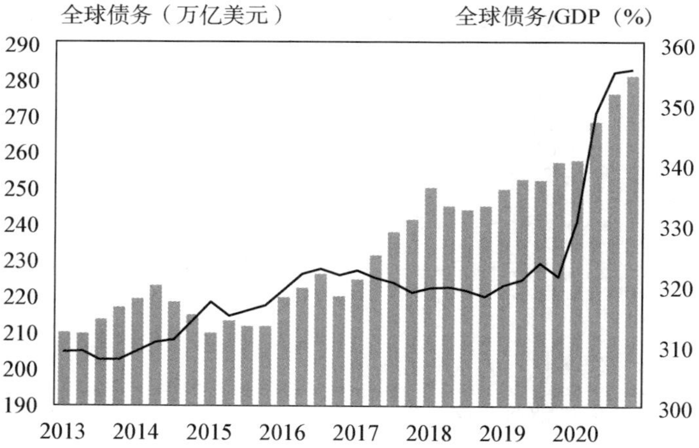

图 1.1 全球债务增长情况

资料来源:IIF*、IMF*、BIS*。

毫无疑问,新冠肺炎疫情是一场全球性危机,而现在更严重的问题在于,这一全球性危机慢慢演变为全球化危机,新冠肺炎疫情正在成为压垮经济全球化这只“骆驼”的“稻草”。

---

* 国际金融协会(Institute of International Finance)
* 国际货币基金组织(International Monetary Fund)
* 国际结算银行(Bank for International Settlements)

自20世纪80年代开始的全球化进程，就其速度、渗透力和席卷范围都远超过历史上任何时期的全球化，全球经济和产业形成了一个非常精细且紧密的价值链和供应链分工，引领世界走向“大缓和”时代。

2008年全球金融危机成为一个转折点，逆全球化思潮再次兴起。新冠肺炎疫情使全球化陷入了自大航海时代以来首次全面停滞的状态，加重了逆全球化的风险。一方面，国家之间的利益冲突正在凸显，对流行病毒的恐惧可能激发各国在医疗等关键民生领域自给自足的呼声。正如美国前总统特朗普曾宣称：“现在，两党必须团结起来，把美国建设成为一个全面独立的、繁荣的国家：能源独立、制造业独立、经济独立，国界主权独立。美国永远不会成为一个依赖国，将成为一个自豪、独立、自强的国家。”另一方面，全球化通过连接全球供应链创造了脆弱性，在一个复杂、相互依存的经济系统中，跨国企业需要在利润、效率和供应链的稳定性之间作出新的取舍，全球产业链、价值链、供应链的本地化、区域化和分散化成为常态，这无疑会对全球化带来沉重打击。

疫情的全球大流行导致经济衰退，使得生产者、消费者信心严重受挫，放大了西方国家社会内部的不平衡发展和贫富差距，加速了城市内部社会空间的二元化和阶级冲突。长期以来经济的金融化让普通居民养成了提前消费和透支消费的习惯，如果没有失业救济金的话，大多数美国人可能会在3个月内迅速耗尽他们的存款。在这个特定背景下，孤立主义、单边主义和贸易保护主义盛行，各国内部日益萌生的极端民族主义和民粹主义情绪会有更多爆发的机会。

桥水基金创始人雷·达里奥在《悄悄变化的世界格局与宏观周期》一文中指出：“在历史进程当中，流行病和其他自然灾害（例如，干旱和洪水)有时是造成这些重大格局变化的重要因素,我没有想到这次格局变化的催化剂会是当下的全球新冠肺炎疫情。"迄今为止,新冠肺炎疫情对各国的公共卫生体制、医疗资源、治理能力乃至国家能力提出了严峻挑战,评价各国应对这次公共卫生危机的措施和效果,不能简单地用一个变量来解释。但显而易见的是,西方世界仍然深陷在冷战时代延续的二元体制对立思维中,他们按照意识形态营造的媒体话语和原教旨般的政治正确条条框框极大限制了自己的政策空间。相反,在东亚地区,那些拥有独特的政治经济体制和公共卫生政策的国家(地区)在应对疫情方面作出了良好反应。

1.1.3 百年变局中的战略选择

任何一个试图理解国家兴衰的人,都需要接受这样一个事实:全球经济就是一片喧闹的丛林,崛起、陨落和对抗,就是这片丛林的主旋律。正如历史上多次发生的那样,历史周期的交汇带来"百年未有之大变局"。当这样的大变局开始出现,必将带来世界秩序和国际格局的深刻变化。对中国和世界而言,这是"危"与"机"并存,"破"与"立"齐驱的时刻,也是一个充满了巨大不确定性和动荡的历史过程。

大国竞争中的战略选择是决定百年变局中"危"与"机"的关键因素。保罗·肯尼迪在《大国的兴衰》一书中精辟地指出,国家间的力量再分配是国际关系历史中的常态,问题是大国崛起并不意味着"大国胜利",崛起大国常常因为欲望的扩张和不慎重的战略抉择,例如,过分相信自己使用实力的决心和按捺不住的"提前摊牌",往往导致陷入权力的赌局,结果反而容易遭受打击和挫折。当下的历史关口,各国正在艰难探索，抗击疫情，世界正在经历一个重要的过渡时期，中国需要自信、冷静地采取相对应的战略，即：短期忍，尽量合作；中期稳，搞好经济；长期争，捍卫利益。

疫情期间，美国等部分西方国家的一些人出于不同目的，通过不实报道和歧视性言论将中国污名化，对中国的国际形象造成了一定负面影响。可以十分明确的是，未来一段时间内，反对中国这个“政治正确”，在西方世界很难根本性改变。短期内，中国已经主动开展防止疫情蔓延的国际和地区合作，根据全球和国内抗击疫情的需求，支持全球应急医疗物资供给。在全球化面临逆转风险时，中国积极提供国际公共用品并参与国际合作共同应对疫情危机，不但有助于改善西方世界对中国模式的刻板印象，也有助于形成要理性合作不要非理性对抗、要共同抗疫不要贸易战、要挂钩不要脱钩的“合作竞争”新格局。

百年变局中最为关键的变量在于大国之间力量对比的深刻变化。1978年改革开放以来，中国经济经历了长期持续的高速增长，经济总量跃升至世界第二，创造了世界发展史上的“中国奇迹”。对当前的中国经济而言，在发挥逆周期调控，保持经济增长不失速的同时，需要进一步推进改革开放，成为抵抗全球经济衰退和维护全球经济一体化的引领力量。

对于想要突破人均GDP 10 000美元这一临界范围的后发追赶国家而言，发展经济学有一个著名的“制度高墙”理论，其核心观点是：没有好的制度和国家治理质量，一个后发经济体将难以翻越“制度高墙”而进入高收入和现代国家行列。近年来，中国在金融自由化、中美贸易摩擦、环保整治、民营经济发展等方面遭遇了诸多问题，经济发展和现代化进程目前已经来到了这个临界点，迫切需要进行深层次的体制机制改革。

中国与世界的关系早已超越了以往任何一个时代。中国深刻地影响着世界，百年未有之大变局下的世界也会更深刻地影响到中国的未来发展。客观上，中美之间的斗争与合作已经主导国际格局演变趋势，在原则问题与核心利益问题上应做好坚决斗争的准备，以斗争求合作。与此同时，也应当看到，没有人是一座孤岛，中国、美国，或者别的任何国家，都无法在现在的世界中实现完全的脱钩和独立生存，这是全球化的进步所在，中美需要在斗争中妥善处理彼此间的分歧、误解、矛盾和冲突，人类是一个命运共同体。

1.2　不曾消失的“断层线”：展望后疫情时代

1911 年，美国科学家哈里·里德在地球科学领域取得重大发现：由于地壳构造板块相互挤压和冲撞在地壳表面形成断层线，当断层线断裂时就会发生地震。2011 年，曾任国际货币基金组织首席经济学家的拉古拉迈·拉詹借用这一术语，推出了《断层线》一书，一时风靡全球。拉詹在书中指出，有三条“断层线”，即：日益扩大的贫富不均、日渐加剧的国际收支失衡，以及不同金融体系的加速碰撞，最终导致了 2008 年金融危机的爆发。十多年后的今天，新冠肺炎疫情的大流行破坏并颠覆了全球经济体系，下一个经济时代的“断层线”已经开始形成和蔓延。

1.2.1　短暂的经济复苏与长期的经济停滞

尽管新冠肺炎疫情以及为遏制它而采取的措施，包括前所未有的人群隔离和经济封锁，使世界经济陷入现代历史上最严重的衰退。但随着主要经济体疫苗接种进程的加快和强有力的财政刺激政策的不断出台，全球各经济体开始强力复苏，国际货币基金组织（IMF）于2021年4月初将全年的全球经济增速上调为6%（上调了0.5个百分点）。

不过，未来仍存在严峻的挑战。各国的复苏路径出现危险的分化，许多国家的感染人数还在加速上升，一些国家的疫苗普及速度较慢，政策支持有限，它们的复苏形势相对较差。另外，各国国内的复苏也不均衡，年轻人和低技能工人仍然受到了较为严重的冲击。更重要的是，除了对公众健康造成的影响和重大的短期产出损失外，新冠肺炎疫情将加剧原有的不平等和经济脆弱性，强化“长期停滞”（Secular Stagnation）的力量，从而给全球经济留下深刻而持久的伤痕。

新冠肺炎疫情大流行的最大经济代价可能是对企业和家庭部门行为带来的长期改变。这种长期变化的一个潜在来源是信念的伤痕，即人们对未来可能发生极端负面冲击的持续警惕。为了应对危机，消费者和企业都在改变自己的行为，其中许多行为转变预计将持续多年。冲击很可能引发家庭和企业部门风险规避情绪的结构性上升，这将既提高预防性家庭储蓄，又减少企业投资，导致总需求长期不足，从而阻碍各经济体发挥其增长潜力。

根据信用评级机构穆迪发布的最新报告，截至2021年第一季度，全球消费者超额储蓄量（个人储蓄与疫情前支出结构相比的超出部分)已经达到 5.4 万亿美元,占全球 GDP 的比例超 6%。可见,疫情确实有可能恶化早已存在的私人储蓄过剩问题,从而进一步拉低自然利率,强化长期停滞的力量。

在新冠肺炎疫情暴发之前,几乎所有发达国家的不平等都在加剧,尽管速度不同,但收入和财富越来越集中在前 10%的人群手中。新冠肺炎疫情与教育水平、技能、收入、年龄和种族等方面的差异相互作用,在许多情况下加剧了现有的不平等。

同样,隔离政策也没有平等地影响到不同类型的企业,几乎可以肯定的是:数字化企业的力量将继续增强,导致企业利润的日益集中,这反过来又将加剧不平等现象,因为企业是收入和财富的最终来源。

在新冠肺炎疫情的影响下,全球经济的数字化转型大大加快,带来令人兴奋的想象空间,影响着整个经济领域。众所周知,技术进步是推动生产率和中长期经济增长的关键力量,从所谓的技术乐观主义者到技术悲观主义者,关于数字经济对生产率的未来影响成为人们热议的话题。目前来看,数字化转型可以对许多公司的生产率产生显著的积极影响,但数字技术能否挽救经济增长放缓,能否转化为整个经济体的生产率增长尚没有定论。事实上,自 2000 年代末期以来,发达经济体的生产率增长大幅下降。美国经济学家罗伯特·戈登将经济增长的原因分为与投资活动相关的资本深化率、与创新活动相关的全要素生产率(TFP),及影响创新的人口因素劳动参与率。数据显示,在美国和欧盟国家,创新活动的减少构成经济增长放缓的主要原因。这一现象的背后是现有的数字化经济创新动能不足,扩散程度不深,难以真正提升生产力的潜能。

表 1.1　美国与欧盟小时产出年均增长率（%）

	美国	欧盟
1950—1972 年	2.54	4.76
其中：　全要素生产率	1.02	3.07
资本深化率	1.34	1.52
劳动参与率	0.18	0.17
1972—1995 年	1.25	2.31
其中：　全要素生产率	− 0.01	0.92
资本深化率	1.11	1.22
劳动参与率	0.15	0.17
1995—2005 年	2.17	1.26
其中：　全要素生产率	0.70	0.27
资本深化率	1.25	0.70
劳动参与率	0.22	0.29
2005—2015 年	0.87	0.63
其中：　全要素生产率	0.17	− 0.02
资本深化率	0.51	0.45
劳动参与率	0.19	0.20

资料来源：根据罗伯特·戈登(Robert Gordon)等学者的研究整理。

1.2.2　数字经济的蓬勃发展与资本—劳动关系的重构

新冠肺炎疫情危机大大加快了经济各部门的数字化进程。创新互联网、机器人和人工智能技术、物联网的广泛应用在这场“抗疫”中发挥着重要作用。它使企业能够渡过危机，有助于减少病毒的传播。

随着冠状病毒感染的蔓延，全世界数以百万计的家庭和办公室里的人们已经转向或更积极地使用在线平台和数字平台。送货机器人、网上购物、数字和非接触支付、远程工作、远程学习、远程保健、机器人技术等正在成为一种新的趋势。

然而，数字经济的蓬勃发展也带来了三个结构性问题：

一是所谓"有技能倾向的技术变革"，即新技术所创造的收益通过提高生产力和满足高技能工人的强劲需求，不成比例地有利于高技能工人。例如，那些能够上网并且更可能在家工作的人，将从网络技术的发展中获益。这些人通常受过良好教育，收入较高。但是，许多处于最不利地位的社会群体中的人更可能在零售业和酒店业等被迫关闭的行业工作，而在这些行业，远程工作并不可行，使得他们在收入分配上进一步落后。

二是自动化技术，特别是人工智能的发展，正在改变我们经济的诸多方面，包括生产基础、就业机会的数量和种类。新技术带来的资本成本下降，导致中等技能工人和越来越多的低技能工人最有可能被自动化取代工作岗位，处于创新前沿的公司和落后的公司之间的鸿沟也将越来越大。

三是由于资本所有权的分配比劳动收入更不均衡，自动化所固有的生产性资本存量的增加将进一步扩大不平等差距，这将导致财富和收入的日益集中。

显然，在数字经济蓬勃发展的情况下，如果各国政府没有采取有效措施来保护社会中最脆弱的群体，那么数字经济和自动化技术将带来前所未有的财富集中，很可能会成为一条新的全球"断层线"。法国总统马克龙在 2021 年 1 月底参加达沃斯论坛时发言指出，有必要严肃考虑社会内部的不平等以及不同产业间的不平等，通过改革重构资本与劳动的关系，确保公司承担对员工和社会的责任。

在所有权方面，各国监管机构可能将不得不考虑通过某些规则来限制股票回购和短期提振股价的一些做法，因为这些做法大大放大了一个越来越小的所有权阶层的利益。同时，还可以考虑其他所有权和公司治理形式，例如，德国的共同决定权（其中涉及工人有权参与其所属公司的管理），以确保在股东和工人之间更好地分配财富与利润。

在劳动力方面，机器可以完全代替劳动力，也可以作为劳动力的有益补充，使单个工人的生产效率更高。美国政治经济学家西摩·梅尔曼在《资本主义之后：从管理主义到工作场所民主》一书中建议，企业管理层应赋予车间工人更多的决策权。他观察到，与劳动力协商后实施的自动化程度越高，工业企业组织生产的能力就越强，整个国家的经济表现也就越好。

1.2.3　新自由主义的凋落与新华盛顿共识的形成

新冠肺炎疫情大流行带来的经济破坏颠覆了全球经济体系，同样重要的是，它动摇了过去 40 年来主导工业化世界的新自由主义正统观念。

曾几何时，在滞胀推翻了凯恩斯主义的共识之后，新自由主义自 20 世纪 80 年代起逐渐席卷全球，从英美实行撒切尔主义和里根经济学而大力削减社会福利、推行私有化开始，到在拉美推行“华盛顿共识”的结构性改革和在苏东地区施行“休克疗法”，再到 1998 年亚洲金融危机后其对东亚“专制主义”的批判及要求经济进一步私有化的“教导”，新自由主义一度被当成不容置疑的经济学圣经。新自由主义开出的危机药方包括：接受“比较优势”和自由贸易；运用私有化、放松管制、健全货币体系和平衡预算的“华盛顿共识”；剩下的就交给市场，任其发挥自身的魔力。

2008 年全球金融危机爆发后,主张市场原教旨主义和自由放任资本主义的新自由主义成为众矢之的,打破了新自由主义在经济和金融领域的神话。此次的新冠肺炎疫情不仅再次打破了新自由主义在经济金融领域的神话,而且打破了其在国家治理和社会治理领域的神话。正如加拿大学者亨利·吉鲁所言:“新冠肺炎疫情不仅是一场医疗危机,更是一场政治和意识形态危机。这场危机深深植根于新自由主义政府多年来对公共卫生和公共利益重要性的忽视以及解散大量相关机构的行为。同时,这场危机离不开财富、收入和权力的巨大不平等危机。”

当新冠肺炎疫情在欧美呈现出一种几近失控的状态时,西方各国政府出台了力度空前的货币与财政刺激政策。尽管大规模救助计划和超级宽松的货币政策对缓解金融市场恐慌会发挥一定作用,但这些政策不过是以往应对金融危机措施的另一个“脚本”,并且不可避免地带来资产泡沫,加剧贫富分化,货币政策遇到瓶颈,效果日渐下降。在此背景下,美国拜登政府在 2021 年 4 月初宣布将在未来 8 年时间完成总额逾 2 万亿美元的基础设施投资,并将通过提高公司税率和对富人征收资本利得税来支付一系列的社会支出,解决长期存在的不平等现象。

全球化的新自由主义教条在经济和政治危机的双重冲击下发生动摇,并最终走向衰落,而一种新的“华盛顿共识”正在悄然形成中。作为新自由主义的大本营,国际货币基金组织抛弃了平衡预算的正统财政观念,认为政府支出较少的国家将遭受更多的经济“伤疤”,从而削减长期生产潜力,因此与时俱进地呼吁各国恢复积极的国家角色,加大财政刺激力度。引人注目的是,该基金还支持对 2020 年兴旺发

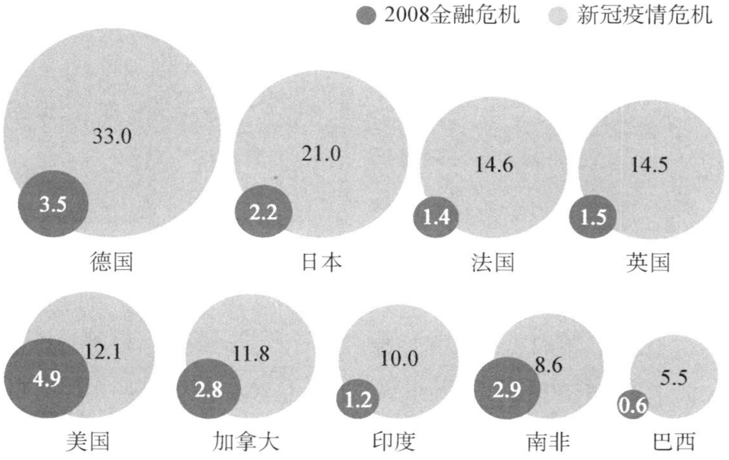

图 1.2　部分国家经济刺激规模与 GDP 占比（%）

资料来源：根据 IMF、McKinesy* 等的研究整理。

达的高收入者征收临时“团结”附加税，同时对 2020 年实现异常高回报的公司征收一项特别“超额”利润税，甚至建议富裕国家考虑征收净财富税。这些政策主张将重塑政府在民众生活中所扮演的角色，在某种程度上代表着大政府时代的回归。

1.2.4　脆弱的“中美国”与世界经济“半球化”

英国经济史学家尼尔·弗格森曾创造了一个新词——“中美国”（Chimerica），用来描述美国和中国经济利益紧密交织、互利双赢的现象。20 世纪末至 21 世纪第一个十年间，中国的储蓄、产能加上美国的超级消费能力、发行世界储备货币带来的资金供给能力，两国似乎形

* 麦肯锡

成了牢不可破的共生关系。然而，2016 年以来，以特朗普当选美国总统和英国脱欧公投为标志，西方国家反全球化情绪不断加剧，作为全球化具体体现的"中美国"也进入了"多事之秋"，全球化大势飘摇，取而代之的是世界大国的激烈竞争和隐然成型的世界经济"半球化"趋势。

2020 年，新冠肺炎疫情的突然暴发对全球化的推进产生了不利影响，不同的群体，不同的经济大陆因封闭隔离而渐行渐远。特别是，中美关系紧张加剧了疫情大流行对全球经济的影响。尽管目前全球经济处在不均衡、不同步的复苏进程中，但由中美紧张关系催生的制造业民族主义，预示着已经成为世界贸易支柱的全球供应链正在进行重大重组，价值链区域化、分散化特征会更加明显。

基于"卫生主权"和国家安全的考虑，发达国家越来越认识到分散在全球太多遥远地区的供应链所固有的脆弱性，因此倾向于在更接近本国市场或在本国市场内扩大或启动新的生产能力。国内生产带来的运输、包装和安全成本的节约，以及对地区邻国和国内劳动力的好处，将越来越多地促使发达国家能够与通过当前国际贸易体系生产的商品价格进行竞争。就连长期以来被视为全球化主要受益者的德国，现在也表现出明显的经济民族主义迹象。德国政府先前强调，制药、汽车和航空航天是德国需要重申主权的三个经济部门。

中国和美国之间目前的技术紧张关系也导致了人们对出现两种相互竞争的技术和一个分叉的技术世界的担忧。有人认为，这种紧张关系可能导致全球技术出现分歧，世界上一些地区使用中国技术，而另一些地区则使用美国技术。随着中国在技术上变得更加自给自足，能够向世界其他地区出口技术，两极技术世界的前景确实是可能的。

尽管技术本身可能最终会解决标准不兼容的问题，但更难解决的是那些根植于监管、安全领域或与地缘政治有关的问题。尤其是植根于文化的数据本地化问题，例如，个人隐私和安全胜过所有其他经济考虑，或者将数据传输视为战略问题的国家安全理由，都会大大减缓新技术所要创造的互联性。同时，作为全球价值链的两个重要节点，中美之间的技术竞争将对其他经济体及其出口产生巨大的溢出效应。因为技术是全球供应链的重要推动者，它也深深地植根于许多商品和服务中。

经济学家和政治家常常试图从过去的角度来看待新的经济模式。因此，我们很可能听到世界正在回到 19 世纪的重商主义等论调。但这种历史观误解了我们现在的处境，因为各国政府看到了支持这一过渡的长期政治利益，就连长期拥护全球化的美国前财政部长萨默斯也承认，“总的来说，过往的经济思维将效率置于弹性之上，但对效率的巨大负面影响关注不够。全球各地的政策目前正朝着更加明显的民族主义方向发展，以纠正这一缺陷”。

随着时间的推移，新冠肺炎疫情将消退，经济隔离将停止，人们也将重新融入社会，但很难想象全球经济会回到“旧常态”。新冠肺炎疫情大流行必然会留下长期的影响经济结构、经济理念和经济增长的“遗产”，重新唤起潜在的“断层线”。当来自四面八方的压力慢慢积聚时，这些“断层线”未来会将全球经济引向一场新的地震。

1.3　“日本化”与发达经济体的宿命

第二次世界大战以后，日本经济发展取得了巨大的成功，但到 1990 年，随着股票市场和房地产市场价格泡沫破灭，日本经济近 30 年沉疴不起，停滞与通缩伴随着“失落的 30 年”而成为 20 世纪最重要的经济事件之一。1997 年,日本名义国民生产总值曾达到 524 万亿日元的峰值,到 2019 年则为 554 万亿日元,在漫长的 22 年时间里仅增长了 6%,这种微幅增长在今年的新冠肺炎疫情中被证明只是昙花一现。日本名义 GDP 的停滞是经济增长缓慢和持续通缩共同作用的结果,这在战后发达国家的历史上也是绝无仅有的,因此被财经界称为“日本化”(Japanization)。

1.3.1 “日本化”的四大症状

经济学家杜恩布什曾说过:一种重大的经济现象往往是一连串预期之外事件相互影响的结果。同样,“日本化”的出现也是诸多因素共同塑造的结果。

首先,日本曾经历了大规模的资产和信贷繁荣,但由债务快速增长推动的房地产和股价泡沫在 1989 年见顶后崩溃,此后从未恢复到此前的高点。日经 225 指数仍然比 1989 年的峰值低了 20%,东京与大阪的房地产价格仍不及 1989 年水平的一半。

其次,泡沫破灭,资产价格崩溃,但名义计价的债务保持不变,这导致了日本企业和家庭部门长时间的去杠杆化和资产负债表修复,引发所谓“资产负债表衰退”,进一步限制了经济增长。

第三,自 1991 年开始的资产价格暴跌损害了银行资产负债表和抵押品,但日本政府对银行坏账一直采取拖延处理的态度,导致僵尸企业没有及时退出市场,“挤出”了对健康企业的新增信贷。

第四,货币与财政政策的应对失策难辞其咎。去杠杆化和资产负债表缩减导致日本经济在 1995 年整体陷入通缩状态,但货币政策在通缩的早期阶段却没有尽快作出反应,日本央行直到 1999 年才将关键政策利率降至0.1%。同时，财政的过早紧缩，包括在1997年4月提高消费税等举措也扼杀了疲弱的经济复苏。

除上述因素外，另一个长期的影响因素是老年人口所占比重的不断上升和出生率的持续下降，2019年日本新生人口为865234人，然而死亡人数却同比增长了1万多人，达到1381088人，连续13年人口自然减少。日本的少子化、老龄化成为拖累潜在经济增长率的重要不利因素。

纵观日本经济过往30年的起起落落，所谓的“日本化”表现出以下四个突出“症状”。

一是增长低迷，实际的经济增长率在一段时期内持续低于潜在的经济增长率。在凯恩斯主义经济学看来，这种情况往往是由于企业和家庭部门受到内外部负面冲击后，货币和财政政策的应对力度太弱或应对时机太晚，导致社会总需求不足，社会的生产潜力没有得到充分发挥所导致。

二是长期停滞(Secular Stagnation)，低迷的经济增长一直持续下去，看不到希望。美国经济学家阿尔文·汉森在1934年首次提出了长期停滞假说，近年来通过萨默斯、伯南克等人的旧话重提复兴了这一概念。在需求侧的人口增长减速、储蓄过剩和供给侧的技术进步迟缓、生产率增长萎靡等因素影响下，自然利率(中性利率)会逐步降至负值区间，央行就不得不跟随自然利率的脚步进行降息，但由于名义利率难以降为负值，从而使得实际利率一直高于中性利率水平，这种情况将对社会总需求和经济增长产生长期的抑制作用，进而引发永久性失业和经济停滞。

三是零利率下限，中央银行为对抗经济低迷而持续降息，使得名义利率触及零利率下限。虽然泰勒规则建议实施负的名义利率，但这在实际操作上受到很大限制，因为存款人宁愿购买保险箱将现金存放在家里，也不愿意为银行存款付费。1999 年，日本央行率先引入了零利率政策，其他发达国家央行也在 2008 年全球金融危机后采用了这一货币政策。不幸的是，在利率降无可降的情形下，只靠常规的货币政策并没有使经济摆脱长期停滞的泥沼。

四是通缩陷阱，商品和服务价格持续下滑，离 2%的通胀目标渐行渐远，出现通货紧缩。当通胀率持续下降时，央行的降息政策会使名义利率以更快的速度下降，此时实际利率也将出现下降。可是一旦通胀率低于零时，由于名义利率不得不一直维持在零利率水平，此时的实际利率反而会因为通缩加剧而不断提升，导致经济无可挽回地陷入通缩陷阱。在信贷需求严重不足，常规政策利率工具存在着局限性的情况下，非常规货币政策应运而生，日本于 2001 年成为全球首个实践量化宽松货币政策的发达经济体。

1.3.2　全球经济正在逐步“日本化”

2008 年美国次贷危机和 2012 年欧洲债务危机爆发以来，全球经济有所复苏但始终步履蹒跚，通胀持续萎靡，进入以“低增长、低名义利率、低通货膨胀和高债务杠杆”为主要特点的所谓“新平庸”（New Mediocre）状态。2020 年，新冠肺炎疫情暴发重创全球经济，“日本化”的趋势逐步开始显现。

从长期历史的角度看，发达经济体全要素生产率的下降事实上从 20 世纪 70 年代就开始了。1960—1970 年间，发达经济体全要素生产率年均增长 2.3 个百分点，但 70 年代和 80 年代就开始经历大幅下滑。90 年代和 21 世纪初经历一段时期的小幅复兴后，又于危机后跌至前所未有的谷底。如果包括危机期间，那么最近10年发达经济体全要素生产率年均增速仅为零。究竟是什么因素导致了生产率的趋势性减速呢？

目前一些研究成果显示，危机前就已开始的生产率减速趋势很大程度上源于信息技术扩散带来的生产率繁荣正在消退。美国经济学家罗伯特·戈登认为，今天的创新，特别是电子商务、数字技术、机器学习和人工智能方面的创新，也许是突破性的，但并不具备全面提高生产率的潜力，因此预计美国未来生产率年增速仅为1%，其他国家也面临着相似的困境。

除产业层面的原因之外，危机前一些重要的结构性问题也已经制约了全球生产率的增长，而危机则进一步加剧了某些结构性问题。这些结构性问题包括老龄化问题加深、不平等加剧压制有效需求、债务高企增加不确定性并压制了总需求等。

生产率增速的低迷不振导致全球经济增速大幅放缓。1985—1990年间，发达经济体的经济增速保持在3%以上；1991—2000年间，美国、欧元区和日本的经济增速分别为3.45%、2.25%和1.14%；2001—2007年间，增速进一步下降为2.45%、2.05%和1.41%；次贷危机至今，三大经济体年均增速仅为0.74%、−0.09%和0.13%。新冠肺炎疫情暴发后，对经济活动的负面影响比预期的更为严重。2020年，全球经济萎缩4.5%，“长期停滞”成为时代上空的阴霾。

利率是资金的价格，本质上由经济潜在增长决定，潜在增长率放缓决定了利率下行趋势。据英国央行前首席经济学家安德鲁·霍尔丹的研究，在全球范围内，实际利率三十多年来一直在下降，1980年代平均为5%，1990年代平均为4%，21世纪迄今平均为2%，现今则为零甚至略低于零。可以说，当前全球处于人类历史上利率水平最低的

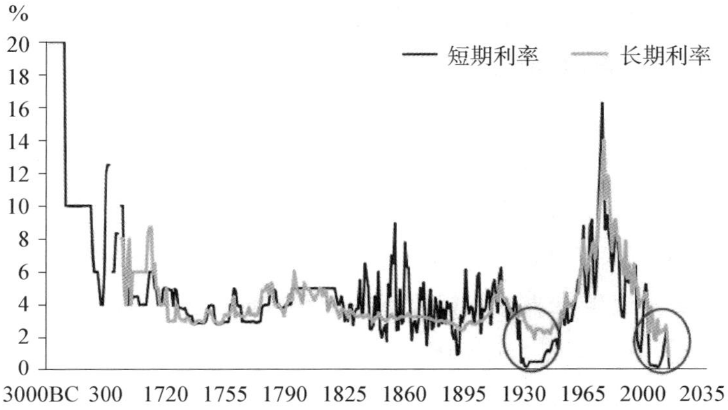

图 1.3 5000 年利率走势

资料来源：英格兰银行全球金融数据。

阶段，被学术界称为“长期低利率之谜”。

全球实际利率下降的原因错综复杂，包括东方储蓄过剩、西方投资不足、发达国家的人口老龄化趋势，以及货币宽松政策下高债务和低利率形成的恶性循环。但是，不管出于什么原因，自 2008—2009 年大衰退以来的低利率，其深度和持久性已使人们从根本上对货币政策未来的有效性产生怀疑。

新冠肺炎疫情引发的经济衰退规模和速度前所未有，经济活动和就业严重下降，尤其是大规模失业和企业破产令人担忧。为应对疫情冲击，美联储迅速将基准利率降至接近零，欧洲央行也深陷负利率泥潭。欧美的货币政策工具已经遇到了零利率下限的制约，货币政策无效性变成了难解之题。倘若经济继续放缓，央行或将尝试收益率控制和负利率等更为激进大胆的货币政策，但日本的历史已经预示了模仿者可能会出现的结果，那就是长期的经济停滞。

过去三十年间，全球悄然步入低通胀时代，无论是经济产出和就业数据的好转，还是天量的货币刺激政策，都无法扭转通胀低迷的局面。美国、欧元区和日本的年均通胀率在 20 世纪最后十年为 2.80%、2.42%和 0.68%，2008 年次贷危机后迄今的年均通胀率下降为 1.79%、1.62%和 0.10%。人们不禁要问，通胀到底去哪儿了？

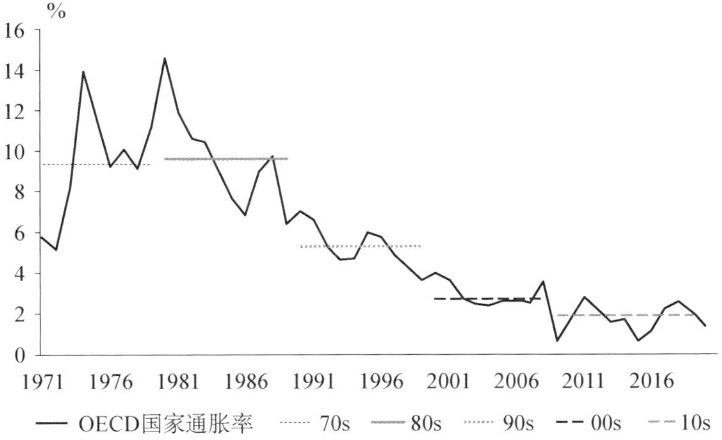

图 1.4　经济合作与发展组织（OECD）国家通胀率走势

资料来源：OECD。

多年来，学界的一个共识是，商品价格持续下跌、全球化和科技进步后资本对于劳动的压榨是通胀大缓和的重要原因。首先，页岩油革命提高了石油供应对需求冲击的反应能力，有效地限制了油价上涨。其次，随着经济全球化持续推进，劳动密集型产业加速向成本更低的地方转移，而低价商品的回流将造成类似“输入型通缩”的效果。再次，工会作用不断降低，美国劳工部数据显示，美国工人加入工会的比例在 1983 年为 20.1%，到了 2018 年这个比例则已经降为 10.1%，导致工人对薪资议价能力的削弱。最后，包括谷歌、亚马逊等在内的大量超级企业的崛起，也对价格的上行起到一定抑制作用。例如，亚马逊收购全食超市就是“破坏性技术”抑制通胀的一个典型例子。

“日本化”是低增长、低通胀和低利率长期运行的极端状态，最终结局是经济陷入通缩陷阱而不能自拔。目前，全球经济的表现与二十多年前的日本在很多方面都惊人地相似，“日本化”或将成为逃不开的宿命。正如克鲁格曼在《向日本道歉》一文中所言：“日本正遭受着似乎无休止的经济停滞和通货紧缩，过去西方经济学家对日本政策的批评也很严厉。最近，我经常觉得我们应该道歉。事实上，西方已经陷入了与日本类似的衰退，或许情况会更糟。”

1.3.3 “日本化”是否有解

2020 年，日本出台了最激进和大胆的经济刺激计划，前后两轮总计规模达 230 万亿日元，约占日本 GDP 的 30%。以比例来算，这个规模是美国刺激计划的近两倍，堪称“史上最大规模经济刺激计划”。

创纪录的刺激措施固然令人兴奋，但它真的能治愈“日本化”吗？

回望历史，在过去的 30 年中，日本已经采取了数十种所谓的“刺激”计划，包括巨大的赤字开支与降息、零利率政策、量化宽松（QE）、质化量化宽松（QQE），甚至直接购买企业债券和股票 ETF。但是没有任何一项措施能够被证明改善了日本经济金融表现。事实上，随着大规模的公共赤字支出，日本经济并没有达到周期性的复苏。相反，人们禁不住质疑央行剩余的政策弹药，以及它们是否有足够的火力来解决“日本化”的困局。

以克鲁格曼等为代表的凯恩斯主义经济学家认为，作为对抗通缩道路上的“孤独的先行者”，日本当局在推出刺激措施时行动迟缓，才最终导致了通缩螺旋和流动性陷阱。例如，推迟对银行进行资本重组，直到它们在1997—1998年遭遇第二次金融危机；日本央行在推出量化宽松计划方面也进展缓慢，在利率触及零下限后就放弃了货币政策；数次尝试过财政刺激，但总是被逆转，最明显的是1997年加征消费税。基于这些认识，包括克鲁格曼、萨默斯和伯南克等在内的许多知名经济学家依然相信治愈“日本化”并非不可能，但要在突破央行独立性、通胀目标制和财政平衡等现有政策共识的基础上，推出更为激进和大胆的刺激政策。

然而，不管是价格水平目标制、通胀目标制，还是财政-货币协调刺激等建议，所有这些“药方”的结论都是：只有在中央银行无法激起通胀预期的情况下，通缩和流动性陷阱才是真正的陷阱。因此从操作角度看，所有这些解决方案都涉及量化宽松，或者简单地说，就是印钞。

以克鲁格曼的通胀目标制为例，在通货紧缩和流动性陷阱的背景下，央行政策利率被“锚定”在零水平，此时仅靠央行印钞票、支持大规模财政刺激是不够的。央行必须通过可信的通胀目标来明确表示持续印刷货币，以便将公众的通货紧缩预期转化为通胀预期。用克鲁格曼自己的话说：“为了让货币政策有效，（日本央行）必须可信地承诺央行是不负责任的，以证明它将允许通胀发生，从而产生经济复苏所需的负实际利率。”

凯恩斯主义者坚定认为持续的、大规模的货币政策刺激是解决之道，但事实上，如果“日本化”的问题不仅仅是需求疲弱，而是源于更深刻的结构性问题，那么宽松的货币政策将导致中性利率更快下滑并且难以反弹，当今世界对抗“日本化”的实践或许走在了错误的方向上，结构性改革成为重重阴霾背后的希望。

结构性改革旨在提高经济的长期潜在增长率，提升投资回报和投资规模，推高市场中性利率。在短期和中期，应通过鼓励私人投资、改善基础设施、修复资产负债表、降低政策不确定性等措施化解疫情冲击的后遗症。在中长期，应通过提高退休年龄、放宽移民政策、鼓励技术创新、调节收入与财富的不平等等政策来提升生产率增长空间。

毫无疑问，全球应对“日本化”道阻且长，通缩陷阱和长期停滞的阴霾很可能在未来若干年中都挥之不去，以致有“末日博士”之称的经济学家鲁比尼认为，“日本化”是资本主义末期的必然结局，最终全世界的发达国家都将一一逐步走向“日本化”。正如马克思曾预言资本主义最终会灭亡，而“日本化”，或许在某种意义上预示着资本主义的“老死”之路。

1.4 美元霸权地位会否终结

几十年来，每当美元陷入贬值周期，全球“去美元化”呼声乍起，关于美元霸权地位的“挽歌”便会奏响。然而，令美元悲观主义者失望的是：随着近年来全球经济增长陷入停滞，金融市场动荡加剧，美元虽然面临着诸多新的挑战，但美元在全球货币体系中的主导地位并未发生根本动摇，仍是一种“不可或缺的货币”（Indispensable Currency）。

1.4.1 近年来美元霸权地位并未明显下滑

一般的看法认为，美元取代英镑成为全球储备货币，是以第二次世界大战之后的布雷顿森林协议签署为开端的。然而事实是，美元在第一次世界大战结束之后便逐渐成为和英镑并驾齐驱的国际货币，并在二战之后最终取代英镑享有超级特权。凭借这种“嚣张的特权”(Exorbitant Privilege)，美国政府才得以引导和塑造一系列有利于其领导和支配全球的制度安排，实现所谓的“霸权”。早在1965年，时任法国总统戴高乐就表达了对美元霸权的愤愤不平：“美国享受着美元创造的超级特权和不流眼泪的赤字，它用一钱不值的废纸去掠夺其他民族的资源和工厂。就好像小孩子们玩游戏一样，赢家同意将赚回的筹码奉还给输家，游戏却继续进行。”

根据国际清算银行(BIS)的统计数据，美元仍然是一马当先的全球主导货币。2019年，美国在全球贸易中的份额仅为11%，在全世界经济总量中的比例也仅为24%，但是作为跨境交易结算的主导货币，全球88%的外汇交易使用美元，并且除美国外的其他国家进口货物的40%以美元计价。全球外汇储备的61%、国际债券发行的62%、所有跨境银行债权的48%以及环球银行金融电信协会(SWIFT)跨境支付交易金额的41%均以美元计价。此外，美元是约65%固定汇率或管制汇率国家的主要锚定货币，这些国家的GDP约占世界经济总产值的60%。

显然，尽管世界经济格局正在重塑，但美元作为外汇交易的核心货币、全球贸易的计价货币、各国央行的储备货币以及全球金融市场的融资货币，目前在国际货币和金融体系中仍发挥着关键作用。近年来，虽然“去美元化”的呼声不绝于耳，美元在外汇储备和跨境支付结算中的占比也持续下降，全球官方外汇储备中的美元份额从1999年的70%下降到2020年年底的约59%，显示美元的国际地位在某些方面却有下降。但从2008年金融危机到今年的新冠肺炎疫情危机中的

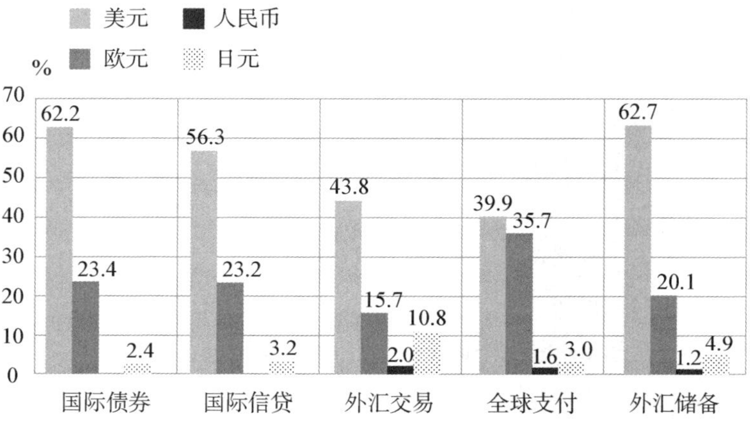

图 1.5 主要货币在全球经济活动中的占比（截至 2019 年年底）

资料来源：BIS、IMF、SWIFT *。

表现来看，总体而言美元在全球货币体系中仍占主导地位。

从广义实际美元指数来看，布雷顿森林体系解体后的四十多年来，美元虽经历了三轮平均长达十六年的大周期，但美元循环体系运作良好，贸易加权的广义美元指数中枢基本不变，未有明显贬值，说明其国际储备货币地位并未发生太大的动摇。此外，发达经济体和新兴市场经济体以美元计价的出口商品占总出口比重并未发生显著的下滑，说明美元的国际货币地位并没有受到其他币种的替代和威胁，甚至仍有所提高。

1.4.2 美元霸权面临的挑战

无论是学术研究还是财经媒体，都将大国的兴衰更替视作全球经

* 环球银行金融电信协会（Society for Worldwide Interbank Financial Telecommunication）

济运行的根本动力。事实上，回溯过去几千年的历史，随着全球经济重心的转移，占据主导地位的国际货币曾多次更替。当前，美元霸权面临的最大挑战是全球经济重心的东移和经济格局的重构。

在公元1000年，中国和印度占全球经济总量的三分之二，全球经济重心当时稳固地居于东方。在保持了820年后，随着英国工业革命的到来，经济重心开始向欧洲转移，第一次世界大战之后又向北美转移。然而，在过去几十年里，东亚经历了令人震惊的经济崛起和城市化，加上印度及其他新兴经济体的崛起，从而迅速地将世界经济重心拉向东方。据麦肯锡全球研究所预测，到2025年，全球经济重心将像公元1000年时那样回到远东。

由于国内经济强劲增长且市场化改革持续推进，中国站在了最近这场全球经济转移的中心。过去七十年里，中国在全球GDP中的占比翻了两番，达到了18%左右，而且这一比例预计在未来几年还将继续上升。同时，中国已成为全球最大的贸易国，人民币在国际贸易中的更广泛使用，也正导致其在国际金融中的使用不断增加。未来几十年，全球经济将从一个由美国和美元占据主导地位的体系，向一个由亚洲拥有更大权力的体系过渡，这可能会侵蚀美元作为“储备货币”的地位。

货币信用和国债信用犹如“一枚硬币的两面”。如果美国国债信用逐渐塌陷，那将是美元霸权面临的另一大挑战。美国长期以来处于债台高筑的状态。美国国会预算办公室发布的报告显示，美国2020财年由公众持有的联邦债务总额已经达到美国GDP的98%，是二战以来的最高水平；2021财年，美国联邦债务预计将超过GDP，这意味着美国将加入日本、意大利、希腊等负债超经济总量的国家。当前，美国国债仍被视为安全资产，国际投资者有较大需求，但到了特定的时间点，美国政府无休止的借贷需求将损害经济增长和债务信用。

在这种情况下，越来越多的国家更希望实现外汇储备多元化，因此纷纷减持了美国国债，外国投资者持有的美国国债余额占比已从2008年的53%下降至35%，由美联储持有的美国国债余额占比却从16%提升到31%。在疫情冲击和财政赤字不断扩大的情况下，美联储更需要通过扩大资产负债表来刺激社会需求，支持政府的债务融资需求，但资产负债表扩大和大量印钞会加剧市场对货币贬值的担忧。各国央行重新开始大量增持黄金，甚至加大对全球技术龙头公司股票的购买力度。市场的这种去美元化行为，将逐渐侵蚀美元货币根基，消耗美元的国际认可度，给美元的长期储备货币地位带来真正的威胁。

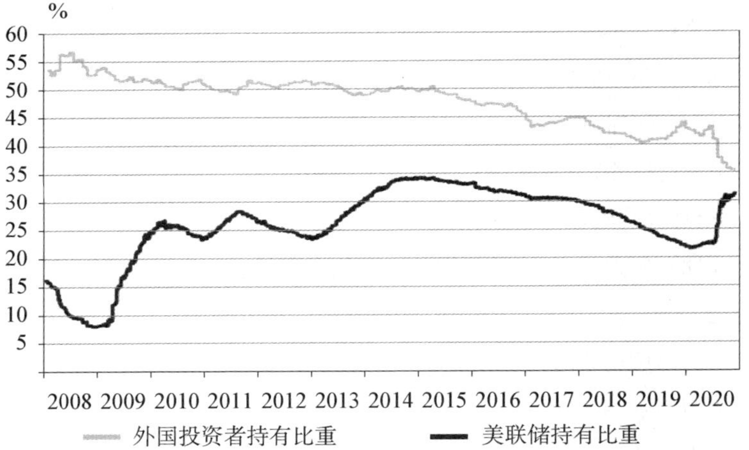

图 1.6　外国投资者和美联储持有美国国债比重变化

资料来源：Macrobond Financial*、Nordea*。

---

* 宏观债券金融数据公司

* 北欧联合银行

在某种意义上，美元霸权面临的最大挑战正是来自美元霸权本身。英国央行前行长马克·卡尼在2019年的杰克逊霍尔央行年会上发表演讲时指出，在以美元为绝对主导的国际货币体系中，存在着一种破坏经济稳定性的不对称机制。

一方面，新兴市场国家缺乏原始资本，依赖外资投入，这导致新兴市场国家企业的负债端有大量美元债务。因此，越来越多新兴市场国家的企业，进出口计价依赖美元，举债也依赖美元，这对其资产负债表有天然的对冲效果。这种“美元主导”一切的格局，伤害了国际贸易通过汇率升贬自我调节的机制，引起全球贸易进一步萎缩。

另一方面，全球金融周期本质上就是美元周期，美元在信贷市场的主导地位，使美国经济的发展通过影响美元汇率，再经由资本市场对世界其他地区产生巨大溢出效应。面对这些缺陷，天下苦美元久矣，新兴市场可谓人心思变。根据国际货币基金组织《外汇安排和外汇限制报告》，中国货币人民币、阿塞拜疆货币马纳特、哈萨克斯坦货币坚戈、埃及货币埃及镑、尼日利亚货币奈拉、巴基斯坦货币卢比、安哥拉货币宽扎近年来陆续放弃了盯住美元的做法，转为其他的货币政策框架，这将削弱美联储“全球央行”的职能。

1.4.3　美元不会永远“美”下去

尽管全球经济格局已迈向多极化，但凭借其强大的综合国力和巨大的网络效应，美元仍在国际货币体系中占据主导地位。未来的国际货币体系是继续美元“一币独大”的单极化格局，还是数种国际货币并驾齐驱的多极化态势呢？

巴里·艾肯格林认为，学界对上述问题存在两派观点：一派是所谓“哈佛观点”(Harvard View)，认为美元仍将是唯一的全球统治性储备货币；另一派是所谓“伯克利观点”(Berkeley View)，认为美元的主导地位并不会持续千秋万载，未来将会有多种货币同时发挥国际货币的作用。

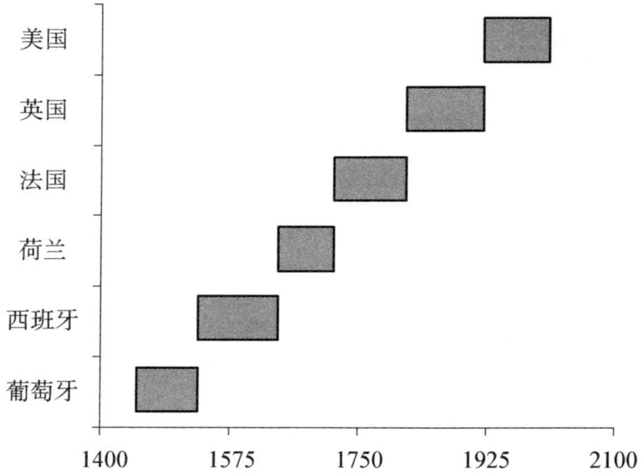

图 1.7　全球储备货币的历史演变

资料来源：作者整理。

哈佛观点基本上是经验主义的，其出发点是观察到这样一些事实：约 60%的全球外汇储备以美元形式存在，银行的外汇负债和资产中有 60%以上是美元，以美元计价的世界贸易份额远远超过美国在全球进出口中的份额。他们认为，从效率的角度来看，单一的国际货币可以使交易成本最小化，新兴市场国家的出口价格和金融债务均以美元计价，企业以美元借款，这样就不必再担心货币的兑换成本或汇率风险。因此，贸易商品价格以单一全球货币计价具有粘性，导致单极化的国际货币体系结构有着惊人的持续性。正如蒙代尔的妙语所说的那样，货币的最优种类数，就像神的最优数量一样——“是奇数，最好小于 3”。此外，他们也警告说，一个由多种国际货币和储备货币组成的货币体系面临着极大的国际协调困境。在 1920 年代，国际货币的角色由英镑、法国法郎、德国马克和美元所分别扮演，但各国之间缺乏协调的经济政策导致了不稳定的国际货币体系，在很大程度上加剧了“大萧条”的爆发。

如果哈佛观点基本上是经验主义的，那么伯克利观点基本上是历史的。他们认为，任何单极体系都不适合多极世界，多极的国际货币安排一直是惯例，而不是例外。在金本位制之前，当时银、金和双金属块共存并相互作用。在 19 世纪，当时英镑、法郎和马克都占全球外汇储备的很大一部分。在两次世界大战期间，情况也是如此，英镑、法郎、马克和美元对全球流动性存量的贡献相当大，在计价和结算货币的角色上同等重要。可以说，美元在过去 75 年大部分时间中的主导地位是一种不太可能持续下去的历史反常现象，美元不会永远“美”下去！

为什么单极的货币体系是不可持续的？

一种原因是美元过高的特权带来的成本可能大于收益。颇具争议的美元霸权不仅加剧了全球经济失衡，也令美国自身苦不堪言。美元在安全资产构成中的主导地位，体现在新兴市场国家积累的大量美元安全资产储备，这导致了伯南克所谓的“全球储蓄过剩”，对美国均衡利率形成结构性下行压力，使其更容易面临零利率下限和流动性陷阱风险。在一个停滞于零下限的世界中，先前安全的资产可能会被视为不安全资产，进一步加剧全球安全资产短缺，推高它们的价格，使它们的收益率进一步下降。显然，单一的全球货币主导体系无法实现可持续的均衡，因此必须作出改革。另一方面，强势美元对美国的贸易竞争力和就业都构成了压力，随着美国在世界经济中所占份额逐渐下降，这种压力也许将体现得更加明显。金融机构和大企业成了美元主导地位的主要受益者，但这种地位带来的消极影响，则大多落在了美国普通民众身上。正因为此，如果美元的霸权地位继续下去，美国社会的不平等以及政治极化现象恐怕会进一步加剧。

另一种原因是美国非不为也，乃不能也。随着全球经济格局的多极化趋势日益明显，如果全球经济增长速度超过美国，那么全球对安全资产的需求也将高于供给，美国可能会通过增加债务证券的供应来应对，换句话说就是长期赤字。在这种情况下，由于对美元作为储备货币的信心将下降，世界可能会出现全球储备和流动性短缺的状况，形成所谓 21 世纪的“特里芬难题”，即：相对成熟、增长缓慢的经济体无法依靠一己之力来无限期地满足世界经济的流动性需要。这种安全资产短缺的困境可以通过由其他国家分担国际流动性的方式得到解决，因此潜在的发行人（如欧元区和中国）可以采取积极主动的措施来提供安全资产，这就是国际货币体系多极化的情景。

当前，美国综合国力在全球范围内依然首屈一指，其经济、军事、科技等实力仍处于霸主地位，这些都构成了支撑美元霸权地位的坚固后盾。我们不应幻想国际货币体系变革能够“忽如一夜春风来”，也不应幻想市场力量可以使美元霸权迅速退出历史舞台。但同样不可否认的是：美元的国际霸权地位正在被逐渐侵蚀。正如已故的国际经济学家鲁迪格·多恩布什告诫的那样：“在经济学中，事情从来不会如我们想象的那么快降临，但它只要到来，就会以我们想象不到的速度迸发、扩散。”

变局，可能已在不经意间到来。

1.5　后危机时代宏观经济学的金融革新

2008年爆发的全球金融危机已过去十年有余。在这十多年中，经济学界认识到经济理论长期以来忽视金融因素的巨大缺陷，开始将金融活动纳入宏观经济模型，力图理解金融失衡的产生机理及对金融稳定和经济周期的影响。在微观层面，经济学界从企业资产负债表和金融机构杠杆率两个层面入手，揭示了金融运行与实体经济之间相互作用，相互关联的内生机制。在宏观层面，经济学界重新审视金融资产价格和信用创造的周期起伏，强调金融周期对实体经济和金融稳定的冲击及重要影响。这些研究为宏观审慎监管政策和适度的资本管制政策提供了理论支撑，对当前中国防范和控制金融风险也具有诸多启示。

1.5.1　金融危机和经济学的危机

“我们自己陷入了巨大的混乱之中，在控制一台原理尚未弄清的机器的时候犯下了大错。其结果是，我们走向繁荣的机会可能要因此耽误一段时间，或许是很长的一段时间。”面对20世纪30年代肆虐资本主义世界的经济大萧条，凯恩斯在《1930年大滑坡》一文中对当时经济学面临的困境做了如此表述。无独有偶，七十余年后，另一场源于美国次贷违约的金融危机席卷全球，无论就其影响的深度还是广度而言，都成为大萧条以来最严重的一次，并在此后十年对全球经济、金融和社会结构带来巨大冲击，以致向来很少介入经济事务的英国女王伊丽莎白二世在 2008 年底访问伦敦经济学院时，尖锐地向经济学家发问为何没能预测这场金融危机的来临。

英女王之问不啻对宏观经济学的“当头棒喝”。曾几何时，经济学家似乎显得无所不能。在 2008 年金融危机爆发之前，宏观经济研究进入了一个黄金时代，主流经济学界乐观地认为，现代宏观经济学在研究方法、主要学术观点上都已经达成了广泛的一致，主要西方经济体的宏观经济政策制定正朝着宏观经济理论所建议的方向在演变。比如，以灵活的通胀目标制作为货币政策的基石、强调货币政策是调节经济周期的最佳方法、放松对金融创新的监管等。诺奖得主卢卡斯在 2003 年美国经济学会的主席致辞中宣称：“防止经济衰退的核心课题已经攻克。”

然而，危机的爆发却打破了这种“幻觉”。主流经济学界对眼前发生的一切茫然不知所措，他们对此前金融系统中长期累积的系统风险毫无觉察或未予深思。后来成为印度央行行长的拉古拉迈·拉詹在 2005 年的全球央行年会上提交了一篇有先见之明的文章，警告金融市场的巨大变化已至极其危险的水平。不幸的是，这一警告被时任哈佛大学校长的萨默斯视为“误导”，该论文在社会科学研究网络（SSRN）上也只有可怜的 93 次下载。事实上，当金融危机在 2007 年初夏爆发时，主流宏观学界和政策界仍花了很长时间才最终意识到危机的严重性，他们既没能对危机作出准确判断，也无法提供有效的理论框架、政策建议和工具。那时，不仅是经济，经济学理论也正在经历“自由落体”。

每一次经济危机都是一次经济学的危机，同时也是一次经济学的革新机遇。2009 年 9 月 2 日，诺奖得主克鲁格曼在《纽约时报》上刊发

《经济学家为何错得如此离谱》一文，公开“炮轰”经济学家同行，认为宏观经济学过往的20年是“黑暗时代”，经济学家错误地把披着精妙数学外衣的理想主义理论当作真理和现实，对失控的制度性缺陷、对导致泡沫产生和破灭的人类有限理性、对导致经济运行系统出现突然崩溃的金融市场的不完全性，采取了选择性失明的态度。其后，诸多知名经济学家和学术期刊、财经媒体加入反思和论战，在这场空前的反思和争论中，越来越多的经济学家和政策实践者达成了宏观经济学的新共识，那就是传统的经济周期理论仅重视实体经济波动，过于简化金融市场设定，导致与现实宏观经济发展的重大脱节。

1.5.2　金融仅仅是宏观经济的一层“面纱”吗

在凯恩斯的《通论》中，金融曾占有重要地位，被视为经济萧条的重要影响因素。但随着MM不相关性定理和有效市场假说的盛行，经济学界一般假定金融市场会理性和平稳运行，以致可以抽离掉金融因素，金融在宏观经济学的视野中慢慢隐去了踪影，经济学理论的两大核心组成部分——宏观经济学和金融经济学自此形同陌路。在传统的主流宏观经济学的分析框架中，竞争、理性和效率成为不可动摇的三原则，而货币是中性的，诺奖得主普雷斯科特甚至将之称为经济学的“琐屑”，金融犹如蒙在宏观经济之上的一层“面纱”，在分析经济运行及波动时可以视而不见。在宏观经济一般均衡的体系中，作为非均衡现象的金融不稳定和危机毫无容身之地，只有在明斯基、金德尔伯格等非主流经济学家的著述中，金融不稳定因素才变得如此重要。

金融在宏观经济学发展中的“缺席”也与危机前20年的经济环境有关，那正是所谓的“大缓和时代”（Great Moderation）。新兴市场经济蓬勃发展，全球需求和世界贸易稳步攀升，世界经济经历着持续性增长和低通胀，与此同时，产出、通胀和资产价格的波动性却在下降。这些使宏观经济学界志得意满，中央银行的政策似乎已经成功地降低了产出和通胀的波动性，并且奇迹般地驯服了金融市场的波动性，正如“历史的终结”那样，经济不稳定的历史似乎也迎来了终结，在这种过分乐观的环境下，主流宏观经济模型普遍地对金融因素给予了“理性”的忽视，或者以一种无足轻重的态度视之。

正如科学通过一次又一次的葬礼而取得前进（普朗克语），经济学是伴随着一次又一次的危机发展起来的。20 世纪 30 年代西方世界的大萧条催生了凯恩斯主义，而六七十年代的“滞涨”现象则导致了理性预期革命和真实商业周期理论的大发展。在对金融危机的反思和争论中，经济学家们逐渐认识到，宏观经济学的基本模型，包括他们奉为圭臬的动态随机一般均衡模型（DSGE Model），存在严重的问题，金融部门应当在宏观经济学中扮演更为核心的作用。事实上，像金融泡沫、债务、流动性螺旋和激励扭曲等更为现实的金融因素正是那些曾经成功预测到本次危机的经济学家思想中的共同因素。自此，经济学界开始接受货币非中性的理念，将金融因素纳入基础的宏观经济模型，通过对近百年来主要市场经济国家金融危机的梳理和研究，开始建立金融部门和实体部门的联系纽带，力图理解金融失衡的产生机理及对金融稳定和经济周期的影响，从而开辟了宏观金融（Macrofinance）这一新兴的研究领域，在理论上扭转了实体经济运行和金融部门运行长期相互隔离的局面。

从历史的眼光来看，宏观金融研究的兴起与全球经济金融化的趋势密不可分，真实经济和虚拟经济的严重背离，已经成为当代人类经济体系最显著的特征之一。目前，全球 GDP、股市市值和广义货币总

图 1.8　全球金融危机发生频率

注：当年发生危机标注为 1，否则为 0。

资料来源：GFD*。

量均为 100 万亿美元左右，全球债务余额攀升至 280 万亿美元，全球不动产总价值达 240 万亿美元，而全球金融衍生品合约名义价值总额则高达 600 万亿美元。经济金融化程度的加深和社会融资结构的变化赋予了金融体系自身独立的运行形态，改变了传统经济周期的运行轨迹，使金融因素在理解整体经济波动中扮演更重要的角色。

1.5.3　重建宏观经济学的金融基础

长期以来，宏观经济学的核心阵地一直被经济周期理论所占据，在新古典学派和新凯恩斯学派各领风骚的争论中，宏观产出、商品和服务价格、劳动力市场、技术进步等领域成为学术思想交锋的焦点。这种情形在 2008 年后发生改变。在这一年，繁华逝去，信贷收缩和资产价格泡沫破灭带来了大萧条以来最严重的经济衰退，这迫使经济学

* 全球金融数据(Global Financial Data)

界开始将金融市场的摩擦性和金融冲击等微观因素纳入宏观经济的一般均衡模型，从资金的需求和供应两个层面撩开货币与金融的“面纱”，系统研究金融因素与实体经济之间相互作用、相互关联的内生机制。正如克鲁格曼曾大声疾呼的那样：“经济学家必须全力以赴，将金融的现实植入宏观经济学。”

经济学家对金融因素影响经济周期波动的关注可以追溯到 20 世纪 30 年代欧文・费雪提出的“债务通缩”理论，根据他的观点，企业债务负担的增加和资产价格的下降，并不仅仅是经济衰退的被动结果，也是导致经济衰退的重要原因。沿袭这一观点，以美联储前主席本・伯南克为代表的经济学家们将资金需求方面临的金融摩擦因素引入宏观经济的动态均衡分析框架，提出并拓展了“金融加速器”(Financial Accelerator)模型。这一模型的思想可以表述为：企业和家庭部门的外部融资能力依赖于他们的资产负债和现金流状况，当实体经济或资产价格遭受不利的外部冲击时，企业或家庭部门的资产负债表和现金流状况将会恶化，进而影响他们的借贷能力，导致企业投资和家庭消费减少，实体经济出现下滑，而经济下滑又会进一步导致资产价格下跌，企业资产负债状况会进一步恶化，上述状况不断反馈加强，形成了所谓的“金融加速器”效应。这一效应揭示了经济周期波动中的放大和传导机制，在企业资产负债状况以及资产价格的交互作用和传导下，小型、临时性的经济冲击会被放大并传导到经济中的其他部门，对消费、投资和产出产生巨大和永久性的影响。经济学家们发现，将微观经济变量、资产价格数据与消费、投资等宏观变量整合在动态均衡模型中，有助于解释过去三十年来欧美国家的经济周期变动，特别是 2008 年金融危机后全球总需求萎缩，致使经济深陷衰退泥潭不能自拔的困境。

传统观点认为，如果实体经济活动是一条狗，那么金融部门活动就是狗的尾巴，金融部门只是被动反映实体经济活动的运行状况，但2008年全球金融危机进一步表明，金融活动本身也是经济衰退和萧条的重要诱因，此后，金融中介（金融合约）开始被作为独立的经济部门引入主流宏观经济模型中。在经济体系中，金融中介的诞生是为了克服金融摩擦因素，但金融中介受到监管、技术和风险偏好的影响后，将会内生出金融冲击因素。这些金融冲击因素和金融摩擦因素交互作用，互为强化，形成了经济的周期波动。以商业银行为例，资本充足性是影响其信贷扩张的重要决定因素，当经济衰退时，银行的存量信贷质量降低，威胁到其资产负债表和资本充足性，此时银行将提高信贷标准，紧缩信贷，进而影响实体经济的投资和产出，甚至导致更严重的衰退，这又进一步带来坏账的增加和资产负债表的恶化，如此不断反馈，形成经济周期波动。在美国次贷危机期间，银行业总资本的恶化被认为是引发2007—2009年间经济衰退的关键诱因。

如果将分析视野扩展到投资银行、对冲基金，甚至影子银行等范围更为广泛的金融机构，那么金融杠杆成为关注的焦点。金融杠杆和资产价格之间具有顺周期性，当资产价格上升时，这些金融机构的资产负债状况显得光鲜亮丽，此时有利于其提高杠杆比率，从而继续推动资产价格上扬。进一步地，杠杆机制在金融加速器效应下被传播、放大，直至引发实体经济的大幅波动。美联储在名为《杠杆泡沫》的报告中曾指出，如果资产价格泡沫由过剩流动性和杠杆资金所驱动，那么当泡沫破灭时将会大概率引发系统性金融风险，并且会加剧经济衰退的幅度和持续时间。

在宏观经济学从资金供应和需求两个方面重建了金融基础后，

对金融危机的嬗变有了更清晰的认识。纵观历史，信贷扩张和资产价格之间的顺周期性是绝大部分危机背后共同存在的驱动机制，而金融机构高杠杆是市场大起大落的加速器，更是系统性风险的放大器，随后发生的资产价格下跌和企业资产负债表恶化通过“金融加速器”效应放大了对实体经济的冲击力度，使经济出现深度衰退。基于这些认识，金融宏观调控的政策框架发生了一些深刻变化，传统的货币政策也许只能用来应对“金融加速器”效应，将着重点放在经济稳定方面，同时引入宏观审慎政策来应对信贷扩张、金融机构高杠杆和资产价格之间的顺周期性，以防范系统性金融风险，维护金融稳定。

1.5.4 不考虑金融周期的宏观经济学就像没有王子的《哈姆雷特》

在微观层面上重建宏观经济学的金融基础后，经济学家开始从总量层面理解金融资产价格和信用创造的周期起伏及其对实体经济的影响和冲击。此后，金融周期（Financial Cycle）开始在宏观经济学的理论殿堂上正式“登堂入室”，成为危机后的一个重要研究领域。正如国际清算银行在一份报告中所言：“不考虑金融周期的宏观经济学就像没有王子的《哈姆雷特》。”

现代宏观经济学的思想大都依赖于第二次世界大战后美国经济这一小样本而发展起来。为了重新发现金融周期在宏观经济学中的作用，经济学术界需要从战后美国这一小段特定样本中跳出来，到更长的历史时间段和更广阔的经济体中寻找周期样本，这帮助经济学家们破译了金融周期的“奥秘”。金融周期源于两个紧密相关的因素：一是偶然引发“非理性繁荣”的自然趋势，例如，技术进步或制度变革导致投资者从根本上提高对未来收入的预期；二是金融中介通过信用创造将未来收益增加的预期传导到现在，从而产生了金融周期的上升波动。但是，当投资者发现预期收益无法实现时，这一进程就会逆转，金融周期也进入下行期。金融因素的周期起伏不仅会对实体经济产生巨大的影响，甚至金融因素过度繁荣本身就可以成为引发经济危机的根源，即所谓“崩溃前的繁荣”。

金融周期是经济发展的孪生物。在大约80%的时间里，经济周期和信贷周期处于相同的阶段，在三分之二的时间里，经济和房地产价格处于相同的周期，而在60%的时间里，经济和股票价格处于相同周期阶段。当经济周期和金融周期叠加时，经济扩张或收缩的时间和幅度都会放大。国际清算银行和国际货币基金组织的一系列研究显示，金融周期下行，特别是信贷和房地产价格下行时的经济衰退时间更长、调整幅度更为剧烈，而金融周期上行时的经济复苏更为迅速、时间更加漫长。从结构上分析，主要经济体银行体系中房产抵押贷款的金额占银行总资产的比重在50%至65%之间，而且在居民部门的财富构成中，房地产财富一般占有最大比例，因此相较于股票价格频繁的波动，房地产金融和房地产价格的变化对居民财富、消费和宏观产出具有更持久和更强烈的影响。在过去30多年的经济大环境中，房地产市场化几乎没有缺席任何一场经济衰退，可以说是“十次危机，九次地产”。如果不了解现代金融体系的这种结构性变化，就很难理解各国经济的周期性波动和房地产市场的密切关系。

毫无疑问，信用状况和房地产价格是刻画金融周期的两个核心指标，前者代表融资约束，后者衡量投资者对价值和风险的认知与态度，而房地产又是信用扩张的抵押品和主要渠道。可以说，没有房地产泡

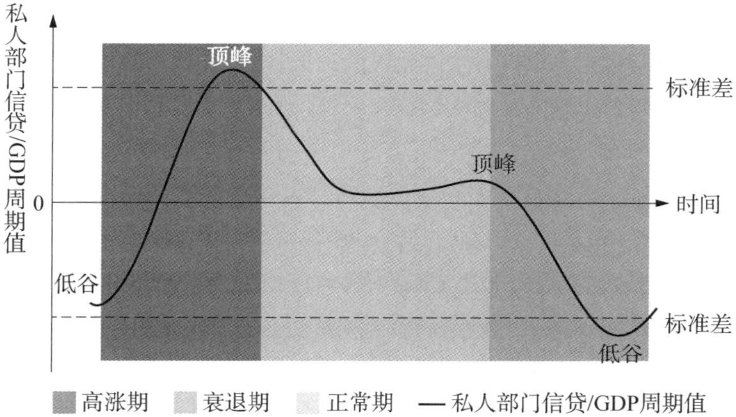

图 1.9　金融周期变量的识别示意图

资料来源：作者整理。

沫就没有信贷的过度扩张，反之，没有信贷过度扩张也就没有房地产泡沫。房地产和信贷相互促进，自我强化，具有典型的顺周期特性，使得伴随房地产繁荣（萧条）的信用扩张（紧缩）时间更为持久，幅度也更为巨大。当金融周期到达波峰时，金融失衡不断加剧，金融部门过度繁荣，金融危机也往往悄然而至。历史上，所有源于国内的金融危机都发生在或接近于金融周期的波峰时段。20 世纪 90 年代初期，在经历了现代历史上最大的房地产泡沫后，日本陷入了资产价格的崩溃，并开启了“失落的十年”。稍后，在一轮超长的信贷繁荣之后，以“亚洲四小龙”为代表的新兴经济体深陷金融危机。同样，在 2003 至 2007 年之间，欧美发达经济体享受着信贷繁荣和房地产的盛世，全球经济也获得过去 40 年来的最好表现，但繁荣顶点过后的信贷紧缩和资产价格破灭带来了大萧条以来最严重的经济危机。

一个完整的金融周期可以持续 10 至 20 年之久，这几乎是典型经济周期的两倍时长。20 世纪 80 年代中期以来，金融自由化和金融创新深入展开，全球贸易和资本流动显著增长，这些因素从时间上拓展了金融因素的影响力，金融周期的长度和幅度明显增长。以美国为例，最近的两轮金融周期分别在 1989 年和 2008 年到达波峰，前者周期时长为 10 年，后者周期时长延续了 19 年之久。另一方面，在金融一体化的世界中，中心国家的货币政策和信贷增长将影响到全球银行的杠杆率、信贷流动以及金融中介的信贷增长，从空间上拓展了金融周期的影响力，使主要经济体在资本流动、资产价格以及信贷增长上产生了全球性的金融周期，这就将传统上关于开放经济的“三重悖论”转变为“两难选择”，即：只有在资本账户管制的情况下，非中心国家才能实现货币政策的独立性。国际主流经济学界，也已经开始反思过去对资本自由流动的过度迷信，并逐渐认同适当的资本账户管制的合理性。

1.5.5 对中国的启示

回到中国，如果以 2008 年作为分界线，前 10 年的中国经济依靠人口红利和全球化红利取得了高速增长，而后 10 年则通过金融自由化开启了一轮轰轰烈烈的金融周期，通过信用扩张和资产价格上涨延长了经济增长的进程。随着实体经济杠杆率的居高不下、资产价格泡沫的过度扩张，以及金融体系风险的不断累积，中国的金融周期正处在拐点期，防范和化解金融风险已成为当前中国经济的首要任务。从宏观金融研究的框架来看，防控金融风险的关键在于政策层面的有效组合和相机实施。

一是保持金融去杠杆和实体去杠杆之间的适度平衡。金融杠杆和实体杠杆是相互依存的，是一枚硬币的两面。当前金融去杠杆的政策集中在同业、理财、表外三个重点领域，而实体去杠杆的重点则聚焦于地方债务、居民部门的房贷杠杆和国企债转股三个方面。在金融去杠杆的过程中，要高度重视对资产价格，特别是房地产价格的冲击力度，警惕因房地产价格和房地产投资大幅调整引发居民部门和地方政府资产负债表的恶化，进而引发金融加速器效应，带来经济增速的超预期下降。

二是保持货币政策和宏观审慎政策之间的灵活组合。党的十九大报告明确要求，健全货币政策与宏观审慎政策“双支柱”调控框架。这是反思全球金融危机教训并结合我国国情的重要部署。在宏观审慎监管趋严和信贷增速受控的背景下，应坚持稳健中性的货币政策，同时密切关注资产价格上涨（下跌）对经济的扩张（收缩）作用，实施稳定总需求的“逆风而动”的调控原则，阶段性微调货币政策和宏观审慎政策的力度。

三是保持本国金融政策与国际金融环境的有效协调。当前，主要发达经济体货币政策正常化的进程给我国货币政策的独立性带来一定挑战。在被动收缩货币政策的压力下，应合理安排金融开放顺序，将资本账户管制与宏观经济政策、宏观审慎监管组合起来，构成有效应对国际金融环境变化的工具箱。

第二章

从大萧条到大隔离：动荡年代的货币与财政

2.1 “相互绑架”的财政和货币政策组合

全球新冠大流行触发了全球的超级扩张性财政政策。从长期来看，只有在财政政策可持续，或者中央银行对政府破产漠不关心的情况下，货币政策才能完全独立于财政政策。欧美国家大规模的财政刺激面临着与大萧条时类似的情形，即：货币政策需要与财政政策密切配合。西方发达国家经济政策的制定进入了一个全新的时代。

2.1.1 大萧条往事

20 世纪 30 年代席卷世界的大萧条(Great Depression)是史无前例的经济事件，那段艰辛的岁月在公众的记忆中烙下了深深的印痕，当时的诸多经验教训，一直以来都在持续不断地影响着宏观经济学家们的信条、政策建议以及研究方向。每当经济陷入衰退或动荡时，媒体和学界就会从“20 世纪 30 年代的梦魇”中寻求恢复增长的方向和答案。

关于大萧条的起因，自从 1936 年凯恩斯的《通论》出版以来，涌现出了众多试图解释大萧条来龙去脉的不同见解，伯南克将这些努力称之为“令人着魔的智慧挑战”。货币主义者认为从货币供应的角度进行分析可以找到答案，凯恩斯主义者则认为答案只能从当时的私人消费和投资等实体经济活动中去寻找。这些研究大多数把注意力集中在解释 1929 年股市崩盘和 1930 年银行业危机后美国经济最初下滑的国内原因上，而持国际观点的学者却将重点放在了世界经济格局上，特别是金本位制。他们认为，正是由于受金本位制的桎梏，美国及其他国家的经济衰退最终演变成大萧条。

第一次世界大战后，在经过了五年多的经济动荡之后，金本位制得以在各国重建。当 1929 年美联储为抑制股市泡沫提高利率后，欧洲国家也不得不提高利率和降低国内信贷规模以确保黄金平价。正如巴里·艾肯格林在《黄金镣铐》一书中所说的，对金本位制的执念限制了各国央行应对逆境的能力，通货紧缩而不是货币贬值成为政策选择，这种倾向滚雪球般地演变成了一轮全球范围的通货紧缩和经济大灾难。直到 1933 年初，美国放弃金本位制时，美联储才开始坚持执行扩张性的货币政策。从那个时候起，美国经济才真正走上复苏的道路。事实上，那些放弃金本位制的国家要比不放弃的国家在经济复苏的道路上走得更快，因为这些国家能更有效地实施扩张性货币政策并支持财政刺激，这是经济从大萧条中复苏的关键。

在欧洲，重建后的金本位制在高估的英镑、低估的法郎和依赖于美国资本输出的马克之间维持着艰难的平衡，因为重建后的体系缺乏灵活性和自我平衡机制。

德国于 1931 年非正式退出了金本位制，对所有外汇买卖实施管制，随后于 1934 年开始加大财政刺激力度，政府的赤字支出是靠印钞来维持的。这些措施很快奏效了，失业人口从 1932 年的 600 万下降到 1938 年的不足 50 万，实际国内生产总值和工业生产翻了一番，物价也停止下降。英国经济学家琼·罗宾逊曾经发出一段著名的感叹："我并不认为凯恩斯革命是一个伟大的学术成就，反而认为这是一场悲剧，因为在凯恩斯阐述自己的观点之前，希特勒就已经找到了解决办法。"

由于黄金不断外流，英格兰银行在 1931 年 9 月最终被迫使英镑从黄金中脱身。但受通胀恐惧和传统平衡预算观念的拖累，英国直到 1932 年 2 月才开始逐步降息，并且一直采取了紧缩的财政政策。因此，英国是唯一一个不依赖赤字支出来促进经济从大萧条中复苏的大国，尽管其复苏力度不如其他国家那么强劲。

法国是主要经济体中最后一个打破金本位制的国家，也是最后一个从萧条中复苏的国家。很难理解为什么法国如此倔强地坚持金本位，时任法国央行行长的让·塔内里说，捍卫金本位是“更广泛范围内的责任”，这是在“确定与错觉、节俭与投机、辛勤劳动与贪图小利”之间作出的选择。直到 1936 年，绝望的经济形势和政治动荡最终打破了金本位的最后屏障，法郎开始贬值，赤字开始上升，随后经济迅速回升。

在大西洋对岸的美国，对金本位的信仰和平衡预算的理念仍然占据上风，胡佛政府危难当头仍执着于所谓的“正统信仰”，死抱着金本位制不放，美联储直到 1932 年 6 月才开始放松货币政策，却又在 8 月国会休会后停止了宽松政策。1933 年 4 月，上任不久的富兰克林·罗斯福总统抛弃了金本位制和平衡预算的正统观念，并致力于推行“通货再膨胀”政策，该政策旨在通过央行购买政府债券来增加赤字支出，使物价水平和收入再膨胀。回顾历史，罗斯福执政时的政府赤字是美国历史上除战争时期之外最高的，雄心勃勃的公共工程项目成为结束大萧条的关键措施。在货币政策方面，通胀预期和负实际利率降低了消费支出的机会成本，并使财政赤字融资的实际成本得以降低。最终，罗斯福的通胀性货币政策和扩张性财政政策在 1940 年结束了大萧条。

在遥远的东方，受全球经济衰退和金本位制恢复所伴随的日元升值的影响，日本经济在1930年遭遇了突然的通货紧缩和经济活动的严重收缩，史称“昭和大萧条”。1931年，高桥是清第五次出任大藏大臣，实施了一个包含汇率、货币和财政三个维度的三管齐下的宏观经济政策组合。首先，追随英国放弃金本位制，从1931年12月到1932年11月，日元对美元贬值了60%，对英镑贬值了44%。其次，实施宽松货币政策，1932年3月、6月和8月，日本央行先后三次降低官方贴现率。最后，大幅增加财政支出，央行用信贷支持赤字融资，即所谓“赤字货币化”。1932年6月，高桥是清宣布日本央行扩大货币供应量，直接购买所有新发行的国债。高桥的这些政策立竿见影，1932年和1933年日本实际GDP分别增长了8%和7%，使日本比大多数国家更早摆脱了大萧条。

2.1.2 货币与财政如何最优组合

大萧条的往事已随风而去，但各国应对大萧条的历程却触发了人们思考财政政策与货币政策应该怎样协调，继而实现最优的政策组合。

在市场经济中，债务扩张和收缩周期推动经济周期的发展。根据私人部门（企业与家庭部门）与政府部门的赤字情况，货币政策需要应时而变作出不同的反应。

当私人部门处于长期的债务扩张和加杠杆周期时，中央银行将进入“舒适区”，只要运用传统货币政策就能游刃有余地调控价格和经济运行。一种情况是政府部门同时也在进行债务扩张，这种组合可能会带来通胀失控的风险，此时在货币政策方面将采取加息、提高准备金率等紧缩措施。鉴于央行在对抗通货膨胀方面的成功经验，经济运行将很快作出反应，出现降温趋势。另一种情况是政府部门处于债务收缩和去杠杆阶段，这种组合可能会产生周期性的衰退，此时在货币政策方面需要恢复宽松状态，以刺激经济活动和扩大总需求。

众所周知，长期债务周期的核心驱动力是资产价格。当由信贷和杠杆驱动的资产价格泡沫崩溃时，人类的“动物精神”将会变得消极而悲观，私人部门最优先的目标从利润最大化转变为负债最小化，以修复受损的资产负债表，这种行为转变会导致私人部门进入长期的债务收缩和去杠杆周期中，中央银行也将进入“危险区”。由于企业和家庭部门的信贷需求变为负值，传统的货币政策陷入凯恩斯的著名比喻“推绳游戏”中，这些政策仿佛泥牛入海，很难对经济增长产生实质作用。

当政策利率触及零利率下限而降无可降时，量化宽松等非常规货币政策开始粉墨登场。然而，在长期债务收缩周期中实施量化宽松政策，就好比一个商贩在每天无法卖出 100 个以上单价为 100 元的苹果时，决定在货架上摆上 1 000 个苹果，但这仍然会徒劳无功。当经济体系中缺少信贷需求时，如果政府部门受制于平衡预算、赤字规模、货币制度等因素而无法实行扩张性财政支出时，经济将会最终跌入通缩和萧条之中，这正是 20 世纪 30 年代大萧条和日本“失落的三十年”的历史轨迹。

当拯救经济的最后时刻到来时，货币政策最终迈向“核弹级”。正如从各国政府对抗大萧条的历史中所看到的，央行将采用“赤字货币化”的方式支持财政扩张政策，通过大规模的公共投资和经济刺激提升社会需求，起到挽狂澜于既倒的作用。货币与财政协同刺激这种行为有其特殊性，因为这打破了货币政策与财政政策之间的界限，并导致了债务和赤字的货币化，世人对此有着深深的担忧。

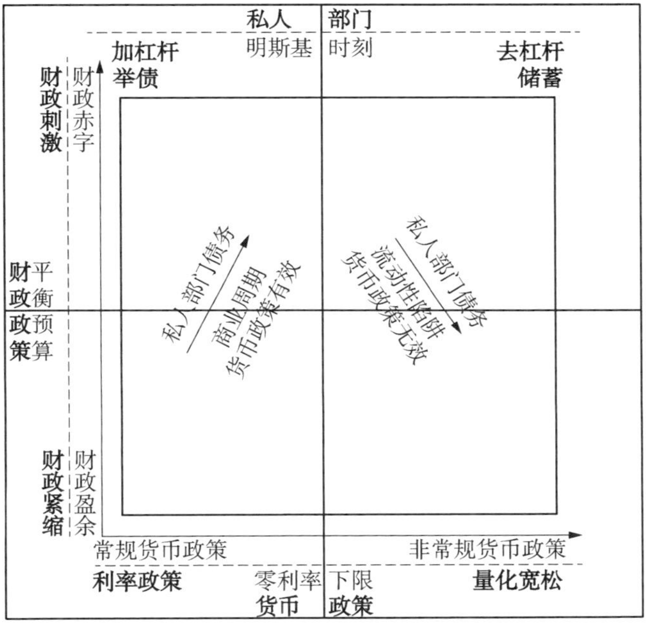

图 2.1 财政政策与货币政策象限图

资料来源：根据保罗·麦克里(Paul McCulley)和佐尔坦·波兹萨(Zoltan Pozsar)整理。

首先，这一政策组合意味着庞大的财政赤字及公共债务，将引发对公共财政状况及其可偿付性与持续性的担忧。在平衡预算和健全财政的传统观念下，人们对财政赤字可谓“谈虎色变”。然而，财政政策应当勇于直面和有效应对社会中迫在眉睫的问题，在经济陷入通缩时，必须有人借款和消费才能避免经济萧条。击退通缩的战斗需要政府消耗相当数量的“火药”，扩张性的财政政策需要政府借贷的助力。诚然，政府收支平衡的确是一种理想状态，但在某些时刻，经济复苏的重要性高于一切。

其次，对财政刺激的货币化融资意味着彻底放弃央行的独立性，货币政策在某种程度处于从属于财政政策的地位。拿破仑曾经希望中央银行成为一个“由政府控制，但是不要控制太多”的机构，而后来大部分国家都决定赋予中央银行独立性。当经济陷入流动性陷阱后，央行的角色将不得不发生变化，从独立于财政部门行使货币政策，转变为通过债务货币化将长期利率保持在较低水平来帮助政府借贷和投资，目的是消除长期的通缩和萧条。本·伯南克曾指出，在陷入流动性陷阱的情况下，货币和财政当局在一段时间内加强合作，决不违背中央银行的独立性，就像两个独立国家为追求共同目标而进行的合作一样。

此外，货币与财政的协同政策有助于互相解决对方所面临的问题，货币政策通过债务货币化解决财政部门债务积累过多的问题，而财政部门成为“最后借款人”解决货币政策无效的问题，这种“免费午餐”听起来甚为美妙。批评人士则指出，过度的政府借贷和政府债务货币化往往会引发恶性通胀，百年前的德国和近年来拉美一些国家大通胀的痛苦经历在时时提醒着人们。但大萧条和近三十年来日本的政策实践表明，当经济陷入流动性陷阱中和私人部门完成去杠杆之前，赤字货币化和相应的货币创造对通胀并没有显著影响，此时的确存在“免费的午餐”。经济的复苏需要通过央行的资产负债表“解放”财政部门的借款能力，而不应被传统的预算平衡和央行独立性观念自缚手脚。

2.1.3 大隔离之下需要货币-财政协同刺激

自从2020年1月新冠肺炎疫情暴发以来，全球经济遭遇严重冲击。随着各国为控制疫情而采取必要的隔离措施和保持社会距离的做法，整个世界陷入“大隔离”(Great Lockdown)状态。

与大萧条相比，大隔离是一场截然不同的危机。在事件进程上，大萧条是一个缓慢演进的过程，经历了从资产价格泡沫破灭到流动性危机，再到信用危机和经济危机的演变过程；而大隔离使经济供需双侧遭遇突然中断，零售、服务、外贸等重要经济部门出现断崖式下跌，短期内对经济带来特别大的冲击。在影响范围上，大隔离使得世界主要经济体几乎同时受到冲击，涉及全球三分之二以上的生产总值，相关性比大萧条时要高许多，而且疫情是否会出现二次高峰，也充满极高的不确定性。从复杂性来看，大萧条更多的是一场经济危机，而大隔离状态下许多国家目前面临多重危机——公共卫生危机、流动性危机以及债务危机，这些危机都以复杂的方式相互作用。

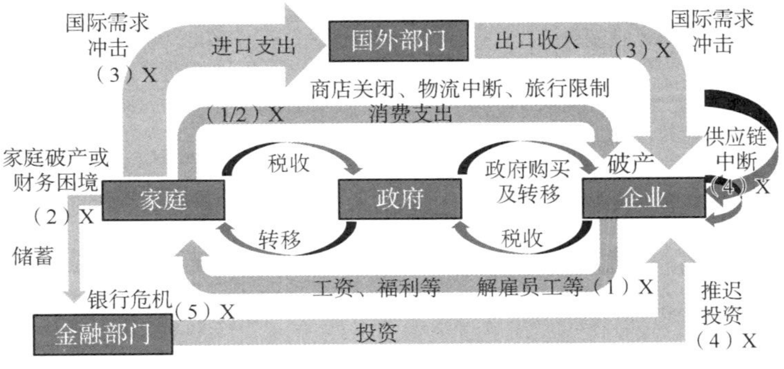

图 2.2 新冠肺炎疫情对经济的冲击示意图

资料来源：作者整理。

面对大萧条以来最严重的经济衰退，各国政府纷纷出台力度空前的经济刺激政策，向家庭、企业和金融市场提供前所未有的支持。在2020年内，全球政府的总刺激方案（财政和货币刺激）达到惊人的

19.6 万亿美元。其中，财政刺激方案为 10.4 万亿美元，货币刺激方案为 9.2 亿美元，总计占全球 GDP 的 20.8%。仅就十国集团(G10)来说，它们的央行资产负债表规模呈爆炸式增长。

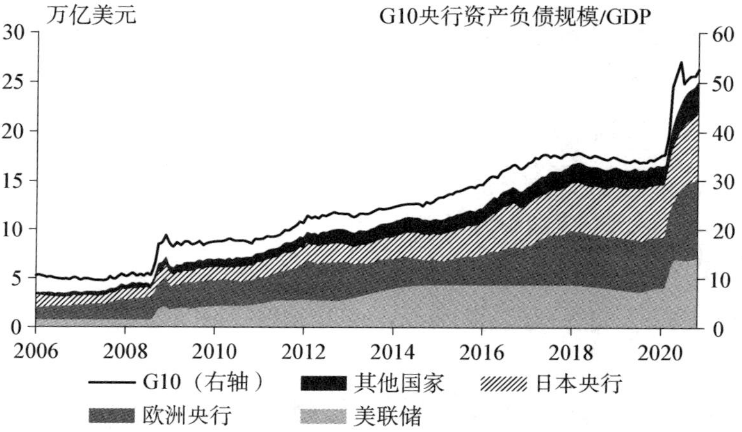

图 2.3 十国集团央行资产负债规模扩张情况

资料来源：Bloomberg*。

根据国际货币基金组织的数据，全球各国政府债务与 GDP 的比率将从 2019 年的 83.3%增长到 2020 年 96.4%，发达经济体则从 105.2%上升到 122.4%。债务危机的理论告诉我们，在利率水平、债务规模和投资者预期之间存在复杂的轮回反应和多重均衡，市场对违约的担忧会引起利率上升，进而导致债务规模的迅速积累，从而进一步加重市场对债务违约的担忧，最终引发债务危机。因此，世界各国政府需应对因疫情而堆积的巨额债务可能会带来巨大的风险，对于利率水平长期高于经济增长率的意大利等欧洲国家尤为危险。

* 彭博资讯

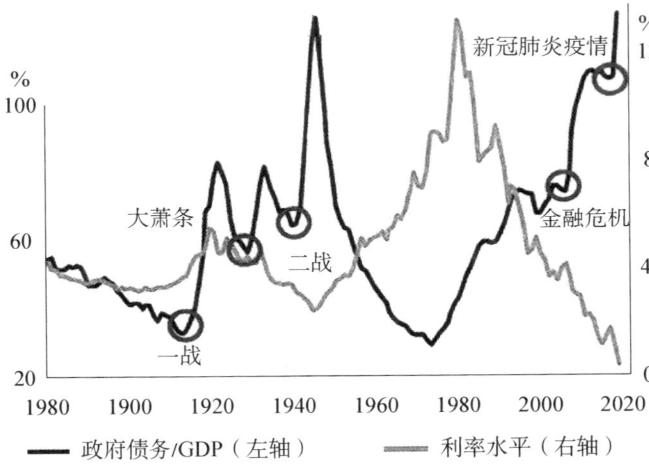

图 2.4　发达国家政府债务与长期利率

资料来源：IMF。

目前欧美国家大规模的财政刺激面临着与第二次世界大战时期类似的情形，即货币政策需要从属于政府融资目标，通过压低长端利率有效地帮助财政进行低成本融资。

自从日本央行和澳大利亚央行分别于 2016 年 9 月和 2020 年 3 月推出收益率曲线控制后，许多大型央行正在认真考虑这一货币政策工具，通过承诺在一定收益率水平下进行无限量购债，保证未来数年利率处于极低水平，从而确保巨大的政府赤字能够在不对利率带来上行压力的情况下得到融资，同时压低长期利率也成为刺激经济的一种有效的政策选择。在某种意义上，收益率曲线控制类似于“货币核威慑”，即对国债市场进行“兜底”。日本央行的实践表明，与量化宽松政策相比，实施收益率曲线控制后的债券购买量反而有所下降。

规模巨大的刺激政策有助于稳定金融市场流动性，但疫情对经济基本面的冲击仍在扩散和加深，全球经济复苏的道路上依旧障碍重重。在家庭和企业层面，疫情期间它们依靠存款和政府救助得以生存下来，当衰退结束时，它们的存款可能会降到很低的水平，一旦收入有所恢复就会增加存款，重建其储蓄水平，这样在宏观层面上又会使经济陷入流动性陷阱之中。事实上，次贷危机发生以来的 12 年里，美国经济有 8 年时间处于流动性陷阱中，欧洲和日本仍然停留在那里。市场现在似乎相信，流动性陷阱似乎已经成为一种新的常态。

在流动性陷阱的混乱世界里，货币政策能够实现的目标是有限的，人们重新转向大萧条往事中寻找有益的经验。在大萧条中，罗斯福新政采取了激进的财政政策和货币政策相结合的措施，使经济出现了“V”形复苏；而在次贷危机期间，低利率和量化宽松等货币政策工具仅令经济出现了“L”形复苏，无法充分发挥经济的增长潜力。

基于这些认识，有部分经济学家指出，赤字货币化这一“核弹级”政策工具是无可避免的选择，只有激进的货币扩张和财政刺激相配合才能为经济复苏提供足够的刺激。正如罗斯福总统在 1934 年的一次炉边谈话中直截了当地讲道：“没有人愿意为一国经济增加负担，但是这种导致国民收入不断下滑的恶性紧缩循环必须打破。如果其他人都不愿意增加支出，那么我们作为政府将承担最后的责任，我们会增加支出。”

2.2　“直升机撒钱”：央行的最后“武器”

2020 年 4 月 9 日，英国财政部和英格兰银行发表联合声明，宣布将财政部在央行的透支账户规模暂时扩大到不受限制的数额，使英国政府能在短期内增加抗击新冠肺炎疫情的财政支出，从而不必依赖英国国债市场。此举在财经界引起巨大反响，舆论惊呼，"直升机撒钱"(Helicopter Money)的时代终于来临。

2.2.1　从量化宽松到"直升机撒钱"

所谓"直升机撒钱"，是指央行直接为政府财政赤字"买单"的政策，即一国通过增加基础货币供给而非发行计息国债的方式，给财政赤字提供融资，政府继而通过减税、额外公共支出或直接发钱的方式将多出来的钱"撒"到私人部门的存款账户中。1969年，著名经济学家米尔顿·佛里德曼在《最优货币数量》一文中最早提出了这一概念，他是这样描述的：有一天一架直升机飞过社区，从空中撒下1 000美元的钞票，小区的居民当然会匆匆将其收入囊中，捡到钱的每个人肯定都会认为这是百年不遇的偶然事件……

佛里德曼这种简明形象的比喻启发了后一代经济学家，使他们借此思考中央银行在面临经济通缩，同时货币政策陷入流动性陷阱和零利率下限时的政策解决方案。2002年11月，美联储前主席本·伯南克发表了著名的"直升机演讲"，他大胆预期了当时几乎不可想象的政策：利率水平在一个较长时间内维持于零，购买量无上限的量化宽松政策，以及必要时他将驾驶直升机径直起飞去撒钱。2016年，本·伯南克发表了《美联储还剩下什么工具：直升机撒钱》一文，提出"货币融资的财政计划"(MFFP)，设想通过永久性地增加一国货币存量为财政支出直接提供融资。

2008年全球金融危机以来，为挽救疲弱的经济复苏，发达国家中央银行在货币政策实验的道路上越走越远，从量化宽松到收益率曲线控制，再到前瞻指引和负利率，央行可谓使尽了“十八般武艺”，奈何技术创新乏力、老龄化加剧、贫富差距扩大等结构性因素困扰，主要经济体依旧复苏乏力。新冠肺炎在全球暴发并蔓延后，为应对疫情带来的冲击，帮助企业和家庭部门度过隔离期，各个经济体纷纷出台巨量的财政和货币刺激政策，原本被视为异端之见的“直升机撒钱”正被越来越多的经济学家视为一种有价值的政策工具，并有望成为央行的最后“武器”。

“直升机撒钱”的鼓吹者们认为，即使在政府债务高企，利率水平为零甚至为负的不利条件下，“直升机撒钱”也总能提振名义总需求，其原因在于：首先，如果政府开支由货币创造进行融资，那么相应的公共工程支出会对 GDP、就业和收入产生直接影响；其次，如果“直升机撒钱”采取向家庭部门转移支付的方式，那么家庭会将此视为意外之财并增加消费开支；第三，货币供应的增加将导致更高的通胀预期，从而也有利于刺激消费。

那么，与其他类型的经济刺激政策相比，“直升机撒钱”的优势何在呢？

在债务融资的财政计划下，通过政府进一步举债来解决高债务问题具有内在逻辑上的矛盾性，而且长期来看政府终将实行财政紧缩政策以缩减债务，因此当期的刺激效应会被部分抵消。与之不同，货币融资的财政计划不会增加债务杠杆率和未来税收负担，这样就可以有效刺激需求和通胀，带来实际产出增加，从而助推经济复苏。

在货币政策层面，前瞻指引、量化宽松、负利率等非常规货币政策也面临着传导机制不清晰、副作用较强等弊端。以量化宽松为例，央行购买债券资产旨在提升资产价格、财富效应和托宾 Q 效应的传导机制是间接的和不确定的，并且依赖于众多外部因素。因此，量化宽松提振需求的效果未必明显，特别是在受到债务高企、私人部门去杠杆、消费者信心缺失、预期退出、资本市场不发达等反向力量抵消时。与之相反，“直升机撒钱”的传导机制是直接而清晰的，而且是永久性地向财政注入资金，对需求的影响是迅速和强烈的。

2.2.2　财政政策与货币政策的分分合合

“直升机撒钱”的实质是财政赤字货币化，即所谓“财政出赤字，央行发票子，财政和央行是政府的两个钱袋子”，这引发对财政政策与货币政策如何协调配合以及货币政策独立性的担忧。回顾历史，财政政策与货币政策的关系随经济大环境的变化而动态变化，两者的分分合合成为近百年来人类经济史的核心议题之一。

保罗·麦卡利和佐尔坦·波萨(2013)曾以美联储和美国财政部为例，将财政政策和货币政策的演进关系概述为三个阶段。

第一阶段为财政积极主义与货币政策合作的时代(1913—1951年)。在第一次世界大战、大萧条、第二次世界大战和朝鲜战争期间，美联储大部分时间都从属于财政部和总统办公室，赤字经常被货币化，国债利率也被锚定。特别是在大萧条期间，货币政策与财政政策协同刺激，“直升机撒钱”开始出现在政策工具箱中。1951年的《美联储-财政部协议》标志着时代的结束和美联储的“解放”。

第二阶段为货币政策独立与财政积极主义时代(1951—1978年)。这一时期充斥着货币主义和凯恩斯主义的政策辩论，双方都渴望掌握经济政策的“方向盘”。财政挤出效应和经济滞胀的出现打击了凯恩斯主义，财政政策逐渐失宠，1978年的《汉弗莱-霍金斯法案》是权力交接的一个重要里程碑，美联储的独立性和权力得到大大加强。

第三阶段为货币政策至上与财政消极主义时代（1978—2008年）。从保罗·沃尔克担任主席起，反通胀成为美联储的首要任务，货币政策开始赢得至高无上的地位，财政政策逐渐居于次要地位。在反通胀运动取得胜利后，资产价格泡沫的膨胀及其破灭成为经济政策的核心议题，这再一次强化了货币政策的主导地位。

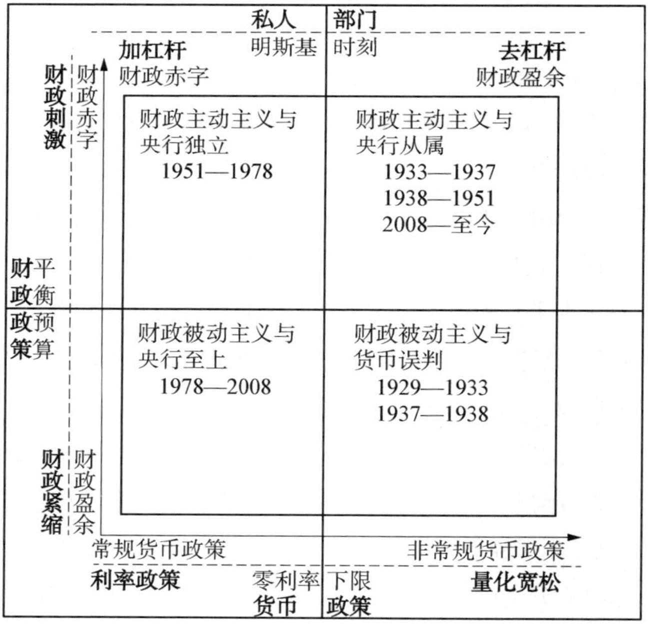

图2.5　美国历史上财政政策与货币政策的关系图

资料来源：根据保罗·麦克里整理。

在货币政策与财政政策协调配合的架构下，早期的货币政策是通过利率工具来实现的，即央行通过降低利率刺激需求，与财政扩张形成政策合力。2008 年全球金融危机后，美联储开启了三轮量化宽松政策，通过购买债券扩张资产负债表的方式降低市场中长期利率，以刺激经济增长。桥水基金创始人雷·达里奥将这两种政策分别称为第一代货币政策和第二代货币政策，认为它们在刺激生产力、促成信用增长等方面并不是十分有效，导致各大央行越来越陷入所谓的“推绳游戏”中。

面对肆虐全球的新肺炎疫情，全球主要经济体纷纷出台大规模财政刺激政策，据统计，西方七国(G7)一共宣布了超过 7 万亿美元的财政刺激政策，这个规模相当于七国 GDP 总和的 12.2%，同时相当于全球 GDP 的 8.0%。与此同时，各国债务规模持续膨胀，西方七国中除德国外，其余六国的政府债务与 GDP 的比率都已超过 100%，其中日本政府的债务占比高达 250%，排名世界最高。较高的债务水平会在一定程度上遏制政府增加支出和投资的空间，面对着低利率、低通胀、低增长和高债务的困境，政策制定者也许已经别无选择，只能采用非常规的政策思路和政策方案，通过货币政策的“洪荒之力”直接为政府的赤字和债务“买单”，进入所谓的“第三代货币政策”。70 年后，财政积极主义与货币政策合作的时代正在重新来临。

财政政策与货币政策在历史上的分分合合启示世人，中央银行的独立性不是一种静止的存在状态，相反，它是动态的和高度依赖环境的。在和平年代、私人加杠杆和通货膨胀时期，货币政策将毫无疑问地成为主导政策；而在战争年代、通货紧缩和私人部门去杠杆时期，财政政策将接过接力棒，担负起拯救经济的使命。因此，独立的中央银行在通胀和通缩环境中的作用是不同的。面对经常与过度货币创造联系在一起的通胀，独立央行的优点是能够对政府说“不”。而在爆发战争、深度通缩和瘟疫等特殊时期，中央银行的职责是支持国家保护

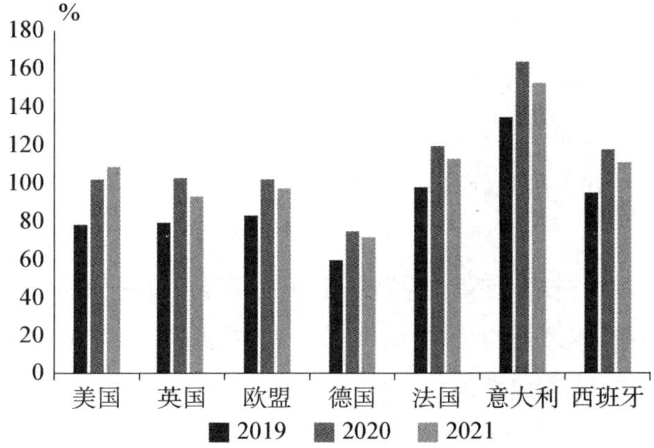

图 2.6 主要发达经济体政府债务与 GDP 比值

资料来源：IMF。

人民生命和维持生计。央行独立性，虽然通常是可取的，但却是达到目的的手段，而不是目的本身。

2.2.3 解药还是毒药

“直升机撒钱”的理念与近十年来复兴流行的现代货币理论(MMT)有共通之处。该理论认为，财政赤字对那些能够以本国货币借贷的国家来说是无关紧要的，因为赤字可以货币化。简而言之，一个发行本币的国家永远不会把钱花光，也永远不会在以本币计价的情况下破产，它总是能在到期时通过敲击键盘“印刷”货币来支付所有款项。因此，“直升机撒钱”和政府发债是没有限制的，它既可以满足当前各国政府扩大财政刺激力度和刺激经济的需求，又可以满足绿色新政、全民基本收入(UBI)等巨额的财政支出，受到西方政界的普遍青睐。

“直升机撒钱”的诱惑在于，它在主流经济学无法解决的现实困境面前，提出了一个看似完美的政策方案，同时不会带来负面后果。但是，正如西谚所云，“免费的奶酪只存在于捕鼠器上”，“直升机撒钱”要么低估了成本，要么夸大了收益。美联储主席杰罗姆·鲍威尔曾指出：“我认为赤字对那些能够用本币借款的国家并不重要的观点是错误的，美国债务与GDP的比例相当高，它的增长速度比GDP快很多，我们要么节省开支，要么增加收入。”

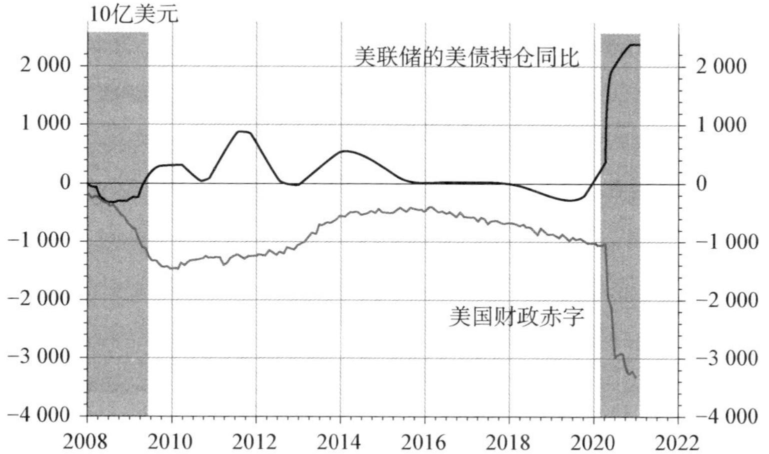

图 2.7　美国的变相赤字货币化

资料来源：《经济学人》(*The Economist*)。

“直升机撒钱”，到底是经济复苏的解药还是毒药？

“直升机撒钱”的核心政策是财政赤字货币化，在一般均衡的框架下，可以发现其至少面临三方面的约束和风险。

一是央行制度约束。财政赤字货币化操作会模糊货币政策与财政政策的边界，在很大程度上将把“创造和分配货币、信贷和支出的权力”交到政治家手中。时任欧洲央行行长的马里奥·德拉吉在欧洲议会的证词中也表明，“仔细观察会发现，分配钱的任务是个典型的财政任务，这是政府的决策，而非央行的决定”。显然，这不但会损害中央银行的独立性，更会动摇中央银行这一被视为基石的经济制度。在现实中，“直升机撒钱”依然被大多数政府视为一种禁忌，面对着政治上的“紧箍咒”。

二是通胀约束。财政赤字货币化操作导致基础货币供给不断增加，当预期通胀提升时，货币流通速度会加快，同时，财政扩张刺激总需求，当跨越充分就业后最终会带来通货膨胀。因此，“直升机撒钱”究竟“撒多少钱”是一个至关重要的问题。第一次世界大战后的魏玛共和国为了偿还巨额战争赔款和尽量满足德国民众的生活，选择了赤字货币化政策。由于没能控制好赤字货币化的力度和节奏，导致恶性通货膨胀。1919 年 1 月到 1923 年 12 月，德国的物价指数上涨了 4 815 亿倍，成为人类历史上恶性通货膨胀纪录保持者。

三是货币贬值约束。货币供应量的长期大规模扩张必然导致货币信用的下降，使本币增发面临贬值压力，从而形成外部约束。同样是在魏玛共和国期间，1919 年 1 月，1 美元可兑换约 5.21 元纸马克，仅仅 5 年后的 1923 年 12 月，1 美元可以兑换高达 42 000 亿纸马克。

某种意义上，“直升机撒钱”如同用不断注射吗啡和兴奋剂来治病，因为一旦开启赤字货币化的道路，更大规模的“撒钱”就会成为容易上瘾的政策选项。最终必然导致恶性通货膨胀和经济崩溃。在拉丁美洲，过去 50 年所有由央行资助的大规模财政扩张试验都是在民粹主义政权统治下进行的，但是结果都很糟糕，通胀失控、货币大幅贬值、实际工资急剧下降，经济发展水平严重倒退。拉美国家的宏观经济实践已经证明，“直升机撒钱”往往伴随着沉重的经济与社会代价。

毋庸讳言，“直升机撒钱”会不会成功，需要制度和技术方面的严格配套条件，包括：“撒多少钱”的阈值测算、谁来决定钱往哪儿“撒”、如何对公众预期进行管理、如何通过有效的规则机制以抑制其恐怖的副作用等。毕竟，天下没有免费的午餐。正如保罗·克鲁格曼所言：“任何试图从铸币税（印刷货币）中榨取太多的做法，都会导致通胀无限上升。实际上，货币是被摧毁的。”

2.3　耶伦的“大动作”与财政的新时代

“不论是当选总统还是我本人，在提出新的救助方案时，都不是没有考虑到国家的债务负担。但是在当前时点，在利率处于历史低位之际，我们能做的最明智的事情就是采取大动作（Act Big）。”美国新任财长珍妮特·耶伦参加参议院听证会时曾发表如上证词。耶伦的言论表明，正统的平衡预算观念已被美国政府彻底放弃，美国经济将进入财政主导的新时代。

2.3.1　财政货币哪家强

在应对经济衰退方面，财政政策和货币政策哪个作用更强呢？这是著名经济学家弗里德曼提出的问题，也是贯穿他学术思想的一条重要线索。

早年的弗里德曼对财政政策的看法与1936年凯恩斯《通论》出版后形成的传统观点相似。1941年至1943年,他在美国财政部工作,首次参与了有关财政政策与货币政策的公共政策辩论。弗里德曼观察到,作为凯恩斯主义革命的结果,货币几乎已经从画卷中消失了,经济政策的一切都集中在税收和政府支出上。

到了20世纪50年代初,弗里德曼更多地接触了经济数据和实证证据,认为货币数量对宏观经济的影响大于政府的预算平衡。2000年,弗里德曼以88岁高龄接受媒体专访时指出:"这些年来,我试图做的一件事就是找出财政政策朝一个方向发展而货币政策却朝相反方向发展的案例。在任何情况下,事件的实际过程都遵循货币政策。我从来没有发现过财政政策主导货币政策的情况,我建议大家将其作为一个测试,寻找一个反例。"

为了应对这一挑战,可以利用宏观经济政策的两个关键工具的分离,构建一个简单的2×2矩阵,其中包含财政和货币政策相互作用的四种可能情况,即:扩张性货币政策伴随着扩张性财政政策;扩张性货币政策伴随着紧缩性财政政策;紧缩性货币政策伴随着扩张性财政政策,紧缩性货币政策伴随着紧缩性财政政策。

在上述每一种情况中,弗里德曼的论断都得到了验证。当货币政策和财政政策朝着同一方向行动时,结果当然是非常明确的。然而,每当货币政策和财政政策的作用方向相反时,如1981—1986年美国里根政府时期、日本1990年代"失落的十年"等,货币政策总是占据主导地位。

如何解释财政政策的相对无效性?可以说,没有货币扩张的财政赤字无法刺激经济活动,因为预算赤字的增加总是要通过某种方式进行融资,而为赤字融资的过程(可能包括税收或债券市场借钱)抵消了所谓的财政“提振”效应。只有在通过创造新的货币进行融资的情况下，额外的政府支出和赤字的增加才会产生明显的积极影响。难怪有人援引弗里德曼的话说：“政府如何从公众的一个口袋里掏钱，然后把钱放到另一个口袋里，从而刺激经济？”

2.3.2 从货币时代到财政时代

自保罗·沃克尔成功击退美国20世纪70年代到80年代初的高通胀后，货币政策独领风骚，世界进入了央行至上和财政从属的时代。特别是过去10年间，随着各国政府采取财政紧缩政策，货币扩张成为主导性的政策工具，财政和货币政策往往朝着相反的方向发展。但未来10年可能会遵循不同的轨迹，进入财政政策主导和货币政策从属的时代。

毫无疑问，新型冠状病毒大流行在全球范围内催化了向大财政刺激政策的结构性转变。

由于企业依赖于消费者支出，消费者又依赖于企业的工资，除非政府出手相助，否则削减私人支出可能会成为一种自我强化的螺旋式下降。正如10年前房地产泡沫破裂和随之而来的金融危机引发了这种螺旋式下降一样，新冠肺炎疫情危机也有可能出现这种情况。因此，全球经济面临的核心问题是支出过少。事实上，在新冠病毒大流行之前，美国经济就一直在与需求相对于供给的长期短缺作斗争。2000年以来的这段时期工资增长放缓，生产率增长放缓，劳动力参与率下降，而通货膨胀率和利率则一直处于低位，并随着时间的推移而下降。这导致经济学家将其描述为一段“长期停滞”时期。

另一方面，货币政策在零利率下限时越来越面临着“药效”递减的困境，这也是财政刺激政策被如此广泛和热烈采用的一个重要原因。在上一个周期，只有美国成功地进入了加息周期，即便如此，其他国家经济的疲软和美国股市的下跌风险也很快迫使美联储收手。对于日本、欧洲等其他发达经济体来说，尽管货币宽松政策产生了充足的流动性和资本，但 10 年零利率甚至负利率都未能刺激通胀或增长。相反，大量过剩资本流入储蓄可能会阻碍货币流通，进而导致通货紧缩。最坏的情况是：流动性过剩刺激了资产价格泡沫，扩大了经济中资本和劳动力份额之间的差距以及整个社会的贫富差距。无论采取何种方式，孤立的货币刺激措施在上一个周期明显未能提振通胀预期，其效果可能已达到自然极限。正如耶伦在国会听证会上指出的那样，如果国会不批准更多的经济援助计划，经济的衰退期将会更长、更痛苦，往后的经济创伤也会更加漫长。

2.3.3　财政刺激的“4 个 C”

2020 年以来，包括美国在内的许多国家的财政政策从 2010 年代的紧缩政策中大幅逆转，引发了一些担忧和紧张情绪。在一个比现代金融史上任何时候都更加积极的财政刺激时代前行时，需要考虑如下四方面的重要影响因素(简称为“4 个 C”)。

一是财政刺激资金的来源选择(Choice)。鉴于拜登政府在美国基建、疫情纾困和社会安全网扩张方面需要大量开支，资金筹措来源成为财政刺激政策的首要问题。在竞选阶段，拜登曾提议对年收入超过 40 万美元的个人、企业以及公司实体增税，此项税收计划预计将能筹集 3 万亿—4 万亿美元。入主白宫之后，增税力度或许没有此前预期的那么大，同时财政赤字在 2020 年 3 万亿美元的基础上将进一步扩大，因此仍需通过额外的债务发行为财政支出融资。根据弗里德曼的观点，只有通过货币数量的持续增长和信贷扩张来提供融资，额外的政府支出才是刺激性的。因此，未来财政政策的刺激力度将决定货币政策的宽松力度，进入一个财政主导、央行从属的新时期。

二是财政刺激政策对私人投资的挤出现象(Crowd Out)。传统观点认为，当政府与私营部门争夺有限的融资供应时，它会“挤出”(抑制)私营部门的投资，减缓经济增长。然而，在一个低于增长潜力的经济体中，可用于放贷的资金并不稀缺。企业决定不投资是因为缺乏需求，而不是因为无法获得信贷。在这种情况下，政府借贷不会与私营部门竞争。相反，当政府在经济衰退中增加支出时，将为企业和家庭创造收入，而家庭和企业的消费将创造更多的收入，形成良性循环。在某种意义上，财政刺激政策发挥了“心脏起搏器”的作用。

三是财政刺激的容量(Capacity)。经济学家罗格夫和莱因哈特曾认为，把政府债务与GDP之比推到90%以上，会导致经济增长放缓。然而，许多国家在20世纪第一个10年的经验表明，债务与GDP之比超过这一阈值的副作用有限。在经历多年的低通胀和近乎零的利率后，目前主流的经济学观点认为：当且仅当债务利率高于GDP增长率时，持续的赤字才会导致债务“滚雪球”式激增。该观点也有数据上的支撑。过去40年利率稳步下降，尽管美国政府债务与GDP之比增长了一倍多，但支付的利息总额仅占GDP的1%左右，约为1990年的四分之一。因此，财政刺激的真正限制因素可能不是债务水平，而是偿债水平。如果利率和通胀率继续保持在很低的水平，那么政府就可以明显增加借贷，而不会产生重大后果。

四是财政刺激政策的成本(Cost)。对大规模财政刺激的另一个

图 2.8 美国联邦政府债务额及付息成本

资料来源：BIS。

担忧是赤字支出将导致通胀上升，因为历史上到处都是金融市场和投资者如何惩罚挥霍无度者的例子，包括恶性通胀、货币崩溃等。展望未来，随着全球经济从衰退中复苏，通胀有可能出现周期性上升。更重要的是：如果拜登政府利用债务货币化和财政政策来减缓收入不平等，那么很可能会增加对商品和服务的需求，同时减少对债券等金融资产的需求，从而导致更高的通胀率，并推升名义收益率。

毫无疑问，积极的财政政策将决定未来 10 年的美国经济。从某种意义上说，耶伦的“大动作”将完整地诠释凯恩斯主义，那就是通过政府支出解决经济萧条问题。但是要让这种财政政策获得理想的效果，还需要货币政策的配合，毕竟如弗里德曼所言：货币政策才是终极的“王者”。

2.4　凯恩斯主义的“药方”与拜登新政

2021 年 4 月 1 日，美国拜登政府公布了总值约为 2.3 万亿美元的基建投资计划，伴随而来的还有让市场担忧的加税方案。这看似一正一反的两个措施，在很大程度上意味着美国新自由主义经济秩序出现动摇和削弱，我们所熟知的那个自由市场资本主义已经渐行渐远了。

2.4.1　从凯恩斯主义到新自由主义

40 年之前，凯恩斯主义者主导着宏观经济的理论研究与政策制定。各国政府发现他们可以通过财政支出和税收政策轻而易举地创造充分就业，这一发现源于在第二次世界大战期间采取的经济试验，战争使得该试验成为必要，不过这一试验也有意按照凯恩斯在其 1936 年出版的《通论》中勾勒的经济思路来设计。就像尼古拉斯·卡多尔写的那样：“保持稳定的高就业水平这一正式职责的出现是经济思想方面的凯恩斯革命与二战共同作用的结果。”

可以认为，直到 20 世纪 70 年代末，包括美国在内的诸多发达国家经济体都可以用凯恩斯主义的增长模式来描述。在这种良性循环的模式中，生产力的增长推动了工资的增长，而工资是需求增长的引擎，这促进了充分就业，并为投资提供了动力，从而推动了生产力的进一步增长。然而，在获得无限风光的过程中，凯恩斯主义者慢慢放弃了政府对社会不平等和社会开支的关注，凯恩斯学说被当成一个调控短期商业周期以避免经济衰退和通货膨胀的政府决策工具包。

20世纪70年代的石油危机和滞胀击破了这种信念，各国政府发现很难兼顾充分就业和低通胀，占主导地位的凯恩斯主义失去了信誉。面对严重的滞胀问题，80年代里根政府和撒切尔政府开始推行新自由主义（Neoliberalism）政策。作为一种经济自由主义的回归与复兴形式，新自由主义迅速在西方世界中占据了主流话语权，世界进入了新自由主义增长模式的时代。

与凯恩斯增长模式相比，新自由主义增长模式在经济政策方面带来了三个关键变化，这些变化逐渐破坏了收入和需求的产生过程，造成了日益扩大的结构性需求不足。

首先，政策制定者放弃了充分就业的承诺，转而将他们的注意力转向了通胀。如果将1948—1969年视为凯恩斯充分就业政策的黄金时代，1970—1982年是石油危机引起的通胀肆虐以及劳工关系紧张的危机时期，1983年以后是通胀目标时期。那么可以发现，在危机之后，通胀水平持续走低，但失业率从来没有回到其黄金时代的均值，而是被永久性地抬高了。

其次，工人阶层受到了来自各方面的冲击，导致工资水平与生产率增长之间的联系遭到弱化。一方面，在资本、劳动力、商品和服务全球自由流动的情形下，工人阶层被裹挟进了国际竞争的洪流。另一方面，“小”政府和对劳动力市场灵活性的迷信削弱了对工会和劳动力市场的支持，最低工资、失业救济、就业保护和雇员权利等政策不断地受到冲击。

最后，经济金融化趋势和金融市场的扩张加剧了工资停滞和收入不平等。金融市场通过实施公司股东价值最大化范式来控制公司，公司对把盈利回馈给股东的痴迷导致工资水平遭到挤压，加上股权分布高度失衡，导致经济扩张和股市上涨产生的大部分收入增长都被最上层1%的人所获取，从而加剧了社会的贫富分化。

2.4.2 新自由主义神话及其破灭

20世纪80年代中期以后，整个世界笼罩在一片高科技和全球化带来的繁荣之中，进入了所谓的“大缓和”(Great Moderation)时期，新自由主义经济思想被奉为圭臬。就连公认的凯恩斯主义带头人克鲁格曼在2007年为凯恩斯《通论》新版所作的序言中也认为，“要让经济再次运行所需要的只是一个相当小范围的技术修复，因此，发达经济体的大危机和大萧条都只属于过去”。

2008年全球金融危机爆发，标志着“大缓和”时代的彻底终结。最初，主流经济学家的预期是快速实现“V”型复苏。当这一点未能实现时，人们的预期被下调至“U”型复苏放缓。当这一点也未能实现时，人们开始谈论“L”型复苏，然后谈论经济长期停滞。新自由主义经济学说越来越被看成资本主义增长出现问题的原因，而非治愈问题的良方。

就新自由主义经济学家内部的观点来区分，大致可以分为以芝加哥大学、斯坦福大学及共和党人为核心的鹰派自由主义者和以麻省理工学院、耶鲁大学、普林斯顿大学及奥巴马-克林顿阵营为核心的鸽派自由主义者。

鹰派新自由主义者认为，危机根源在于美国房地产泡沫。他们声称泡沫源于过度延长的宽松货币政策加上政府出于政治动机对住房市场的干预。在货币政策方面，美联储在2001年经济衰退后的很长一段时间里把利率推得太低。在房地产市场方面，政府通过《社区再投资法》以及对房利美和房地美所进行的干预，鼓励人们以一种入不敷出的方式拥有住房。

在贫富不平等问题上，铁杆的新自由主义者将不平等的加剧解释为技术进步的结果。因此，不平等加剧本身并不是一个经济问题，也不反映经济运行不良。相反，这是一个伦理问题和政治问题。

在解释经济停滞的问题上，新自由主义的铁杆分子要么认为危机后的严格监管（如《多德-弗兰克华尔街改革和消费者保护法》）使经济情况更加恶化，要么认为扩张性财政政策是无效的，而经济停滞是未能“咬紧牙关”的结果。

与之不同，鸽派新自由主义的观点可以被称为“市场失灵假说”，认为这场危机是由于过度的金融去监管和银行内部不正当的激励性薪酬结构造成的。金融机构激进的贷款行为催生了房地产泡沫，当泡沫破裂时，它引发了一场金融危机，加深了一场普通的衰退，将其转变为“大衰退”，而利率零下限对货币政策的约束以及政治分歧对财政刺激政策的阻碍等因素导致经济没有如预期般强劲反弹。

2.4.3　凯恩斯主义的“药方”

凯恩斯主义者认为，危机根源于新自由主义经济范式。1980 年代初向新自由主义经济政策的转变启动了一个双重过程。一方面，工资停滞不前和不平等加剧，推动了通货紧缩，并慢慢破坏了总需求的形成过程。另一方面，通货紧缩降低了利率，而经济过度金融化则开创了资产价格通胀和长达三十余年的信贷泡沫时代。这增加了财富和宽松信贷的数量，从而解决了正在出现的需求短缺问题。每当经济陷入困境时，美联储就会降低利率，重启信贷泡沫和资产价格通胀机制，从而延缓了经济结构调整的时间和固有矛盾的爆发，产生了“大缓和时代”的假象。

2008年的金融危机使信贷泡沫戛然而止。政策制定者随后利用纾困政策来解决金融体系的破产问题，并通过大规模的财政和货币政策刺激来防止大衰退成为第二次大萧条。由于没有采取任何措施来改变新自由主义政策框架，因此无力扭转工资停滞和收入不平等产生的结构性需求短缺。随着有利的初始条件开始用尽，债务和资产价格通胀再也无法充分填补结构性需求缺口，使得经济无法摆脱长期停滞的拖累，因为停滞是新自由主义经济范式下的必然结局。

如果凯恩斯主义的观点被接受，那么收入分配和需求短缺就成为中心问题。因此，解决办法是用结构性的凯恩斯主义政策框架取代新自由主义政策框架。

形象地说，凯恩斯主义者开出的“药方”是把工人阶层从各种“枷锁”中解放出来，同时把大公司和金融市场关进“监管的笼子”里。具体包括：以有管理的全球化取代无约束的全球化；恢复对充分就业的宏观经济政策承诺，改变货币政策使充分就业相对于通货膨胀成为更为重要的政策目标；强化公共服务和金融监管；建立以工会为基础的劳动力市场，使工人有更强的议价能力并获得更高的工资份额。

新冠肺炎疫情暴发以来，全球经济遭受巨大冲击，世界进入了一个具有明显凯恩斯主义特征的时代。许多经济体正遭受总需求短缺，或者至少有需求短缺的倾向。“经济长期停滞”这一概念的复兴也体现了这一点，这一概念20世纪30年代和40年代很受欢迎，但在20世纪50年代随着战后的繁荣和类似萧条的状况不再出现而逐渐消失。

凯恩斯主义的另一个时代特征是宏观经济政策的轮回。相机抉择的反周期财政政策又回来了，这一点在经济学家和政策制定者中再次得到广泛认同，他们认为财政刺激措施在应对衰退方面的价值至关重要，尽管何时、如何以及在多大程度上有效仍存在争议。这与先前的情况形成了鲜明对比，当时主流的共识是：相机抉择的反周期财政政策在很大程度上是无效的。

2.4.4　拜登基建和税改计划双管齐下

2021 年 4 月 1 日，美国总统拜登在其竞选的起始地匹兹堡发表演讲，正式宣布了《美国就业计划》和《美国制造公司税收计划》。拜登提出将在未来 8 年时间完成总额逾 2 万亿美元的基础设施投资，并将通过提高公司税率的方式在未来 15 年内增加联邦政府收入约 2 万亿美元，这部分税收基本覆盖了基建的支出规模。拜登还表示将在未来继续推出《美国家庭计划》，预计将侧重于在教育和儿童护理等领域加大支出规模，该部分将通过个人所得税改革为其提供融资支持，主要侧重于对富人进行征税。

不难看出，拜登政府出台的刺激政策带有浓厚的凯恩斯主义色彩。

从政策力度来看，拜登此轮刺激计划是 1933 年罗斯福新政和 1956 年《联邦援助高速公路法案》以来美国最大的财政刺激计划，表明拜登政府的财政思维已发生改变，“宽财政”成为经济政策主基调，这将完整地诠释通过政府支出解决经济萧条的凯恩斯主义思想。

从政策取向来看，除了旨在改善美国的基础设施水平、提高潜在生产率外，优化劳动力市场和创造高质量、平等的工作机会成为政策重点。根据计划，拜登政府将动用 1 000 亿美元投资于劳动力发展，包括：为无故失业的工人提供全面职业服务；确保所有工人都有自由和

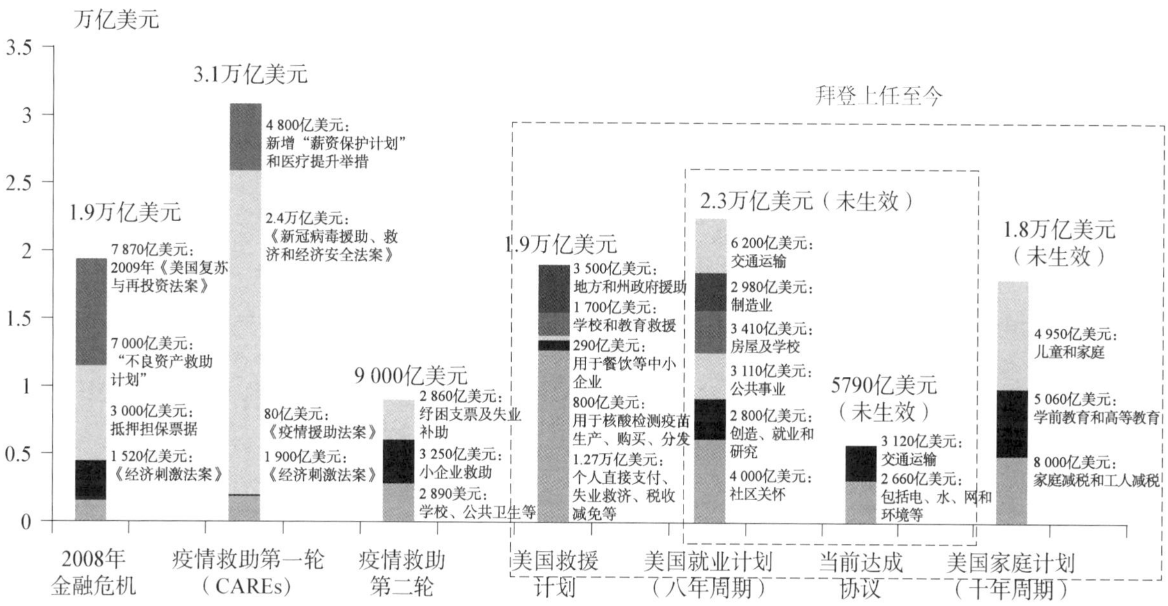

图 2.9　美国经济救助计划

资料来源：《华尔街日报》(*The Wall Street Journal*)、中金公司。

公平的选择加入工会，提升其与雇主集体谈判的能力；提高最低时薪至 15 美元，同时加强劳工执法机构的能力，保护工资和福利等。

在政府税收方面，拜登政府的就业计划和税改中多处着眼缩小贫富差距，促进社会公平。参考税收公平组织（Tax Justice Now）基于拜登竞选提案的计算，拜登未来可能把美国最富有 0.1%的人的个人所得税平均税率从当前的 21.3%提高至 25.9%，最富有 0.01%的人的个税平均税率从当前的 22%提高至 29.1%。拜登这样做的目标不仅仅是为基建融资，更重要的是旨在解决美国贫富分化的深层次矛盾问题。

在历史进程中来看，1926 年，凯恩斯发表了《自由放任主义的终结》一文，指出政府有责任维持充分就业，并进行增长所必需的投资。50 年后，绝大多数新自由主义经济学家在遗弃凯恩斯学说的同时，也放弃了对积极干预型政府的需要，他们以为资本主义市场经济的自我调节能自动实现均衡。百年之后，拜登政府出台了规模空前的刺激政策，凯恩斯主义和国家干预主义的需求经济学卷土重来。处于当前这样一个社会激荡的历史时期，再次回顾乔姆斯基曾经对市场经济作出的论断无疑是非常有益的："只有那些肆意违反公认的自由市场原则的国家才能真正建立起市场经济。自 18 世纪以来，政府干预……一直是一个惯例而不是……偶尔行为。"

2.5 货币主义的回归与通胀"猛虎"的苏醒

通胀欲来风满楼。2021 年以来，全球金融市场一片动荡，以铜、原油为首的大宗商品价格迭创新高，美国长期国债收益率不断攀升，以特斯拉为代表的技术股大幅回调，同时石油股、银行股等抗通胀交易急剧增加。过去十余年消失的通胀推动了全球股票和债券市场两翼齐飞，但随着新冠肺炎疫情后全球央行货币“水闸”大开，同时大规模增加财政刺激力度，通胀正在卷土重来，货币主义学派奉为圭臬的“通胀在任何地方都永远是一个货币现象”，这次真的要重新得到验证了吗？

2.5.1　货币主义之困

1965年，经济学家弗里德曼和施瓦茨在货币主义的开山之作——《货币与商业周期》一书中指出：“由货币存量增速在长周期内的变化导致的货币收入的更长期变化主要反映在价格行为的变动上，而非产出的增速变动上。”此后，弗里德曼进一步将此理论观点概括为“通胀在任何地方都永远是一个货币现象”（Inflation is always and everywhere a monetary phenomenon），并广为流传。

如果货币主义的理论观点是正确的，那么货币供应总量、经济产出和通胀率应当是紧密相关，一致变动的。但从西方发达国家过去二三十年的经济实践来看，这个论断显然是失灵了。2008年全球金融危机以后，美国、欧元区、日本等经济体货币政策持续宽松，但产出和通胀却长期保持低迷。

大约从20世纪80年代开始，全球的通胀率在悄然间不断走低。80年代期间通胀率平均为10%左右，在90年代下降到5%左右，21世纪前10年略低于3%，21世纪10年代约为2%。在经历了20世纪70年代的大通胀之后，低通胀在一代人的时间内，已经成为发达国家和新兴市场经济体挥之不去的记忆。

与通胀低迷形成鲜明对比的是：全球金融危机后主要经济体纷纷实施了极度宽松的货币政策，中央银行的资产负债表规模迅速膨胀。如果以 2007 年 12 月全球金融危机前的时点为基准的话，那么美联储、欧洲央行、日本央行和英国央行当时的资产负债表规模总和约为 4 万亿美元，而到 2020 年底，这一数字已增长到惊人的 23.5 万亿美元。

但是，无论西方国家货币政策如何宽松，世间仿佛再无通胀。尽管通胀的“幽灵”偶尔在金融市场上空徘徊，人们时不时要谈论它，但却没人见过它。以美国为例，即使在新冠肺炎疫情暴发以前进行了三轮量化宽松政策，失业率降到 3.8%的新低，甚至油价反弹上涨，通胀却始终不见踪影。事实上，自 2012 年 1 月提出 2%的通胀目标以来，美联储对于通胀的预测持续出现偏差。这么些年来，核心通胀(PCE)年率仅有一次(2018 年 7 月)达标。

日本在 20 世纪 90 年代泡沫经济破灭之后，为了应对经济衰退和经济通缩，先后采用了零利率、量化宽松、质化和量化双重宽松、直接入市买入股票 ETF 等几乎所有的非常规货币政策。过去 20 年间，日本央行的资产股债表规模从 7 000 多亿美元大幅扩张到 6.8 万亿美元，与 GDP 的比值则从不到 10%暴增到 125%。但日本的货币供应量增长并未使物价摆脱长期低迷。相反，为抵抗持续的通缩，日本一直在不断提升日元供应以满足全球对日元安全资产的需求。日本的事例鲜明地说明了，在开放经济背景下，弗里德曼和施瓦茨的货币主义主张可能会完全失效。大多数经济学家都开始声称“钱(的数量)无所谓”，许多经济学家甚至断言，就算对财政赤字进行大规模的直接货币融资也不会导致通货膨胀。

2.5.2　一切通胀都是货币现象，为什么不灵了

从货币主义的视角来看，过去十余年无疑是迄今为止宏观经济史上最令人困惑的时期。事实上，持续低迷的通胀表现，就连"央妈"也捉摸不透。时任美联储主席的耶伦在2017年曾声称："我们对于通货膨胀的机制并不完全了解……通胀的低迷多多少少算是个未解之谜。"

在某种程度上，各国央行普遍采用的通胀目标制正是全球通胀率下降的一个重要推手。从20世纪80年代开始，为控制当时的高通胀，以美联储为代表的央行纷纷开始盯住事先设定的通胀目标，并且昭告天下，当通胀接近或超过此目标时即采取主动、未雨绸缪式的加息，直至通胀被完全遏制。目前，全球约有四分之三的国家已经采用了通胀目标制，许多国家早已实现了控制通胀的目标。在一些发达经济体，央行甚至已经"超额完成了任务"，过去十年来的通胀率一直低于设定的目标。

造成全球通胀水平低迷的原因是多方面的，一方面固然与央行将通货膨胀视为大敌，孜孜以求地通过加息将物价水平牢牢地控制在设定目标之内有关；另一方面也受到周期性的需求因素和结构性的供给因素的影响。

在需求方面，过去十年来，全球金融危机的持续影响一直是抑制通胀的拖累因素。从历史标准来看，许多发达经济体从全球金融危机（所谓的"大衰退"）中复苏的缓慢程度是惊人的。以英国为例，其经济活动水平在"大衰退"后大大低于20世纪30年代大萧条后的同期水平。因此，从经济需求方面来看，通胀下行的时间比预期的要长。

此外，一个需要引起重视的问题是："大衰退"后放贷者、消费者和

企业之间的风险厌恶情绪加剧，这反过来又制约了经济中的信贷和支出增长。这种所谓的风险偏好的“心理创伤”也是大萧条后抑制信贷和总需求的一个重要因素。

在供给方面，有诸多因素促成了近几十年来全球通胀的低迷不振。这些因素包括：

全球贸易和价值链的兴起，提供了低成本投入的机会，降低了最终进口商品和服务的价格。有经济学家估计，全球贸易一体化将典型家庭消费篮子的价格降低了四分之一到三分之二，这是一个巨大的影响。

人口趋势增加了经济的劳动力供应，劳动参与率仍存在一定的周期性增长，令工资增长受限。此外，就业市场自动化程度和灵活性的提高抑制了工资增长，并可能使菲利普斯曲线趋于平坦。

线上购物日益普及，竞争的日益激烈和信息的易得性对整个商品篮子的价格造成了下行压力，产生了所谓的“亚马逊效应”。

更重要的是，低通胀本身也是构成通胀低迷的原因，人们对历史通胀水平的持续失望影响了对未来通胀的预期，而扭转人们的通胀预期则需要时间的力量。

进入 21 世纪后，全球化和技术产业的高度垄断使得社会收入的断层和分配问题更加突出。全球金融危机爆发削弱了金融中介，减缓了银行信贷和货币的增长。与此同时，在经济结构问题暴露后的出清和创新转换过程中，整体投资主体的缺失限制了信贷或投资的扩张。在这种背景下，金融机构派生货币的边际效用越来越弱，央行货币创造的快速增长并未反映在经济中的货币支出增长上，货币乘数则越来越低。在新冠肺炎疫情危机之前的十年里，全球主要央行的基础货币供应量增长了 150%以上，而广义货币 M1 却增长不到 50%。在美国，以 M2 衡量的货币乘数从 2008 年时的逾 8 倍一路下滑至 2014 年的不到3倍，下降了约三分之二。

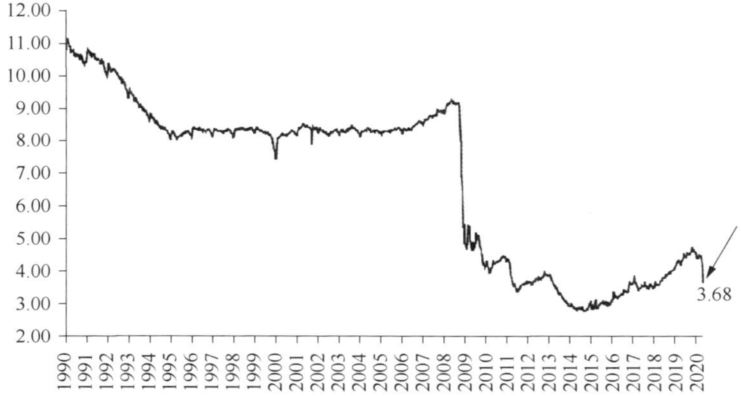

图2.10　美国货币乘数变化

资料来源：Fed*。

根据货币数量方程式，基础货币×货币乘数×货币流通速度＝经济产出×物价水平，因此，通货膨胀在任何地方都是货币与信用的共同现象，但归根结底都是货币流速的现象，当货币乘数和货币流通速度戏剧性地降低时，货币供应的增加就不会必然造成消费者价格膨胀，这就是从“宽货币”到“宽信用”的货币政策传导机制开始失效，从货币创造到通胀传导消失的秘密。

2.5.3　苏醒的通胀“猛虎”

新冠肺炎疫情的暴发加剧了这些长期存在的通货紧缩压力。尽

---

* 美联储（Federal Reserve System）

管对需求和供给都有影响，但多数经济学家认为，疫情对需求的冲击大于对供给的冲击，从而打开了产出缺口。国际货币基金组织估计，西方七国集团国家之间的产出缺口从 2019 年的－0.4％左右上升到 2020 年的 3.8％。但随着带有现代货币理论（MMT）色彩的刺激性财政政策和疫情措施解禁刺激着需求增长，全球经济加速复苏，产出缺口将以较快的速度缩小。粮食等生存必需品价格、工业生产要素价格以及隐含通胀预期等指标均已大幅上涨，随即引发债市和股市的剧烈动荡。

从需求冲击供应约束的角度来看，缩小产出缺口和产生更普遍的通货膨胀需要时间，但这会比预期发生得更快。

新冠肺炎疫情暴发以来，全球中央银行在其资产负债表中增加了总计 9.1 万亿美元的资产，其实施的量化宽松规模已经迅速赶上前 10 年期间实施的总额。但相对于全球金融危机期间，今天的情况大不相同。

首先，以美联储为代表的发达经济体央行目前实际上是在支持宽松的财政政策，绕过了银行业的渠道。例如，财政刺激政策中寄给个人的美元支票是由不断增加的财政赤字提供资金的，美联储同时增加了债券购买。这一政策克服了单独量化宽松政策的缺点，因为它不依赖消费者增加债务来刺激消费，有利于有较高边际消费倾向的低收入者，因此将更有效地增加需求和名义 GDP。

其次，当前与全球金融危机的另一个关键区别是银行体系的状况。10 年前，资产减值导致银行存款和贷款增长缓慢。随着金融体系逐渐得到修复，在特殊的货币和财政支持下，银行存款和贷款迅速增长。目前全球 M3 的年增长率接近 20％，为 1988 年以来的最高水平。

在货币主义者看来，当货币总量以远高于经济产出增长趋势的速度急剧增长时，经济中的一些部门将出现货币余额过剩。在美国，财政刺激"大撒币"让美国居民出现 2.2 万亿美元的超额储蓄，与此同时，股票和房产价格大幅上升。这些现象带来的净效应是：美国家庭的总净资产比 2019 年底增加了约 14 万亿美元。

弗里德曼曾将货币描述为购买力的临时住所。如果这一论断成立的话，随着通过疫苗实现群体免疫，高达数万亿美元的家庭和公司储蓄将寻求一个新家，无论是实物资产还是金融资产，还是商品和服务。这将为已经迅速复苏的经济提供相当程度的额外需求刺激。

当前，美国正从根本上背离平衡预算和稳健货币的旧信条，但是将货币和名义 GDP 的变化联系起来的基本机制在任何时候都在所有国家发挥作用。如果美国在不到一年的时间里让货币供应量巨幅增长，那么它和阿根廷或巴西一样都容易受到快速通货膨胀的影响，通胀率上升很可能再次成为货币增长激增的后遗症。

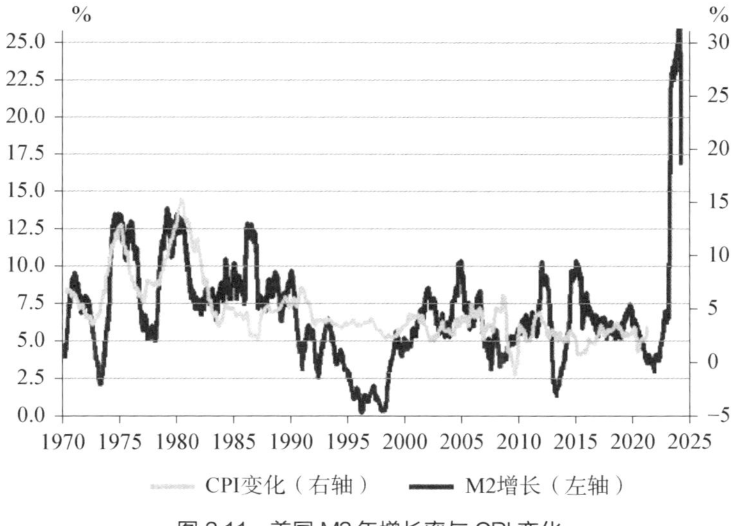

图 2.11　美国 M2 年增长率与 CPI 变化

资料来源：Macrobond Financial。

经济学家哈耶克曾经把控制通胀比作“抓老虎尾巴”，他在文中写道：“现在，我们有一个被通胀困扰的繁荣，它要依靠继续的通胀才能持续。如果价格上升低于预期，那么经济就会处于萧条压力之下……放慢通货膨胀会导致衰退，我们就像抓着一个老虎的尾巴，如果放任这只老虎，它将把我们吃掉，然而，它跑得越来越快而我们绝望地跟着，早晚也会完蛋。”百年一遇的新冠肺炎疫情冲击和史无前例的刺激政策将通货膨胀这只“老虎”从沉睡中唤醒，央行最终将面临艰难而危险的“驯虎”行动。

第三章

从不平等到经济危机：

少数人的资产『盛宴』

3.1 量化宽松：一场少数人的资产“盛宴”

关于货币的分配效应，美国汽车工业创始人亨利·福特曾经说过这样一句话：“幸好，这个国家的民众对于银行和货币体系一窍不通，否则，如果他们搞懂了的话，明天早晨之前我们就会爆发一场革命。”在当下的世界，少数人享用了量化宽松货币政策带来的资产价格上涨“盛宴”，加剧了财富分配不均和社会阶层撕裂。

3.1.1 “放水”支撑的股市狂欢

2008 年金融危机后，全球主要央行开启了史无前例的量化宽松货币实验，向金融体系注入天量流动性。在过去 12 年多的时间里，以美联储、欧洲央行、日本央行和英格兰银行为代表的央行资产负债表规模从不到 4 万亿美元增加到 21 万亿美元，膨胀了 4 倍多，其与 GDP 的比值也从 11%扩张到 60%。

生产投资活动信心不足导致各国央行释放的货币流动性没有前往实体领域，而是大量堆积在金融系统中，所以使得金融资产价格大幅上升但未在实体经济中用于消费、支付和借贷，这最终导致货币流通速度大打折扣。在 2008—2019 年期间，美国、欧洲和日本的货币流通速度（名义 GDP 与 M2 的比值）分别从 1.9、1.3 和 0.75 下降至 1.1、0.8 和 0.5。

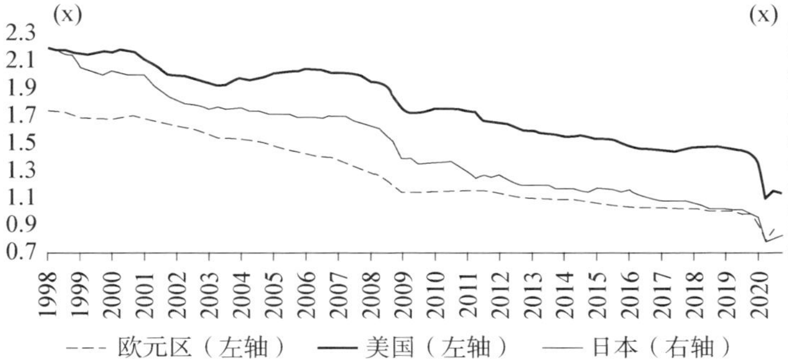

图 3.1　欧美日货币流通速度（GDP/M2）

资料来源：BIS。

对于为何货币流通速度下降如此之快，经济学家们莫衷一是，将其归因于人口老龄化、金融业严格监管、不平等加剧等一系列结构性因素。但在市场人士看来，另一种解释可能更加贴合实际情况，那就是经济体系中的货币流通量确实大幅度增加了，只不过那些增加的货币并没有出现在真实的商品和服务的购买领域，而是流入了金融资产交易领域。这使得尽管货币供应量大幅上升，但通货膨胀并没有反映在物价上，而是反映在金融资产价格上。

货币“放水”极大地惠及了金融资产中的“翘楚”——科技股。以“FANGMAN”（即脸书、亚马逊、奈飞、谷歌、微软、苹果和英伟达）为代表的 7 家科技公司的市值高达 6.8 万美元，占美股总市值比重高达 25%，远高于 2000 年互联网泡沫时期 18%的市场集中度。与之相反，为工薪阶层提供大量岗位的工业、能源、电讯和公用事业等传统行业，市值占比一路缩水。可谓“一业兴盛，百业萧条”。在硅谷和华尔街如鱼得水的同时，五大湖区的产业工人、小石城的零售业者、中西部地区的石油工人却未能享受到货币宽松和股市大涨的红利，那个代表大众消费品的“漂亮 50”大放异彩的 70 年代已一去不复返。

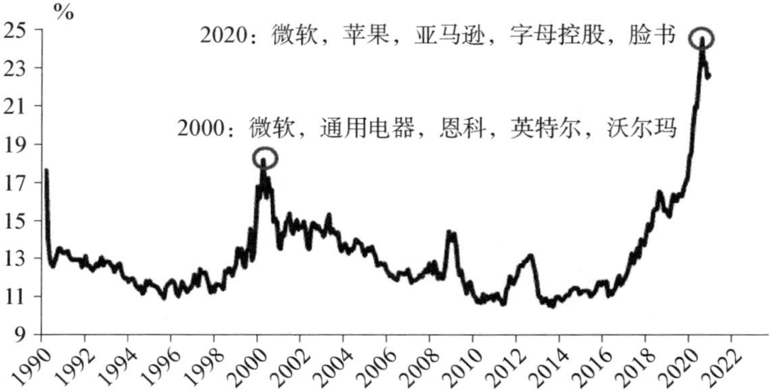

图 3.2 标普 500 指数前五大公司市值占比

资料来源：Bloomberg。

3.1.2 少数人的资产“盛宴”

荷兰中央银行在一份名为《货币政策和前百分之一的人》的研究报告中指出，在 1920—2015 年的近百年时间里，12 个主要发达国家的宽松货币政策通过金融渠道引致资产价格上涨和资本收益增加，有利于高收入阶层特别是最富裕的 1%人口，加剧了财富分配不均的状况。同样，当下的股市狂欢也仅是少数人的资产“盛宴”。

除了地域和行业的分布不均之外，股市狂欢还有一个残酷的事实：股票投资是由富人主导的，对于以金融资本投资为主的高收人群体，他们有足够的财富形成不同的资产组合，获取大量的金融资本收入，占有社会财富膨胀的利益。根据美联储的最新统计数据，美国财富前1%的家庭拥有53%的股票市值，前10%的家庭拥有88%的股票市值，剩下的90%的人仅拥有12%的股票市值（多数还是通过养老金和保险账户间接持有）。在过去10年中，标准普尔500指数的年化回报率接近17%，美国股市市值增加了约25万亿美元，但这仅仅是少数人享有的资产“盛宴”。事实上，在牛市期间，美国股市的涨幅高于工资涨幅的程度超过了至少半个世纪以来的任何时期。

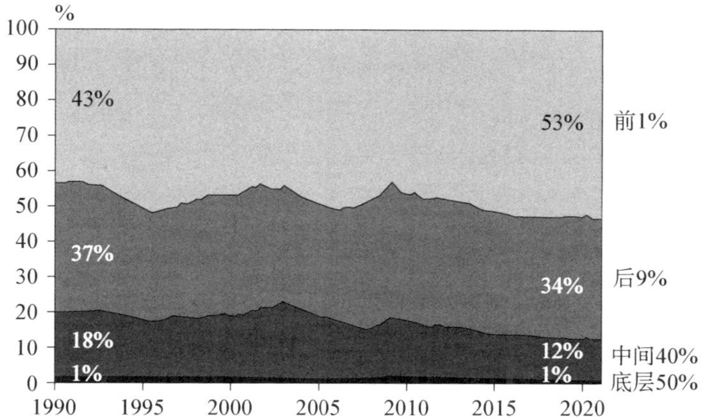

图 3.3　美国不同财富阶层持有股票和共同基金占比

资料来源：Fed。

股权财富不平等也是美国种族贫富差距的主要原因，而正是这种不平等孕育了蔓延至全美的社会暴动。美国智库罗斯福研究所（Roosevelt Institute）的分析表明，按种族构成划分，31%的黑人家庭和28%的西班牙裔家庭直接或间接持有股票。而在白人家庭中，这一比例为61%。股权分配不均在放大种族财富差距方面发挥了越来越大的作用，在 2004—2019 年期间，以股票回购和股息的形式向白人家庭的股东支付总额为 13 万亿美元，而同期发给黑人家庭的股东支付总额为 1 810 亿美元，发给西班牙裔家庭的股东支付总额为 2 120 亿美元。正如纽约大学斯特恩商学院的金融学教授阿斯瓦思 · 达莫达兰表示："市场并非民主，这是一台与美元挂钩的点钞机，从种族的角度来看就会显得不公平。"

此轮新冠肺炎疫情之下的刺激政策尽管使中低收入阶层获得了一定救助，但他们很难分享金融财富膨胀的"盛宴"，总的财富不平等程度将被再次拉大，创出历史高位。正可谓"穷人发钱一时爽，富人资产上天堂"。美国社会不同阶层、不同族裔在收入和财富方面的不平等最终将达到一个沸点。

3.1.3　股市太大而不能倒

过去的 30 年里，全球经济中的传统商业周期逐渐被资产价格周期所替代。央行行长们不再让衰退继续其痛苦但必要的过程，而是立即采取行动，发放货币"吗啡"。美联储在这方面的策略是老生常谈的：首先，降低政策利率；然后，低利率或零利率促进投资人对风险资产的需求，进而刺激资产价格上涨；不断上涨的资产价格，即所谓的"财富效应"通过重建资产负债表和恢复"动物精神"来拯救经济。最终，总需求上升，企业投资恢复，良性增长过程启动。

然而，经济增长并非资产价格上涨的简单函数，用明天需要偿还的信贷来购买今天的增长将会导致杠杆率的普遍性、系统性扩张，资产泡沫化和经济的金融化现象日益加剧。20 世纪 50 年代以来，美国家庭净财富（包括股票、债券和不动产）与名义 GDP 的比值平均在

380%左右，互联网泡沫和房地产泡沫时期这一比值分别达到 440%和 470%，随后因相继爆发金融危机回落至均值附近。如今，得益于股市、债市大涨和房地产价格攀升，这一比值高达 630%，大幅偏离了长期均值。

图 3.4　美国家庭净资产与 GDP 比值

资料来源：Haver Analytics*。

家庭净财富与名义 GDP 比值高企带来的直接后果是：经济中的心理因素很少像现在这样紧密地与资产价格上涨联系在一起，消费者信心与标普 500 指数的关联度达到了过去 30 年来的最高水平。由于消费支出约占美国国内生产总值的 70%，因此提高消费者信心对于经济复苏至关重要。可以说，股价下跌从未有过像现在这样拖累经济的潜力。央行们不仅一手制造了巨大的市场泡沫，而且也开始依赖泡沫。

像某些疾病一样，过度服用货币“吗啡”最终会导致严重上瘾。2008 年全球金融危机以来的政策实践表明，主要央行总资产总规模增

* 哈维分析

量虽呈现周期性变化，但绝大多数时候，年度增量都保持绝对增长，极少进入负区间。“由俭入奢易，由奢入俭难”，2018 年，当美联储加息并缩减资产负债表，试图使货币政策正常化时，股市下跌了近 20%。尽管以美联储为代表的主要央行仍不肯承认，但事实上，保持股市的稳定和上升已成为货币政策的第三个目标，未来货币政策正常化的进程将困难重重，股市已“太大而不能倒”。

凯恩斯在《通论》中曾写道：“生活在现实中的人，自以为能够完全免除于知识的影响，其实往往都还是某些已故经济学家的奴隶。”如今，人们看起来已经成为央行官员们的“奴隶”，因为他们作出的决策，事关我们社会中的赢家和输家。

3.2　超级公司的崛起与美国经济的“谜思”

回首 21 世纪以来美国经济的结构变化，我们一定会惊讶地发现：少数巨无霸式公司迅速发展和崛起，在各自的行业里越来越占主导地位，并在极短时间内促成社会运行方式的重大转变。与此同时，工人薪资增长缓慢，劳动收入比重下滑，通胀率低迷，但公司盈利能力和股市估值却迭创新高。这些现象构成了美国经济的所谓一系列“谜思”(Puzzles)。

3.2.1　超级公司是如何崛起的

自由竞争是市场经济的基石，也是美式资本主义的核心。然而，在过去20年中，有迹象表明，美国众多行业的竞争已经减弱，因为少数超级公司（Superstar Firms）拥有了比以往更为强大的市场力量，在销售、利润甚至股市回报方面都远远超过了竞争对手。

以产业集中度来衡量，超过75%的美国产业变得更加集中，前四大公司所占收入比重在过去20年中从24%上升到33%。目前，制造业、商贸业、服务业、公用和交通运输业以及金融业这五个大类产业中，前四大公司所占收入比重分别达到43%、24%、14%、28%和33%。类似的趋势也可以通过赫芬德尔指数观察到，这是一种普遍接受的衡量市场竞争性的指标，等于所有公司市场份额的平方和。研究发现，1998—2018年间，美国经济中所有行业的加权平均赫芬德尔指数上升了54%，显示市场的集中度大大增强。

在美国历史上，大企业的出现和产业的集中并不是什么新鲜事。19世纪末，美国资本主义生产的集中催生了标准石油、美国钢铁等一批巨型工商企业。这种对企业寡头的恐惧促成了1890年《谢尔曼反托拉斯法》的诞生，一些大公司最终被反垄断机构拆分为规模较小的公司。

自20世纪90年代末以来，在宽松的反垄断执法环境下，大量的并购活动进一步推动了产业和市场集中。1985—1995年间，平均每年宣布的并购交易有5600宗，年均总价值3700亿美元。在接下来的20年里，平均每年的并购交易数量增加到了1万多宗，平均总价值增加了两倍多。这直接导致美国上市公司的数量几乎减少了一半，而上市公司的平均规模实际增长了两倍。在脸书收购Instagram、谷歌收购安卓等大型并购案例中，美国反垄断机构——联邦贸易委员会（FTC）以反竞争为由的质疑越来越少，这种宽松的反垄断方式使得超级公司可以利用它们创纪录的现金，不断地通过并购吞噬竞争对手，巩固市场支配地位。

3.2.2　劳动收入份额下降之谜

在 20 世纪的大部分时间里，劳动收入在 GDP 中所占份额保持着相当的稳定性，这被英国经济学家卡尔多誉为“经济增长的典型事实”。但有些经济学家对这种稳定性持怀疑态度。早在 1939 年，凯恩斯就把劳动力份额的宏观稳定称为某种“奇迹”，认为这实际上掩盖了行业层面的许多不稳定性。

不管以何种标准来衡量，近年来劳动收入在 GDP 中所占比重在大多数发达国家都大幅下降，尤以美国为甚。1947—1999 年期间，美国劳动收入份额最低值为 61%，最高值为 66%。相比之下，过去 20 年中，这一比例已降为 56.7%。2000 年以来劳动收入份额加速下降的这种现象被称为“劳动收入份额下降之谜”，其原因究竟为何？

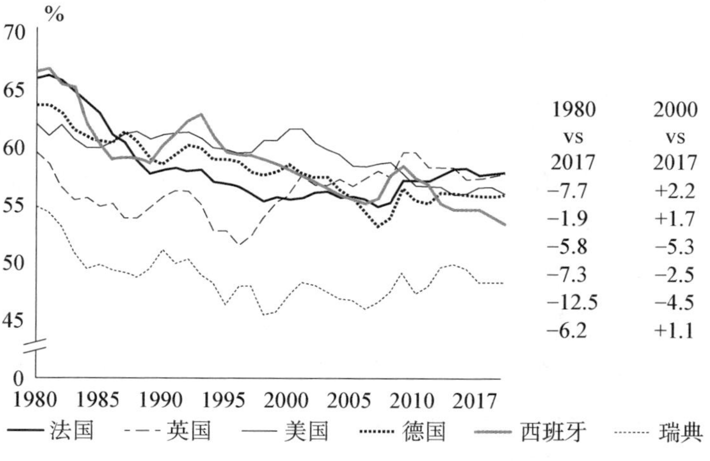

图 3.5　西方部分国家劳动收入占 GDP 比重

资料来源：麦肯锡全球研究院。

早先的一些研究强调了产业自动化和经济全球化的影响，认为这两种因素压低了工资水平，尤其是低技能工人的工资。但进一步的分析则发现，与其他制造业相比，受外生技术冲击更大的相关制造业在劳动收入份额下降方面并没有显著不同。此外，在国际风险敞口更为有限的批发贸易、零售贸易和公用事业等主要非贸易部门，劳动收入所占份额也发生了下降。此后，经济学家们越来越多地倾向于认为，劳动收入份额下降是受超级公司的崛起所影响。

回溯到1985年，彼时硅谷企业还未在美国最大的公司中占据主导地位，有形资产往往接近市场价值的一半。但从2008年的金融危机后开始，看不见摸不着的无形资产逐渐占据主导地位，特别是在新冠肺炎疫情封锁期间发生了飞跃。目前，无形资产已占到标普500指数成分公司价值的90%左右。无形资产的增加有助于解释为什么美国工人近年来过着如此艰难的生活——工资停滞不前、劳动收入份额下降，因为这些资产不像旧经济时代那样需要雇用大批工人来生产和维护。

以Adobe公司为例，其程序改变了整个印刷行业。程序背后的公式和算法是如此有价值，使它的市值达到近2 400亿美元，而其有形资产的价值几乎可以忽略不计。Adobe虽然在全球雇用了逾2.2万名员工，无论以何种标准衡量，这都是一个很大的数字，但这股技术浪潮将整个印刷业的员工人数削减了一半。尽管知识产权往往造就了一小批富裕的工人（例如，Adobe的员工），但它也往往取代了大批按小时工作的工人。

从产业演变的角度来看，超级公司崛起的背后是每个行业中最具生产力公司的市场份额的提高以及生产力较低的竞争对手的牺牲。从统计数据来看，集中度上升越高的产业，劳动收入份额下降幅度也越大，这种负相关性主要是由企业间的再分配效应所导致，即很多经济活动被重新分配给了资本密集程度更高、劳动收入份额占比更低的企业，这种趋势在经济的大多数领域都可以看到。例如，在零售业，夫妻店已经让位给了沃尔玛和塔吉特等零售巨头。这些“超级明星”公司能够通过信息技术、高效的全球供应链和来自批量采购的市场力量获得优势。它们在行业销售中的份额一直在增长，利润也很高，但劳动收入份额却是最低的。

3.2.3 通胀率下降之谜

过去十年美国经济的另一个谜团是：经济悄然步入了低通胀时代，无论是经济产出的提高还是就业数据的好转，都无法扭转通胀低迷的局面。持续低迷的通胀表现，就连“央妈”也感到捉摸不透。正如美联储前主席耶伦所言：我们对于通货膨胀的机制并不完全了解，如今通胀的低迷多多少少算是个未解之谜。

尽管通胀低迷的确切原因尚不清楚，但一种可能的解释是：包括谷歌、亚马逊等在内的大量超级企业的崛起，对价格的上行起到了一定的抑制作用。

超级企业的出现导致劳动力市场更为集中，使得企业能够将工资水平设定在具有竞争力的水平之下，进而抑制工资增长和通货膨胀。大量的证据表明，当一个行业的企业数量减少时，将会增加雇主的谈判筹码，削弱劳动者的议价能力。20 世纪 90 年代末以来，大公司和小公司之间的薪酬差距日益缩小，并且大公司中的中低工资水平工人比小公司中的同类型工人收入更低。

还有一些令人信服的证据表明，市场集中会助长企业勾结以限制工资竞争。2014年5月，美国司法部与包括Adobe、苹果、谷歌、英特尔和皮克斯在内的众多主要科技公司达成和解，以了结对这些公司通过合谋限制软件工程师和设计师薪酬竞争的指控。限制工资竞争的现象也广泛存在于低技能工人群体，2018年美国经济顾问委员会(CEA)的一份报告指出：“目前有3000万美国工人受到竞业禁止协议的保护，而且这些协议通常广泛适用于低收入工人或其他无法接触到商业机密的人。”报告称，这些协议似乎没有其他目的，只是“阻碍工人流动，限制工资竞争”。

无形资产投资在美国经济中扮演越来越重要的角色，可能也是推动通胀走低的原因之一。传统经济理论认为，随着经济接近产能上限，价格就会存在上涨动力。然而，无形资产密集型经济的运作方式完全不同，不管是网络平台还是软件制作，其边际生产成本几乎为零，从而打破了产能上限的“天花板”，降低了企业提高价格以满足市场需求的动机。1995—2020年，标普500指数成分公司中无形资产占比从68%增长到90%，随着数字经济的扩张和市场集中化程度的提高，经济中的通胀风险也随之降低。《华尔街日报》的分析文章曾指出：“当亚马逊进入某个市场时，一般都会导致价格下降。例如，亚马逊收购全食超市就是破坏性技术抑制通胀的一个典型例子。”

3.2.4 公司利润率上升之谜

与通胀率下降趋势相反的是，美国公司的利润率一直处于攀升轨道中。在1970—2000年间，标普500指数成分公司的平均销售利润率为5%。通常而言，利润率存在向历史均值回归的趋势，但从2001年至今，这种均值回归趋势并未呈现，美国公司销售利润率反而上升到了7.5%以上。1997年来的全球化、低利率以及企业更高的杠杆水平，可能是背后的主因。但是这并不能解释事情的全部，因为在竞争性的环境中，长期低利率带来的超额利润率会因为竞争而被抹平。因此，背后肯定还有其他原因。

要理解美国公司的利润率上升之谜，同样可以把超级公司的崛起作为一个逻辑起点。

从微观视角来看，超级公司的可扩展性和赢者通吃的格局支持了利润率的增长。超级公司有能力在同比不增加成本的情况下扩展生产规模，这样的高运营杠杆和规模在很多行业中催生了赢者通吃的局面。超级公司从实体设备和厂房等有形资产投资转向知识产权、软件、专利和研发等无形资产投资后，会大大推进可扩展规模的产品生产和消费，并且会利用知识产权和专利等无形资产建立起行业"护城河"。垄断力量、政治游说力量以及品牌力量的增强无疑有助于提高企业的利润率。从相关数据中也可以看出，过去20年很多行业的利润率增长和无形资产投资增长之间呈现正相关的关系。

从宏观层面而言，产业集中度的提高带来了通胀率的下降，使得美联储能够长期保持如此低的利率水平，企业的资本成本也一直处于下降过程中。这直接导致资本成本在GDP中的比重出现下降，过去30年间，资本成本所占比重从26%下降到17%左右。劳动收入份额和资本成本份额的同时下降推动了企业利润在GDP中所占份额的上升。20世纪末，企业利润份额在3.5%左右，如今已大幅上升至17%，这就自然地带来了企业利润率的增长。毫无疑问，公司利润率的增长将转化为可观的盈利增长和股市收益，推动了美股过往数十年的大牛市。在这种环境中，工人分得的"蛋糕"越来越少，公司股东则分到了越来越多的"蛋糕"。超级公司的崛起极大地造福了股市投资者，但却以工资增长停滞和劳动收入份额下降为代价，加剧了美国社会收入和财富的不平等。

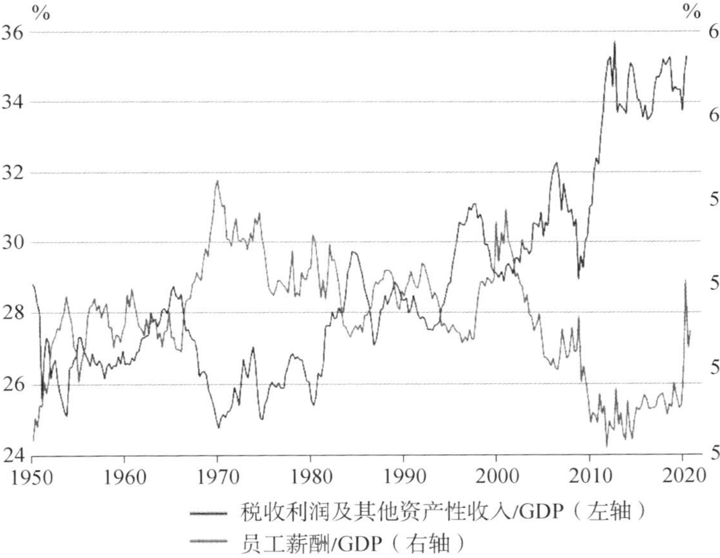

图 3.6　美国公司利润及员工薪酬占 GDP 比重

资料来源：ReFinitiv Datastream*。

随着超级公司的蓬勃发展，一小部分公司已成为美国股市的引擎。市场数据显示，2000 年以来，标普 500 指数前五大成分股(即所谓的“FAAMG”)涨了 8 倍多，而其余 495 家公司仅涨了 1 倍多。如此高度集中的市场是危险的，不仅是因为超级公司通过庞大的市值和资本的“马太效应”进一步巩固了产业主导优势，对创新活动、资本配置效率和经济增长都可能产生消极的负面影响，而且科技股的任何动荡也

* 路孚特金融数据库

可能为后续市场的下行推波助澜。

20 世纪下半叶，马克思主义研究领域重要的经济学家曼德尔曾指出："自由竞争产生集中，集中产生自由竞争的对立面，即垄断。"对美国民众来说，矛盾之处在于，一方面想得到只有大型企业才能提供的大规模生产的好处，另一方面又想得到竞争性开放市场的好处，这种"鱼与熊掌"兼得的二元对立是美国经济制度的一个基本特征，也是美国企业长期以来在市场竞争和整合之间交替循环的主要动力。2020 年 10 月 20 日，美国司法部和 11 个州正式对谷歌提起反垄断诉讼。在某种意义上，这一具有标志性意义的反垄断诉讼拉开了新时代的序幕。

3.3 为何需要反垄断：从镀金时代到数字时代

1911 年，当标准石油公司被拆分为 34 家地区性石油公司时，约翰·洛克菲勒就明确表示："反垄断终将会被人们所淡忘。"时至今日，沉寂已久的反垄断浪潮终于重新兴起，欧盟、美国、中国三大主要经济体几乎同步针对互联网科技巨头展开反垄断调查，这绝对是偶然中的必然事件。回望一个世纪前美国镀金时代的反托拉斯浪潮，或许有助于更好地理解当下这股科技巨头反垄断浪潮的历史逻辑性和现实必然性。

3.3.1 镀金时代的反托拉斯浪潮

19 世纪的最后 30 年被称为美国历史上的"镀金时代"(Gilded

Age）。一方面，美国经济快速发展，从后进农业国跃居为第一工业国；另一方面，众多著名的企业托拉斯和大财阀在此期间崛起，它们凭借强大的经济实力，控制了石油、铁路、钢铁、煤、肉类，甚至包括糖、威士忌和烟草等各个行业。巨大的财富创造了一个新贵阶层，但在光鲜外表下，市场垄断、贫富分化、劳资冲突加剧等各种社会问题丛生。马克·吐温的小说《镀金时代》就曾辛辣讽刺了美国当时政治腐败、投机盛行以及崇尚粗鄙的实利主义的社会状况。

镀金时代的普通美国民众普遍感到失望和沮丧，深陷迷茫和困惑，对新的寡头统治尤其感到恐惧。这些大企业通常权倾朝野，甚至相互抱团成为卡特尔、托拉斯，通过限制竞争，控制市场，不择手段地排挤和打击竞争者，对工人则进行残酷的压榨，对公众进行各种无耻的欺骗。1888年格罗弗·克利夫兰总统在国会致辞时曾这样评价大型企业：“当我们将目光投向资本汇聚在一起的成果时，我们看到的是托拉斯、联合经营和垄断，而公民要么在遥远的后方挣扎，要么被资本的铁蹄所戕害。公司原本应该是受到精心限制的法律产物和人民的仆人，但是它们现在正迅速演变为人民的主人。”

企业寡头不仅伤害了消费者和工人，损害了资本主义制度的运作，而且被视为对美国民主制度本身的威胁。在19世纪末20世纪初，分拆他们的斗争成为美国政治生活中一个非常重要的议程。1890年，《谢尔曼反托拉斯法》在参众两院几乎一致支持下获得通过，该法的开篇闻名遐迩：“任何一份合同，只要以托拉斯或者其他形式，或者包含有串谋的意图，限制了州际或对外贸易，就可宣布为违法。”

从1901—1914年，美国联邦政府对所谓的“垄断企业”提起了大约120起诉讼，其中包括著名的对标准石油公司的分拆行动。1920年后，反托拉斯行动从政治斗争转向了更为温和的法律诉讼。在接下来的 50 年里，反垄断法的执行有增无减，这一运动的高峰一直持续到 20 世纪 70 年代，最终在经历了 8 年诉讼之后，美国司法部于 1982 年将美国电话电报公司（AT&T）分拆出 1 个继承了母公司名称的新 AT&T 公司（专营长途电话业务）和 7 个本地电话公司（即“贝尔七兄弟”），美国电信业从此进入了竞争时代。20 世纪 80 年代初，里根政府上台后开始推行新自由主义经济政策，最终形成了一种共识，即垄断企业的危险性被大大夸大了。自此，反垄断运动逐渐归于沉寂。

进入 21 世纪后，数字经济的浪潮呼啸而来，不可阻挡。数字经济发展催生了新的企业形态——科技巨头（Big Tech），典型的如美国的谷歌、苹果、亚马逊、脸书，中国的腾讯、阿里巴巴、美团等。这类企业基于数字经济的网络效应、规模效应、范围经济等特征，近十年来规模不断扩大、范围日益延伸，渗透率加速提升，强有力地主宰着它们各自的市场，甚至控制着新闻生产和我们个人信息的获取。全球经济及财富集中度现在达到了一个多世纪以来前所未有的水平，我们正处在一个新的财富和权力的镀金时代。

3.3.2 科技巨头的罪与罚

无可否认，数字时代的来临对整个社会有着非常深远和广泛的影响，人们获取信息更为便利，社会运作效率得以提高，在为此感到兴奋的同时，随之而来的也必然有焦虑。特别是科技巨头们的出现敲响了警钟：这些巨头拥有庞大的经济实力、对信息传播的强大控制力，以及对公共生活的空前影响力，镀金时代同样的问题又站在了历史的舞台中央。

镀金时代的大亨们都是达尔文“适者生存”理论的信奉者，约翰·洛克菲勒曾说：“当玫瑰生长时，我们唯有摘去那些最小的花蕾才能培育出美国最美的玫瑰。”科技巨头及其领袖最初带着理想主义的光环闪亮登场，但在市场大潮和华尔街的压力下，渐渐丧失了“初心”和“理想信念”。为了他们的“大玫瑰”，科技巨头们摘掉了许多“小花蕾”。

据欧洲智库布鲁盖尔（Bruegel）统计，从 2001 年至 2020 年 8 月期间，美国五大科技巨头共发起了 825 起收购行动。其中，谷歌每年的平均收购次数最多（13.11 起），微软（7.24 起）和脸书（6.8 起）紧随其后。与传统公司不同，科技巨头们的收购行动在一定程度上是基于自身平台的竞争担忧，旨在通过获取业务补充、技术专利和技术人才来增强其数字生态系统的功能。脸书创始人马克·扎克伯格在关于收购项目的一次访谈中声称：这类收购的目标之一是抑制竞争对手，防止竞争对手增长和扰乱社交市场运营。

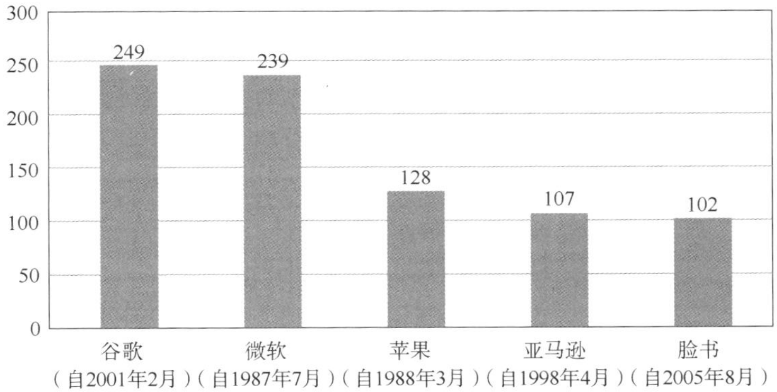

图 3.7 美国五大科技巨头的并购数量

资料来源：Bruegel * 。

* 布鲁盖尔智库

对于大型互联网公司的收购行动是否降低了消费者福利这一问题,目前尚无定论。但这些收购行动对于创新的消极影响却令人担忧。

大型科技公司收购可以产生所谓的“杀手”效应。首先,一旦一家大型科技公司在一个特定的、毗邻的、互补的或联合的市场上收购了一家初创企业,就会对该市场上的其他小公司产生负面影响,因为它们发现与科技巨头竞争将更加困难。其次,当科技巨头通过收购进入新市场时,风险资本家认为继续投资这些市场上的小公司(或这些市场的潜在进入者)是缺乏吸引力的,因为他们觉得自己的投资不太可能获得好的回报。市场的高度集中抑制了竞争、创新、创造性破坏和经济增长的理想循环,正如产品市场集中可以为赢家带来更大的利润和估值,而不是提升整个经济。康奈尔大学金融学家沃伦·贝利在近期的一项研究中表明,由少数大公司主导的股市与随后的经济创新指标(如专利、新公司融资和经济增长)的下降直接相关。

在过去10年中,少数几家发展为庞然大物的科技公司引发了社会对这些大公司所掌握权力的担忧。这些企业对公众生活的影响力不断攀升,人们购买的日用品、得到的贷款、购买的保险,甚至健康数据都储存在它们的云服务器上。科技巨头们的社会影响力现在已经远远超出了技术范畴,事实上,它们已经接管了大众的生活方式。

最为显著的是:科技巨头们对信息的传播和对媒体的控制日益加深,例如,亚马逊已完成对好莱坞著名电影制作公司米高梅的收购。这些平台聚集了如此多的权力,以致它们可以封禁时任美国总统特朗普的社交账号,有意或无意地左右选举进程,甚至是推翻某个小国的政府。在某种程度上,科技巨头们积累了某种类似半主权(semi-sovereign)的权力。

3.3.3　从芝加哥学派到新布兰代斯主义

1890 年，当约翰·谢尔曼敦促他的国会同僚们采取行动反对威胁美国的工业集权时，他怒吼道：“如果我们不能容忍一个国王作为一个政权存在，我们就不应该容忍一个国王统治着任何生活必需品的生产、运输和销售。”谢尔曼对托拉斯的强硬态度促成了《谢尔曼反托拉斯法》的顺利通过，而布兰代斯主义的兴起为该法案“长出牙齿”提供了思想基础。

路易斯·布兰代斯是镀金时代反垄断领域的杰出代表，他在 1916 年成为最高法院法官。对布兰代斯来说，企业规模是首要问题，庞然大物般的公司，无论是否涉及严格意义上的垄断，它总是挫败个人的主动性，限制竞争和创新，并利用其规模掩盖效率低下等问题。最重要的是：大公司不能与民主和自由兼容，布兰代斯在 1914 年写道：“大公司带来的最大威胁是‘对个人自由的压制’。”与当时的其他改革者一样，布兰代斯认为垄断的问题不仅仅包括经济效率或消费者福利，也深刻地影响到个人自由和政治秩序，他在历史上首次将这种私人企业的权力（支配力）称为“大企业的诅咒”（The Curse of Bigness）。

反对垄断意味着捍卫民主的观点在第二次世界大战后以“反垄断高峰”的方式取得了胜利。然而，尽管 AT&T 拆分案在法庭上得以通过，但从 20 世纪 70 年代开始，芝加哥大学的自由市场经济学家主张将经济分析，特别是价格和分配效率理论应用于反垄断等法律问题。其中，最有影响力的是罗伯特·博克，他主张反托拉斯法应该有且只有一个目标：消费者福利最大化。在新的范式下，垄断对竞争的损害将仅仅表现为对配置效率的损害，即表现为更高的价格或更低的产出。

博克对《谢尔曼反托拉斯法》的狭隘解释切断了垄断与民主之间的知识和道德联系，重塑了反垄断在法学院的教学和法官的实践。自此以后，美国的反垄断政策失去了传统的目标，反垄断监管在很大程度上确立了一种宽松的氛围，反垄断运动也进入了所谓“深渊冻结”的状态。

在芝加哥学派占据主导地位几十年后，美国民众目睹了这些理论和政策转变所带来的影响。近年来大量实证研究表明，美国经济的集中度不断提高，企业利润幅度有所增加，企业投资相对于利润有所下降。与此同时，宏观经济趋势，如商业活力和新企业形成的显著减少，以及财富和收入不平等的创纪录水平，也与垄断加剧和竞争下降有关。更令人吃惊的是：在一些引人注目的并购案例中，当前的反垄断监管并未能带来有利于竞争的结果；相反，在过去十余年发生的 53 宗大型并购交易中，超过 75%的交易导致了价格上涨，但消费者在质量、成本或非价格措施方面没有获得任何补偿性的好处。

美国经济结构的演变现实催生了“新布兰代斯主义”，引发了一场学术辩论，并为改革打开了一扇大门。2018 年，哥伦比亚大学法学教授吴修铭出版了《庞然大物的诅咒：新镀金时代的反垄断》一书，树起了“新布兰代斯主义”的大旗。吴修铭在书中指出，芝加哥学派的框架保证了经济分析的严谨性，但却忽视了垄断带来的一系列经济成本，包括经济停滞和创新受阻。更重要的是：罗伯特·博克对反托拉斯法的狭隘解释使得反垄断持续受到侵蚀，这不仅损害了开放市场和公平竞争，而且对民主治理的基础构成威胁。

吴修铭明确表示，当下的反垄断应该摆脱芝加哥学派的狭隘思维，回到布兰代斯主义的“传统目标”上，也就是将反垄断作为“在一个正常运转的民主国家，必要时对私人权力进行检查”的关键政策。他写道：“布兰代斯法官认为‘真正的自由是免于公共和私人胁迫的自由’，垄断对自由构成的威胁可以理解为私人主权的一种形式，以芝加哥学派为代表的当代自由主义正确地关注政府的过度行为，但却奇怪地容忍大企业的权力滥用和胁迫行为。”

3.3.4 数字时代反垄断的挑战

2021年3月，美国白宫宣布，吴修铭将加入美国国家经济委员会，担任拜登总统的科技与市场竞争政策特别助理。考虑到吴修铭作为新布兰代斯主义旗手的角色以及在反垄断问题上的强硬立场，媒体普遍猜测，美国政府将加速数字经济领域竞争政策的改革步伐，尤其在科技巨头反垄断方面极有可能作出重大调整和创新。

科技巨头似乎是消费者和经济增长的天赐之物。从表面上看，这些公司扩大了用户的选择范围，降低了价格，并创造了提高生产力的新动力。但是，巨头们的垄断权力并非源于其庞大的规模和市值，而是源于其基本的商业模式——互联网平台经济，即由网站和应用程序充当连接商品、服务、信息的生产者和消费者的平台。这种商业模式为这些公司提供了一种独特的“平台力量”，形成了“赢者通吃”的产业特性。最初，平台上的服务和用户的聚集只是使该平台对消费者而言更具有黏性，但是一旦其他竞争对手被充分削弱，这些平台就可以以垄断的方式提高价格。又如，平台可以通过其底层算法影响用户访问信息、商品或服务的方式，也可以通过算法进行差别定价，甚至对选民行为产生重大影响。

对于新布兰代斯主义者来说，上述情形既熟悉又陌生。熟悉的是现在的科技巨头与镀金时代的企业托拉斯在垄断的表现方面非常相似，都涉及了市场的支配地位和固化、价格歧视、消费者的锁定等妨碍市场竞争的措施。陌生的是如今的监管者必须应对数字经济中由互联网科技巨头主导的市场支配力量和算法歧视等新的垄断形式。镀金时代的反垄断杀手锏——分拆大企业也许并不能有效地解决科技巨头的垄断问题,因为平台经济的快速可扩展性使得拆分后的子公司可以迅速地重新夺回市场主导地位。那么,该如何抑制科技巨头所特有的平台垄断力量呢?

从目前的反垄断实践来观察,制约大型互联网平台权力最显著的方法是加强政府监管。西方国家和地区似乎正试图绕开传统反垄断工具中相关市场界定这一先决条件,力图直接锁定头部平台为规制对象,以问题为导向,明确其不能实施的行为或必须履行的义务。欧盟是全球在平台经济领域实施反垄断监管最活跃的地区,2020 年 12 月 15 日,欧盟委员会发布了专门针对数字平台进行监管的新规则,即《数字服务法案》和《数字市场法案》,旨在对那些具有持久市场地位的超大型数字平台可能实施的不公平竞争行为进行严格限制。

上述方法与美国的新布兰代斯主义者呼吁的改革方向不谋而合。正如吴修铭指出的那样,数字时代的反垄断需要美国调整联邦贸易委员会的方向,使其在反垄断领域发挥行政职能,这将使制度结构与法院分离,使反垄断政策更好地跟上新的商业实践。在美国这样一个民意两极分化、共识难以形成的国家,实现这一愿景并非易事,但时机已经成熟。

3.4 股东至上主义的终结

股东至上主义并不是商业世界的天然法则,而是在 20 世纪 70 年代自由主义经济学兴起、商业竞争走向全球化、机构投资者作为股东利益代表崭露头角等社会背景下逐渐“一统江湖”，成为美式资本主义的核心特征。当下，随着美国社会财富和收入不平等现象日益加剧，股东至上主义的魔力开始减退，新的理论和模式正在涌现。

3.4.1 股东至上主义的兴起

19 世纪最后 30 年和 20 世纪初，科学技术进步和工业化大生产带来了人类历史上的第二次工业革命，世界由“蒸汽时代”进入“电气时代”，生产和资本的高度集中导致企业规模日益扩大，大型公众公司开始登上商业舞台。企业史学家阿尔弗雷德·钱德勒推崇备至的那些大型企业主宰了美国经济，这种新型的经济力量让大众感到恐惧，一种新的寡头统治似乎即将出现，美国社会对大型公司的目的究竟为何陷入了迷思之中。

与传统私人控股的公司形态大为不同，大型公众公司拥有成千上万名股东，这些分散化的股东对公司的具体管理运营不再感兴趣，从而产生了公司控制权和管理权相分离的现象。在这种情况下，公司的目的是仅仅为这些股东赚取利润，还是对股东以外的利益相关者（员工、客户、供应商、金融机构、所在社区以及所在地政府等）承担更广泛的社会责任呢？1932 年，哥伦比亚大学的阿道夫·伯力和哈佛大学的梅里克·多德两位学者在《哈佛法律评论》上就这一议题展开辩论。伯力认为“被赋予公司或公司管理层的所有权利在任何时候都应当仅仅为股东利益服务”。多德则认为公司的目的不光是为股东谋利，还包括保护雇员合法权益、遵守商业和行业法规，以及为公众利益负责等。在多德看来，“商业公司是一个既具有商业能力，又服务社会的经济组织”。在 20 世纪上半叶贫富差距日渐缩小，人文主义兴起的社会思潮下，多德关于公司社会责任的观点逐渐占据了上风，到 1954 年，伯利逐渐抛弃了他原本坚持的股东至上主义，在《20 世纪资本主义革命》一书中写道：“20 年前，我与已故的哈佛大学法学院多德教授有过一场辩论，我认为公司的权利是股东交托的，而多德教授却认为公司的权利是全社会赋予的，争论最终以多德教授获得支持而告终，至少现在是这样。”

20 世纪 70 年代始，以自由竞争市场经济为导向的新自由主义经济学开始兴起，股东至上主义也乘势卷土重来。著名经济学家米尔顿·弗里德曼于 1970 年在《纽约时报》杂志发表文章指出，在私有产权和自由市场体系中，企业只有一种社会责任，那就是利用其资源，尽可能多地为股东赚取利润。弗里德曼的观点随后在各大商学院里赢得了众多拥趸。1976 年，时任哈佛商学院院长威廉·麦克林和经济学家迈克尔·詹森合作发表了《企业理论：管理行为、代理成本和所有权》一文，该论文不管在经济学还是管理学文献中都堪称经典，影响甚广。他们认为，分散化的股东是公司财产和经营果实的剩余索取人，股东作为委托人聘请职业经理人来行使代理人的权利，而后者的职责就是实现股东财富最大化。在委托-代理的分析框架下，股东至上主义终于披上了理论的新衣，并在 20 世纪 80 年代中期取代了管理层资本主义，成为商业世界的“宗教信条”。

站在历史的角度上，股东至上主义在当时之所以被广为接受，在于其将不同利益团体有效地联系起来，组成了广泛的“统一战线”。首先，对法学界、金融学界和经济学界的学者而言，股东至上主义为公司目的这一复杂问题提供了一个简洁、“优雅”的答案，甚至可以直接用股价涨跌予以客观衡量。对金融业界来说，股东至上主义为 20 世纪 80 年代兴起的公司重组浪潮提供了理论上的支撑，公司门口的“野蛮人”、分拆、债务重组、成本削减等旨在提升市场价值的行为盛行一时。

最后，股东至上主义促成了高管期权激励计划的大范围采用，得到了公司高层管理者的大力拥护。

至20世纪末期，随着新自由主义和“华盛顿共识”的畅行，股东至上主义发展成为美式资本主义的核心特征。2001年，哈佛大学的莱纳·克拉克曼和耶鲁大学的亨利·汉斯曼发表了《公司法历史的终结》一文，在文中他们写道：“学界、商界和政界精英们都一致认为，股东拥有对公司的绝对控制权，经理人的职责是为股东利益服务，上市公司的市值是衡量股东利益的最佳标尺……全球的公司治理模式正在向股东导向模式趋同。”

3.4.2 股东至上主义的“三宗罪”

股东利益和股票价值最终演变成为公司凌驾于一切之上的目标。由美国200余家最大公司CEO组成的“商业圆桌会议”曾在1997年正式声明，公司管理层和董事会的首要职责是为股东服务，其他利益相关者的利益只是衍生于对股东的责任。进入21世纪后，特别是2009年全球金融危机以来，随着美国社会贫富差距日益加大，逆全球化思潮泛起，股东至上主义日益受到质疑和反思。“现代管理学之父”彼得·德鲁克晚年反思美式资本主义及其缺陷时，不满其犒赏贪婪而不是犒赏绩效，不满经理层与雇员之间的差距不断增大，高管大赚，工人却被解聘。他说：“这在道德上和社会上都是不可原谅的……虽然我笃信自由市场，但是我对股东资本主义严重怀疑。”

在股东利益最大化的压力下，员工利益、社区利益和环保利益长期以来一直在被削弱。劳动收入份额（劳动收入与占国民生产总值之比）的相对稳定作为一种经济规律已被广泛接受，早在1939年，凯恩斯就把这一规律称为“奇迹”。在第二次世界大战后的大部分时间里，美国的劳动收入份额确实保持了相对稳定，但自 1980 年开始，劳动收入份额开始发生下降。经济学家对这种现象提出了许多解释，包括自动化的采用、全球化、企业在产品市场上的实力增强等因素，但一个最为重要的原因则是：股东至上的理念与美国企业垄断力量增强的趋势相结合后，带来对薪资、工会和劳动谈判的巨大压力，使工人在劳动力市场上的议价能力日益减弱，工人分得的“蛋糕”越来越少。在过去，经济增长和员工收入之间存在紧密联系，经济增长会带动就业创造，进而带动广泛的收入增长，如今这些联系似乎失效了。

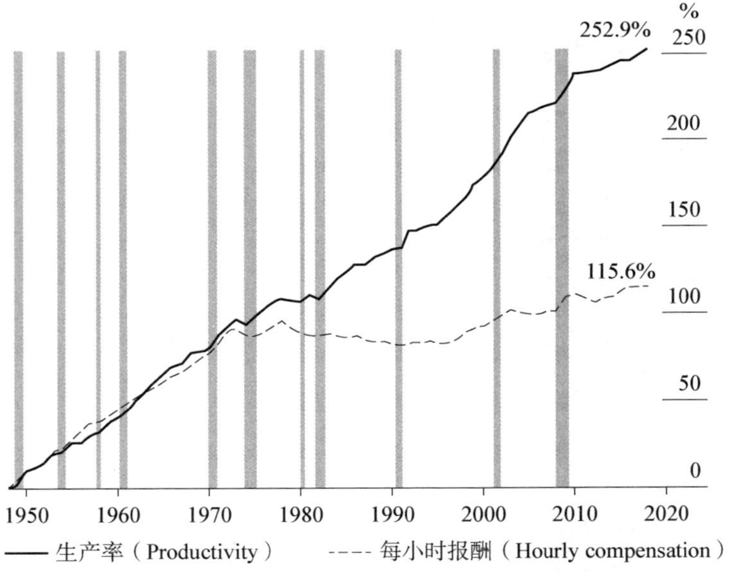

图 3.8 美国生产率增长和工人每小时报酬变化

资料来源：EPI*。

---

* 美国经济政策研究所（Economic Policy Institute）

当工人的收入停滞不前时，公司高管的薪酬却如火箭般攀升。詹森在 1990 年发表的另一篇论文中宣称，股权激励计划可以将高层管理人员和股东这两者的利益更紧密地联系起来，有助于提升公司绩效，从而将公司高管拉进股东至上主义的“盛宴”。美国智库经济政策研究所（EPI）的研究发现，从 1978—2018 年的 40 年间，美国最大 350 家公司 CEO 的薪酬总额增加了 10 倍之多，平均达到 1 500 万美元，其中股权激励所得占到四分之三的比例；与此同时，美国普通工人的薪酬总额仅增加了 12%，这使得两者薪酬之比从 20 倍扩大到惊人的 278 倍。在收入比较的另一端，美国收入最高的千分之一人群的薪酬在 40 年间增长了 340%，标普 500 指数上涨了 700%，但都远远低于 CEO 们薪酬的增长速度。这表明 CEO 们的薪酬增长并非像他们宣称的那样是对某种特殊管理才能的奖励，相反，这种增长更多地来源于在股东价值最大化的名义之下，他们为自己制定薪酬的巨大权力，并且和绩效及生产效率的增长关联不大。

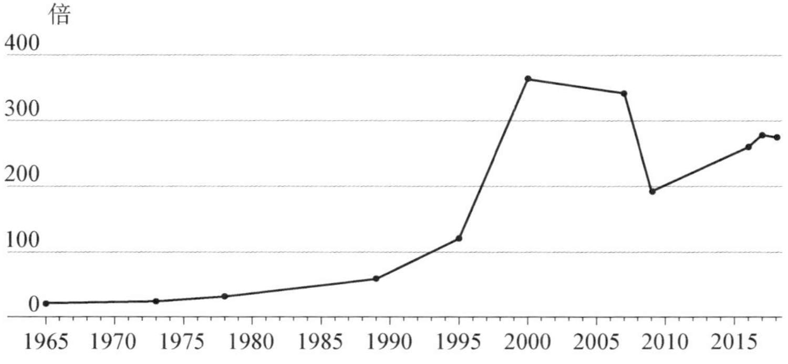

图 3.9　美国企业 CEO 薪酬与工人薪酬的比值

资料来源：EPI。

在股东价值最大化和股权激励计划的“指挥棒”下，美国公司管理层日益沉迷于短期的盈利增长和股价上涨，而股票回购就成为他们手中的有效“武器”。过去 8 年来，标普 500 指数成分股公司的年度股票回购金额都在 5 000 亿美元到 6 000 亿美元左右，2017 年年底特朗普的减税与就业法案通过以后，2018 年的美股总回购金额高达 8 420 亿美元，创历史纪录。由于美股近年超大规模的回购金额和现金股息之和已经超过了公司的自由现金流，21 世纪以来几乎所有的美股回购都是举债完成的。由于股票回购，美国大型公司自 2009 年以来共计发行了 3 万亿美元的企业债券，使美国公司债务总额达到 13.7 万亿美元的历史最高点。乔布斯曾说，会存钱的公司才能“让火药保持干燥”，才能在更具战略性的机会到来时加大“火力”。很明显，美国公司目前这种“寅吃卯粮”式的回购将因短期需求的诱惑而牺牲未来的机会，最终有损于股东的长远利益。从股市风险来看，由于美国上市公司坚持不懈地长期回购股票，公司回购目前已成为美股市场最大的单一买家，有金融专家把这称作市场的“自噬”(Self-cannibalizing)。就像蛇吞食自己的尾巴一样，市场不可能无限期依靠股票回购来滋生增长的幻觉。

3.4.3　股东至上主义去向何方

历史的发展从未停止过把财富集中到少数人手中，或者说，这世界的设计者通过某种思想暴政只眷顾少数精英。股东至上主义和股东价值最大化正是这种商业世界的思想暴政。美国前劳工部长罗伯特·赖克在《甭提中国，出毛病的是美国自己的经济体制》一文中指出：“美国的经济体制着眼于最大限度地增加股东的回报，这些公司对美国并无特别忠诚度可言，只忠于股东。他们会尽可能提高股价、压低工资、打击工会，将业务外包给最便宜的地方，把利润转到税率最低的地方，CEO 们却拿天文数字薪水。”这一切都加剧了美国社会的贫富差距和两极分化。在今天的美国，财富居于后 90%的中下层群体已经远离“美国梦”，某种程度上成为美国民粹主义爆发的根源，股东至上主义也屡屡被批评为是当前美国资本主义诸多病症的根本原因之一。在时代的大变局面前，股东至上主义的魔力开始消退，新的理论和模式正在涌现。

过往四十年来，人们对股东至上、股东价值最大化的信仰是如此地深信不疑，并想当然地认为这是法律所规定的。康奈尔大学法学教授琳恩·斯托特在梳理了美国公司法的演变和相关诉讼案例后却指出：“股东价值思想仅仅只是一种思想，不是现代商业社会的法律要件……美国公司法从来没有要求公众公司最大化地实现股东价值，所以，追逐股东价值是管理者的选择，而不是法律的要求。”这一结论刺破了股东至上主义的“面纱”，使人们从理论上重新审视股东价值思想。诺贝尔经济学奖得主奥利佛·哈特指出，公众公司的股东在日常生活中对伦理道德、社会问题均有所考虑，例如，很多人购买电动车而不是燃油车以减少环境污染，因此，只有在企业赚取利润和产生损害的活动可以完全分离时，或者在政府通过法律法规完美实现外部效应内部化时，弗里德曼的盈利至上和股东价值最大化的论断才是正确的。一般来说，股东福利和市场价值并不完全相同。企业应促使前者最大化，而不是后者。

与此同时，经济不平等的扩大加深了普通民众和大型企业之间的鸿沟，美国社会对大型企业的不信任感日益加剧，商业领袖们倍感压力。《财富》杂志的一项调查表明，64%的美国民众认为企业的主要目的是让社会变得更好，41%的美国民众认为解决社会问题应当成为企业核心商业战略的组成部分。2019 年 8 月 19 日,由摩根大通、苹果、亚马逊等美国顶级公司的 181 名 CEO 组成的“商业圆桌会议”联合签署了《关于企业宗旨的声明》,重新定义了公司运营的宗旨。在这份不到 300 字的声明中,“股东”直到第 250 个字时才正式出现,在此之前,CEO 们宣称要“为客户创造价值”“为员工进行投资,促进多元化和包容性”“公平并有道德地处理和供应商的关系”“支持社区并保护环境”。显然,这份声明意味着股东利益不再是一个公司最重要的目标,公司的目的扩展到包括经济责任、社会责任与环境责任在内的所谓“三重底线”(Triple Bottom Line)。60 年后,多德提倡的利益相关者导向的治理模式正在回归商业世界。

众所周知,代表股东利益的资本主义和代表利益相关者的资本主义是资本主义家庭的两大模式。相比于后者强调的社会责任共担和利益共享,股东至上资本主义更多地带有自由放任和唯利是图的印记。电影《华尔街》中有一句经典台词,“贪婪是好的,贪婪是对的,贪婪是有用的,贪婪拯救一切”,非常生动而贴切地描述了美式资本主义的核心特征。回顾过去,股东至上资本主义的失控招致了全球性的金融危机,为摆脱危机而采取的货币宽松支撑了资产价格的上涨,贫富差距的鸿沟进一步扩大。

盖洛普 2018 年进行的一项民意调查显示,只有 45%的民众对资本主义有正面评价,这一比例比十年前下降了 23 个百分点。面对资本主义如何更好地服务社会这一宏大问题,美国社会对股东资本主义及其未来提出了各种设想。微软创始人比尔·盖茨近年来一致呼吁建设一种“创新型资本主义”,指出企业的双重目的是赚取利润并为那些无法从市场力量中获益的人们改善生活水平。“竞争战略之父”迈克尔·波特则提倡“价值共享型资本主义”,其他的还有“包容型资本主义”“自觉型资本主义”“悲悯的资本主义”等，不一而足。所有这些都预示着美国式的资本主义正在迎来重大转折点，股东至上主义或将走向终结。

3.5 贫富之忧

需要多少亿万富翁才能凑足全球最贫穷一半人口的财富净值？2010 年，地球上最富有的 388 个人所拥有的私人财富，就与人类较为贫穷的另一半，即接近 35 亿人拥有的财富一样多。到了 2015 年，这一数字减少为 62 个人。而到了 2021 年，这一数字进一步减少为 26 人。不平等已成为我们时代最重要的特征之一。所有这些都导致了越来越多的焦虑和不安。为何全球的财富分配会在近年来越来越悬殊，其背后的深层次原因到底是什么？日益加剧的不平等现象又会对全球经济带来何种影响？

3.5.1 日益扩大的贫富差距

20 世纪末以来，在经济全球化、金融化和数字化的助推下，收入和财富差距在世界各个地区几乎都呈扩大趋势。以美国为例，1978—2015 年近 40 年间，前 10%高收入人群的税前收入增长了 115%，中间 40%人群的税前收入增长了 42%，而后 50%人群的税前收入反而下降了 1%。这种截然相反的增长幅度导致高收入群体的收入在国民收入中的占比日益集中。根据世界不平等实验室出版的《世界不平等报告 2019》，2017 年，欧洲收入前 10％的成人（20 岁及以上人群）的收入总和占整个国民收入的 37％，该份额在中国为 41％，在俄罗斯为 46％，在北美（美国与加拿大）为 47％，在巴西和印度则为 55％。中东是世界上收入差距最高的地区，收入前 10％的成人的收入总和占国民收入的比重高达 61％。

财富甚至比收入还要集中。1980 年美国最富有的 1％的人群拥有 22％的国民财富，2016 年这一比例上升至 39％。这一增长主要靠最富有的 0.1％的人群财富的迅速攀升所推动，目前美国最富有的 0.1％的人群掌握的财富是另外 90％的人群财富的总和。从全球范围来看，最富有 1％的人群拥有的财富份额从 1980 年的 28％上升至 2019 年的 43％；与此同时，约有 28 亿成人的身家不到 1 万美元，而这些人仅拥有全球财富的 1.4％。

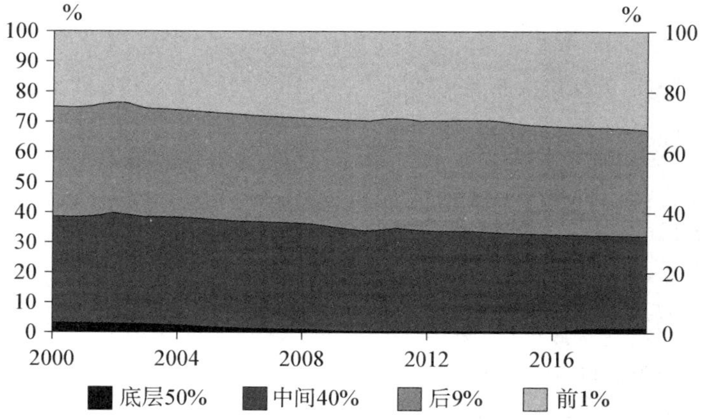

图 3.10 美国家庭财富分布

资料来源：Haver Analytics。

2008 年全球金融危机这张“均贫卡”并没能扭转贫富分化的大趋

势。在各国央行史无前例的“超宽松货币政策”刺激下，经济上的贫富差距和不平等现象愈演愈烈。

新冠肺炎疫情暴发以来，在数字经济发展和政府救市措施的推波助澜下，科技、医疗和工业领域的富豪财富加速积累。根据瑞银集团和普华永道日前联合发布的一份报告，尽管遭遇新冠肺炎疫情，但2020年全球亿万富豪的财富总和仍创历史新高。疫情正在进一步扩大财富和经济流动性的鸿沟。

传统观点认为，财富分配可以被视为收入分配的自然副产品，如果某些人获得更多收入，那么随着时间的推移，他们会变得更富有。但在现代金融社会中，不同财富水平的家庭在资产组合上存在巨大差异，富裕家庭的资产组合以公司股权为主，但典型中产阶级家庭的资产组合高度集中于住宅和房地产，同时拥有较高的杠杆率。

在这种情况下，资产价格动态成为美国财富不平等演变的关键驱动因素。欧洲经济政策研究中心的一份研究表明，如果楼市表现好于股市，那么经济中的财富不平等程度就会下降，这主要是因为中产阶级（其投资组合中住房占比过大）的财务表现和财富增长比前10%甚至前5%的人更好更快。而亿万富豪的财富则主要集中在公司股权上，如果股票市场的表现比楼市好，那么财富不平等程度几乎是直线上升。这就是我们在过去十年中所看到的美国不平等程度飙升的根源。与之不同，由于中产阶级房产升值以及相对较小的股市规模，欧洲的贫富分化要远低于美国。

3.5.2　不平等是导致经济和金融危机的重要原因

在经济学史上，分配和不平等问题曾经主导了整个19世纪古典时期和20世纪进步时代的经济学发展。然而，在20世纪中叶，随着具有实证主义思想的新古典学派的出现，经济学逐渐放弃了对公平和公正问题的兴趣，转而关注经济增长——即使这种增长只使少数人受益，而牺牲了多数人的利益。1954年，西蒙·库兹涅茨在美国经济学会的主席致辞中提出了著名的库兹涅茨曲线(Kuznets Curve)，阐述了不平等与增长之间的关系。自那以后，不平等研究实际上已经从经济学家的雷达上消失了。

20世纪末以来，在经济全球化、金融化和数字化的助推下，收入和财富差距在世界各个地区几乎都呈扩大趋势。日益加剧的不平等带来了经济的不稳定，导致社会及族群撕裂，引发逆全球化思潮，因此在过去的十年里，经济学家开始把注意力转向了不平等问题，特别是托马斯·皮凯蒂在2013年出版《21世纪资本主义》一书后，关于不平等的研究如雨后春笋般蓬勃涌现。

经济学界对不平等的重新关注当然值得欢呼，不平等也开始被视为一种重要的宏观经济风险。人们发现，每一次大的经济和金融危机在发生前都伴随着不平等程度的大幅攀升，九十年前的大萧条时代如此，十余年前的大衰退危机也是如此。事实上，加尔布雷斯1954年在他关于大萧条及其前因后果的名作《大崩溃》一书中，就将“收入分配的极端不平等”列为当时经济的五大问题之首，这五个问题似乎与“接踵而来的灾难”有着特别密切的关系。虽然大萧条时期的这些教训基本上被遗忘了，但近年来学术界重拾这方面的研究，多项跨国实证结果表明，在14个主要发达国家近150年来的历史上，不平等程度，特别是最富有的1%人群所占的收入和财富比重，对金融危机具有较好的预测能力。

历史上，在1929年大萧条爆发之前，也发生了贫富差距极速扩大的现象。1929 年，美国前 0.1%的富人拥有的全国财富之比达到了 25%。美联储首任主席马瑞纳·伊寇斯曾协助罗斯福带领美国人民渡过大萧条时期，在卸任美联储主席之后，伊寇斯开始反思大萧条的成因：

“大萧条的主要起因与 20 世纪 20 年代的过度消费没有任何关联，相反，它主要起源于美国富裕阶层手中财富的大量积累，而其他人的财富增长却停滞了。1929 年之前，新增长的财富不断流向少数人手中，他们用这些资金扩大投资，却没有发现大众的购买力根本无法支撑越来越庞大的供给。”

目前，美国的财富不平等程度已经接近 1929 年大萧条时期的水平，最富有 0.1%的人占有接近 25%的财富，这种情况让人颇为不安。

尽管如此，但正如一个著名段子所调侃的那样，如果把两位经济学家关在一间屋子里，那么你将得到两种观点，对于不平等到危机的发生机制和路径，经济学界也存在着不同的假说和观点。

3.5.3　拉詹假说

芝加哥大学教授、国际货币基金组织前首席经济学家、印度央行前行长拉古拉迈·拉詹是新一轮反思不平等与金融危机思想浪潮的早期贡献者。在 2010 年出版的畅销著作《断层线》一书中，拉詹精炼地总结了他的论点：

“对日益加剧的不平等现象的政治反应——无论是精心策划的还是对选民要求的无预谋的反应——都是扩大对家庭尤其是低收入家庭的贷款。增长的消费和更多的就业机会带来的好处是立竿见影的，而支付不可避免的账单还远着呢。纵观整个历史，当政府无法直接消除中产阶级家庭的深层次焦虑时，就会拿宽松信贷作为安抚剂。一方面政府积极推动宽松信贷政策，另一方面以利益驱动的金融行业错综复杂、竞争激烈且道德缺失，当两者相互联系和作用时，就会产生一条深深的断层线。”

拉詹假说将重点放在不平等引发的民粹主义政治反应和中低收入家庭的过度负债上，有其简明扼要之处。这就像扑克游戏中，筹码越来越集中在越来越少的人的手上，其他人只能靠借贷维持游戏，当他们的信用额度用完时，游戏就停止了。但这个故事有三个特点值得注意。

首先，拉詹声称2008年的金融危机是由政府干预房地产市场，推动中低收入家庭购买房屋造成的，这在经验上是不可信的。事实上，这些干预措施已经实施了几十年，联邦国家抵押贷款协会作为罗斯福新政的一部分，成立于1938年。引发这场危机的次级贷款大都是由私人贷款机构发放的，另一个例证是商业房地产尽管没有受到政府干预的影响，但商业地产的价格泡沫同样很严重。

第二，在拉詹看来，收入分配不平等既非宏观经济问题也非微观经济问题，更多的是一个政治问题。在拉詹的论点中，收入不平等是因为技术发展增加了技术熟练人员的回报，同时降低了非熟练劳动力的回报，是劳动力市场有效运转的结果，在经济上是合理的，因此他并没有强调收入分配的最高阶层(5%或1%)的收入爆炸性增长，也没有考虑中低收入人群在劳动力市场上议价能力的不平等这一重要因素。

第三，拉詹假说没有任何关于经济长期停滞的分析，对收入不平等与总需求的关系甚少涉及。虽然拉詹非常强调政府失灵、政治经济学中的收入不平等、金融市场放松管制之间的关系，但其分析的核心含义仍基于传统的消费理论。传统的消费理论认为(永久性)收入不平等与个人总消费之间没有联系，因此没有必要采取政府行动刺激消费和就业，以应对更严重的不平等。根据拉詹的说法，收入分配恶化的唯一影响就是挑起民粹主义者的干预，而不是凯恩斯主义者强调的会造成需求短缺。

拉詹假说在美国引发了一场关于不平等的激烈辩论。怀疑论者认为，最严重的不平等反过来可能是由政治决策推动的，而政治决策又与金融业中的游说和政党筹款有关，也与金融市场的放松监管有关。因此，随之而来的不平等和金融脆弱性的上升可能是由于巧合而不是因果关系。正如《经济学人》杂志所言：拉詹先生的故事也许对美国 2008 年的危机有用，但这不是放之四海而皆准的铁律。

3.5.4　加杠杆与去杠杆假说

关于不平等与危机的第二种观点可称为杠杆假说，代表人物为诺贝尔经济学奖获得者保罗·克鲁格曼，该假说分为加杠杆和去杠杆两个阶段。

加杠杆假说是凯恩斯主义需求侧理论和古典供给侧理论的混合体，该假说认为，当中低收入阶层看到上层人士享受着经济增长带来的益处：更大的房子、更快的跑车、更先进的电子设备时，他们自然也想生活得更好。然而，他们的收入却停滞不前甚至下降，因此他们只能通过加大负债来实现这一目的。在短期内，人们的消费刺激了经济，创造了就业，但很明显，这种靠借债创造的短期繁荣容易受到外部冲击的影响，不可能持续很长的时间，最终会迎来所谓的“明斯基时刻”，1929 年和 2008 年就是很好的例子。

然而，仔细观察后发现，这个故事远没有表面上那么凯恩斯主义。

首先，收入分配的作用是推动借贷，导致金融脆弱性。这意味着：加杠杆假说对危机的解释实际上是金融市场失灵，即过度放贷，使经济容易受到冲击。如果没有过度放贷，收入分配恶化不是问题，除非是出于道德原因。其次，这个假说很难解释金融危机导致的产出规模的减少，以及为什么在大萧条之后出现经济的长期停滞。

在这种情况下，去杠杆假说应运而生。克鲁格曼等人认为，在危机爆发和经济衰退之后，随着借款人转向重建资产负债表，从而引发去杠杆化浪潮。去杠杆化将会增加储蓄，由于此时利率处于零利率水平，经济体系将无法吸收这些储蓄。由此产生的过度储蓄减少了总需求，从而导致经济停滞。基于此种论点，政策解决方案是双重的。一方面，维持巨额预算赤字，使公共部门赤字能吸收私人部门过剩的储蓄。另一方面，鼓励通货膨胀预期，即使现实的市场名义利率被困在零水平，预期实际利率也会变为负值，从而刺激进一步的消费和投资。

去杠杆假说的多个论断是有问题的。第一，在最一般的层面上，该假说有关停滞的故事是建立在可贷资金利率理论上的，在这种理论中，利率由储蓄供给和投资需求决定。很久以前，凯恩斯在他的《通论》中就否定了这种利率理论。

第二，去杠杆假说将利率作为问题的根源和解决资本主义经济中就业和不稳定问题的一种手段，赋予了太多的意义。他们声称，如果实际利率为－3％，将增加总需求以恢复充分就业。然而，20 世纪 70 年代，美国的实际利率水平为负，但并没有解决那个时代的就业问题。今天，3％的负利率很可能会引发新一轮的金融泡沫，一旦实际利率最终开始向上逆转，泡沫将更加崩溃。这种不一致性表明，经济中存在着一个更深层次的问题，而加杠杆假说并未能发现。

第三，去杠杆假说实际上并不认为收入不平等是导致经济停滞的主要原因。克鲁格曼拒绝不平等的经济意义的实质是：在金融危机之前的几年里，美国私人储蓄占 GDP 的比例有所下降，尽管事实上不平等正在加剧，这可能证明不平等加剧不会减少总需求。克鲁格曼曾写道：“因此，看看整体私人储蓄占 GDP 的比重，危机前的趋势是下降的，而不是上升的，而危机期间的激增显然不是由不平等的上升所驱动的。那么，我是说，你可以通过购买游艇、豪华轿车、私人教练和名厨的服务来获得充分就业？嗯，是的。你不必喜欢它，但经济学不是一部道德剧。”

储蓄率下降表明收入不平等加剧并不会导致需求短缺，这种观点的症结在于忽视了资产价格膨胀和信贷环境宽松带来的对冲效应。事实上，过去 40 年，底层 95％的家庭的收入增长在 2006 年前停滞不前，但这些家庭的杠杆率从 1980 年的约 40％提高到了 2008 年的 140％，债务收入比率上升到了不可持续的水平。然而，同时期的金融自由化浪潮增加了财富、抵押物、信贷数量和获得信贷的便利性，这些金融发展推动了消费，这远远抵消了工资停滞的负面影响，这也解释了为什么在收入不平等加剧的情况下，储蓄率仍在下降。信贷泡沫随着金融危机而结束，同时也结束了疯狂借贷的时代，这导致储蓄率反弹，不平等的需求拖累就会浮出水面。

3.5.5　结构假说

结构假说基于凯恩斯主义，将收入分配纳入一个更为宏观的经济逻辑中，来解释金融危机和经济停滞。该假说认为，总需求是决定经济活动的决定性因素，由于较富裕的家庭比贫穷的家庭有更高的储蓄倾向，因此，不平等的加剧会增加储蓄，降低总需求，导致凯恩斯式的失业和经济停滞。

直到20世纪70年代末，包括美国在内的发达国家经济体都可以用凯恩斯主义的良性循环增长模式来描述，在这种模式中，生产力的增长推动了工资的增长，而工资是需求增长的引擎，这促进了充分就业，并为投资提供了动力，从而推动了生产力的进一步增长。在这个模式中，金融的性质是基于罗斯福新政监管的公共事业模式。它的主要作用有三个：一是为企业和企业家提供投资资金；二是为商业和家庭提供保险服务；三是为家庭提供储蓄途径以满足未来所需。

20世纪80年代以来，随着新自由主义经济学逐渐占据主导地位，良性循环的凯恩斯增长模式被新自由主义增长模式所取代，由此带来经济政策的三个关键变化：一是放弃对充分就业的政策承诺，取而代之的是对稳定低通胀的承诺；二是切断工资与生产率增长之间的联系；三是金融自由化和金融创新狂飙突进，金融市场开始远离实体经济，经济"金融化"趋势日益明显。

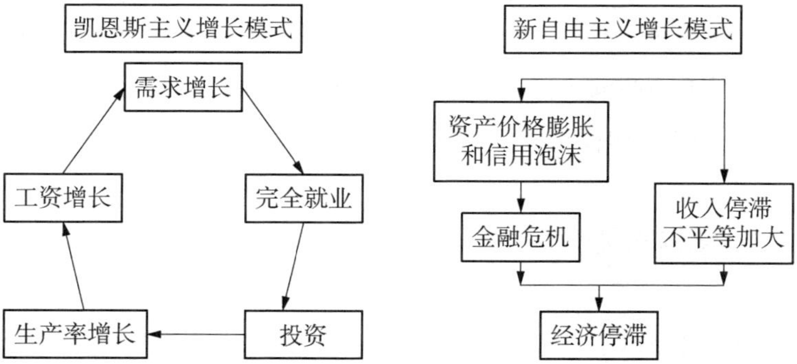

图3.11　凯恩斯主义与新自由主义增长模式对比

资料来源：根据托马斯·帕利(Thomas Palley)等人的研究归纳整理。

这些变化叠加了大型公司自 1980 年代以来的全球化进程，大大弱化了工会和工人在劳动力市场上的议价能力。可以说，1980 年以前，工资是需求增长的引擎；1980 年之后，债务和资产价格通胀成为需求增长的引擎。因此，新模式的特点体现为金融不稳定加剧、工资停滞和收入不平等加剧。

首先，在新模式下，民众工资和收入的停滞不前造成了日益严重的结构性需求短缺，金融创新和资产价格膨胀的作用就是填补这一空白，可以认为金融泡沫抵消并掩盖了不平等的影响。然而，这是一个意想不到的结果，而不是宏伟计划的一部分。新自由主义经济政策制定者并没有意识到他们在制造一个需求缺口，但他们的自由放任的金融监管政策释放出的“金融魔力”意外地填补了需求缺口。

其次，这个过程不可避免地带来金融脆弱性的上升和金融不稳定性的加剧，而且总是注定要内爆。不断增长的债务维持了消费，但是，泡沫的最终破裂是不可避免的。同样不可避免的是：当泡沫破裂时，经济会陷入衰退。

第三，债务膨胀和资产泡沫持续的时间相当长，一旦金融泡沫破裂，金融市场不再填补收入不平等造成的结构性“需求缺口”，不平等的需求效应就会凸显出来，使经济陷入长期停滞。从这个角度看，停滞是长期信贷泡沫、金融危机和收入不平等的共同产物。从 2008 年全球金融危机爆发后的情况来看，尽管各国央行采取了零利率和量化宽松政策，但由于收入分配仍在恶化之中，经济仍受到增长放缓的困扰。

3.5.6　分歧与“药方”

21 世纪第一个十年以来，在全球经济、金融以及社会危机领域，都出现了一些令人担忧的问题。这迫使政府以及央行采取了大胆的、史无前例的应对措施，而且也迫使人们从根本上重新认识不平等及其宏观风险。既有的三种理论假说讲述了截然不同的故事，有着截然不同的政策含义，因为解释世界的方式会影响人们对它的理解，而这反过来又会产生重大的政治和政策后果。

如果拉詹的假说被接受，那么收入分配就变成了一个政治和伦理问题，而不是一个宏观经济问题。因此，政策的重点是废除政府对住房金融的干预，同时回归更为正统的货币政策，以避免再次出现资产价格泡沫的可能性。此外，由于劳动力市场正在按预期运转，因此没有理由对劳动力市场进行干预，以提高工资份额或增强工人的议价能力。

如果杠杆假说被接受，那么危机的起因是金融市场的失灵，使得收入前景下降的中低收入家庭过度借贷。政策的应对措施首先应该是收紧金融市场监管，防止家庭部门过度加杠杆和不健全的贷款泡沫重演。当危机爆发后，经济处于一个去杠杆化的过程中，此时政策应当加大财政刺激，从而避免因零利率下限阻碍充分就业而造成的任何产出和就业损失，帮助经济更快、更轻松地完成去杠杆过程。

如果结构假说被接受，那么收入分配和不平等是导致需求短缺和经济停滞的主要原因。解决办法包括：用有管理的全球化取代不受约束的跨国公司全球化，恢复对充分就业的宏观经济政策承诺，重启社会民主议程以支持和资助公共投资，提供公共服务和监管（包括金融市场），用基于工会的劳动力市场取代新自由主义劳动力市场的灵活性，在这种市场中，工人具有更大的议价能力，并获得更高的收入份额。同时，进行公司治理改革，抑制管理层注重股价最大化的短期主义行为。

显然，三种假说的根本分歧在于不平等到底是一个经济问题还是政治与伦理问题。在拉詹假说和杠杆假说中，经济没有“结构性”问题，劳动力市场是有效率的，不存在旨在增加工资份额的干预措施的经济理由。这意味着：旨在增加工资份额的收入再分配纯粹出于道德和政治考虑。与之相反，结构假说提供了一个截然不同的视角，即不平等造成了经济需求的结构性短缺，这种有缺陷的经济结构进一步导致了经济的停滞不前，可能是宏观经济效率低下的根源。

毫无疑问，不平等及危机这个话题已经站在了学术争鸣和公共辩论的风口浪尖。这既是自由主义经济学和凯恩斯主义经济学之争，也是西方政治体系中左右翼之间的较量。美国拜登政府上任后提出的提高最低工资、提高个人所得税最高税率、扩大基建等政策主张在某种程度上或许反映了对结构假说的认同和向凯恩斯主义的回归。

第四章

从经济『晴雨表』到资产泡沫：

美国股市的新浪潮

4.1　股市是经济的晴雨表吗

长期以来,“股市是国民经济晴雨表”的说法流传甚广,甚至被写进了教科书。但事实上,股市市场走势虽然与经济现实有所关联,但这关联从来都谈不上密切。半个多世纪以前,诺贝尔经济学奖得主保罗·萨缪尔森就曾戏言,“在过去的五次经济衰退中,美国股市成功地预测到了九次”。

4.1.1　股市表现和经济增长并不能画等号

所谓“晴雨表”,在经济运行中指的是“先行指数”,即股市走势变化能领先于国民经济运行态势的变化。世界上第一个提出股市是经济晴雨表的是美国人巴布森。1907 年,巴布森开始专门研究和分析股市,并创造了“巴布森图形”,利用该图形,他比较了国民经济发展和证券市场价格变化的规律。1910 年,他出版了自己的第一本书《积累财富用经济晴雨表》,在这本著作中,巴布森总结了股市和经济走势的关系,并写道:事实上,如果不是人为操纵,商人们几乎可以完全将股票市场作为经济活动的晴雨表,而让这个大市场的管理者承担收集必要数据的一切费用。

巴布森的假设不针对微观经济,他并不期望单个公司的股价变化能预测该公司的未来,但是他认为,如果把所有公司的股价变化加总起来,整个股票市场就能准确预测总体经济的发展。但在其后的百年历史中，股票市场的表现并不能和经济增长画上等号。

从全球范围来观察，如果股市真的是经济晴雨表，那么高经济增速国家的股市收益率也应好于低经济增速国家的股市收益率。但事实并非如此，大量的实证研究显示，一国的经济增长和股市回报并没有必然的关系，有时候甚至有负相关关系。著名的国际指数公司明晟（MSCI）曾对全球主要股市 1958—2018 年间的表现进行了分析，结果发现，国家经济增速越快，股市回报未必更好，在成熟市场中，两者之间甚至有微弱的负向关系，也就是说国家经济增速越快，股市回报反而可能越差。

以中美股市为例，过去 10 年间中国的平均 GDP 增速为 8.5%左右，而同期美国的 GDP 增速为 1.6%左右。显然，在过去十年间，中国的经济增长速度要远远超过美国。但是如果我们对比沪深 300 指数和标普 500 指数就会发现，中国股市的投资回报要远远低于美国股市。

从一国内部发展情况来看，股市表现与经济增长的关系似乎也不大。在过去 100 年中，美国的经济增速越来越低，但是股市的表现反而越来越好。在 1920—1980 年间，美国 GDP 平均增速高达 3.8%，而同期股市年均涨幅只有 3.7%。而从 1980 年至今，美国 GDP 平均增速仅为 2.6%，但是股市年均涨幅却高达 10%。中国股市的情况更是如此，过往多年，中国经济一直保持高速增长，笑傲全球，但股市表现却不尽如人意，熊气弥漫，甚至出现了所谓“十年零涨幅”的反常现象。

从经济预测及分析的实践来看，在较短期限的时间维度内，股市表现更多地反映了市场参与者在贪婪和恐惧之间的情绪波动，它并不直接或间接与 GDP 创造相关联。因此，在预测国民经济走势方面，股价指数仅仅是诸多先行指标的一种，而且并不像新订单数、原材料价格指数、房屋开工数、市场利率水平等指标那样能直接预测经济和金融运行状况以及对 GDP 创造的影响程度。

4.1.2 股市表现和经济增长为何出现“脱钩”

价值投资之父本杰明·格雷厄姆有句著名的话——“市场短期看是投票器，长期看是称重机”。短期而言，股票市场主要受需求驱动，投资者的风险偏好情绪经常使股价相对于基本面过度反应或反应不足。但长期来看，公司经营提供的现金流才是股票收益的最终来源。

股市是经济晴雨表的观点就是基于收益的供给模型，用一句话来概括：股市的经济晴雨表功能就是经济运行反映到上市公司盈利的变化上，并通过市场估值体现在股价上。所以，从经济运行到股价表现之间存在三个关键环节：首先，经济增长转化为公司利润增长；其次，利润增长转化为每股盈利增长；最后，每股盈利增长转化为股价上涨。

事实上，任何模型的成立都有严格的前提条件限制，上述三个转化环节也需要进一步作出一系列假设，比如：公司利润在整个经济中的份额保持不变；投资者对这些利润有固定比例的要求权；估值比率保持不变；该国股市只上市国内公司；该国经济处于封闭状态等。在这些假设条件下，股价上涨和 GDP 的增长将会完全吻合。这个推论很简单，而且很直观，但在实践中并不符合现实。

首先，从 GDP 增长与企业总利润增长的关系来看，以美国为例，在 1929—2008 年的 80 年间，除了 1932 年和 1933 年企业总利润实际为负数外，企业总利润的增长和 GDP 的增长极为相似，两者的比例常年稳定在 4%—6%之间。但自 2009 年次贷危机爆发以来，美国经济增长缓慢，10 年间 GDP 增幅仅为 21.7%，但受工资增长停滞、全球化导致成本削减、生产率提升等因素的影响，美国企业盈利飙升，十年间增幅为 108%，大大高于同期 GDP 增幅。

其次，企业总利润的增长和每股收益的增长也并非一致。一方面，股票市场的整体股本数量往往因新股发行、增发等因素而增加，股票发行带来的大量现金收益可能会加剧自由现金流问题，经理人热衷于建造企业帝国也可能导致过度投资，这将导致投资者可获得的每股收益增长低于市场总利润的增长，产生所谓“稀释效应”。另一方面，当企业大量回购自身股票时，总股本数的减少将导致每股收益的增长高于总利润的增长，产生“增强效应”。2009 年至今，美国企业每股盈利大幅增长 165%，而收入增长仅为 32%，强劲的每股盈利增长成为“美股十年牛市”的重要支撑力之一。

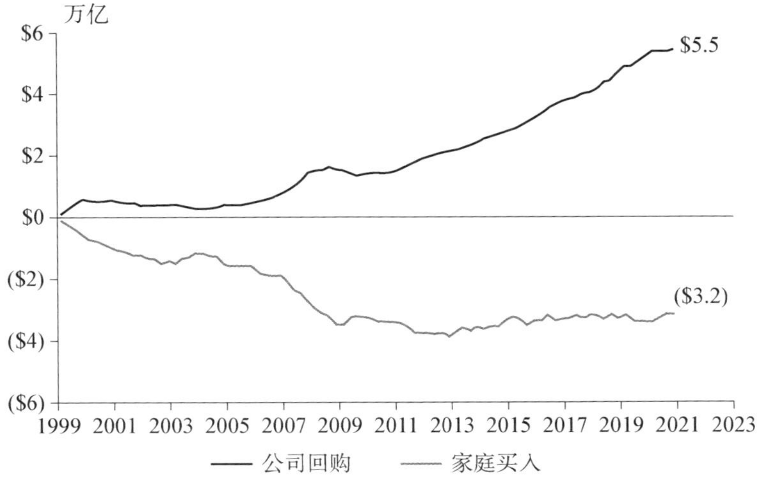

图 4.1 美国股市公司回购与家庭买入金额

资料来源：Haver Analytics。

再次，股市晴雨表功能的最后一个环节是每股收益增长转化为股价上涨，但这只有在估值（市盈率）没有变化的情况下才是正确的。当市场对未来经济增长预期过于乐观时，估值倍数会大幅提升，从而降低未来收益。日本就是这种影响的一个典型例子。当20世纪80年代股票价格增长大幅超过GDP增长时，未来20年的增长已经全部反映在高企的估值倍数中。此后的20年里，虽然日本经济仍保持缓慢增长，但股市表现始终一蹶不振，直到27年后才回到泡沫经济崩溃前的最高点。

最后，国际性大公司的跨国经营也放大了股市与经济之间的"脱钩"现象。随着经济全球化的深入发展，越来越多的公司迈出国门，在世界各地经营。以标普500指数成分公司为例，其销售收入有一半左右来自美国之外的其他国家及地区。该股票指数的回报，不仅受到美国经济的影响，还受到世界其他国家和地区经济表现的影响，在很大程度上造成了股市表现与本国经济之间的差异。

4.1.3 股票回报的长期驱动因素：分红与回购

既然股市回报与经济增长之间的关系并没有想象中的那样密切，那么，股票回报的长期驱动因素到底是什么呢？

要回答这个问题，我们必须认识到，长期来看股票的盈利来源于股息、盈利和净资产等公司的基本面因素，在此基础上，可以将股票的回报率拆分为三个要素：股息率、每股股息增长率和市场估值变化。对美国股市的历史分析表明，在1871—2015年间的144年中，美股年化回报率为9.05%，其中来自股息率和每股股息增长率的回报为6.55%。可见，在股票市场漫长的历史进程中，大约有70%的回报来自股票分红。进一步地，有经济学家将分析范围扩展到全球 21 个股票市场，从 1900—2013 年的分析结果更让人震惊。这些国家的平均年化回报率为 4.54%，而平均股息率为 4.35%，分红几乎解释了全部的股票回报率。

与之相反，估值的变化长期来看对股票市场回报率的影响非常小，净贡献率为负。这一点和巴菲特说的“市场先生”理论非常类似。“市场先生”不是犯过度贪婪的错误，就是犯过度恐惧的错误，但市场的价值在于通过不停的“犯错-纠错-再犯错-再纠错”机制，最终趋于有效，这就是股票市场估值的周期性特征。正确地认识和对待市场估值波动，是价值投资者稳定获取盈利的一个重要来源。

过去十多年来，随着全球货币宽松政策的实行和市场利率的持续走低，许多市场大幅增大了股票回购的力度。2010—2019 年间，美国企业分配了 4 万亿美元的分红派息，同时进行了 5.5 万亿美元的股票回购，每年的回购净额平均约为总市值的 1.5%。以苹果公司为例，过去 6 年其总股本因持续回购缩减了近 3 成，这种现象被称为“股权萎缩”(Equity Shrink)。在全球范围内也可以看到类似的趋势，日本、英国、法国和加拿大股市的回购金额相对于十年前翻了 3 倍，在日本，随着股东积极主义的兴起，回购金额比十年前翻了 5 倍。

上述转变使股票投资的回报来源也发生了深刻变化，因为回购具有的“增强效应”能起到增厚每股盈利并提振短期股价的效果。如果对过去 20 年来各国股市的回报率进行比较分析，就会发现净回购与股票市场回报率的相关度非常高，可以解释 80%的各国股市回报率差异。

与美股上市公司相比，国内上市公司的经营性现金流存在周期性强、波动性大、持续性差的特点，与整个中国经济“高投入、高消耗、高

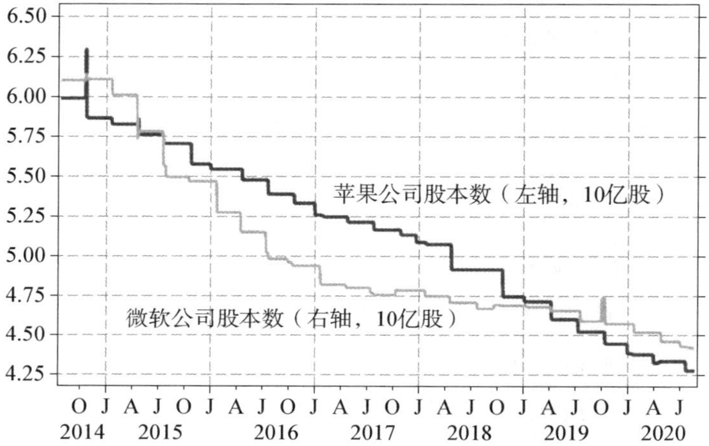

图 4.2　苹果公司与微软公司股本数量变化（10 亿股）

资料来源：Bloomberg。

杠杆”的增长模式相一致，上市公司普遍具有投资“饥渴症”和股权融资上的“预算软约束”，产生了“融资越多越好，却不考虑有效回报”的问题。总体来看，国内股市的净回购一直是负的，上市公司从资本市场融资的金额，远远高于股票分红以及回购金额，导致市场整体的每股盈利和每股分红最近多年停滞不前甚至下降，这也是中国经济增长傲视全球，而中国股市经常性表现不佳的主要原因。

4.2　股价泡沫的形成与监管

股价泡沫与人类内心的赌徒天性相共鸣，在金融世界里一代又一代地重复上演。正如法国小说家埃米尔·左拉在《金钱》一书中写道：“泡沫是周期性的灾难性的流行病，每隔 10 至 15 年都会席卷整个市场，最后留下的是一片废墟。需要好几年的时间，人们才会重拾信心，投机的热情渐起，人们又开始冒险，新一轮泡沫再次到来，最后灾难再次将一切毁灭。”尽管左拉的小说非常传神地写出了人们在泡沫中的心理周期及其对经济的破坏性冲击，但金融监管者对如何应对泡沫事件却常常莫衷一是，是先发制人更好，还是作壁上观更好？而如果要进行先发制人式的干预，那监管者又有哪些“武器”可以使用呢？

4.2.1　相伴相生的股市泡沫和技术革命

经济学家熊彼特曾说过，“没有企业家的市场经济就是计划经济”。同样的原则也适用于泡沫：没有泡沫的资本主义是投资上的计划经济。在一个由个人（这个人具有人类特有的行为偏差、激情和信息）作出投资决策而不是由政府专家委员会进行投资决策的世界中，结果不可避免地会涉及泡沫。像企业家一样，泡沫是市场经济运作过程中自然而正常的部分。

市场经济的发展是一个人类努力探索和不断发现新技术、新商业模式的过程，也是一个非连续的历史跳跃的过程。为了从一种均衡到达另一种均衡，必然会发生新经济力量对旧经济秩序的破坏和毁灭，这是一个“创造性破坏”的过程。在这个过程中，泡沫与人类内心的冒险精神和赌徒天性相共鸣，为企业家提供了破坏现有商业秩序的肾上腺素“药丸”，它们所产生的热情使连续数代的企业家开辟了新的商业天地，创造了有价值的新基础设施，刺激了创新活动，提高了整个人类的生活福祉。

回望历史，人类经历了四次大的技术创新革命，每次大致以45—50年为一个周期。始于1830年的第一次技术革命使人类进入了“蒸汽时代”（1830—1875年），第二次技术革命进入了“铁路时代”（1875—1920年），第三次技术革命开创了“汽车和电气时代”（1920—1970年），第四次技术革命则开创了“信息时代”（1970—2015年）。在市场对“新纪元”的热情和欢呼中，每一次技术革命都伴随着巨大的股市泡沫。从电报，到铁路，到汽车，再到互联网，正是泡沫带来了对基础设施的过度投资，这些基础设施为新商业模式创造了条件，这成为后续经济增长和发展的基础。以谷歌和亚马逊为例，如果不是因为泡沫刺激了互联网带宽建设，它们今天就不会存在；就像如果没有泡沫刺激通信和交通设施建设，现代金融和零售业就不会存在一样。

在本质上，泡沫是社会大众在新技术被引入时感到兴奋的结果，但投资者常常夸大了经济基本面的改善程度，所以每一次泡沫结束时，总有相当数量的个人和企业成为受害者。这些都成了头条新闻，并被用作对资本主义和股票市场的控诉。凯恩斯在他的《通论》中曾写到，每当“一个国家的投资活动是赌场的副产品时，工作就很可能会变得很糟糕”。显然，这是在20世纪20年代信贷泡沫和股市泡沫引发大萧条背景下的有感而发。

凯恩斯和熊彼特对待泡沫的观点的主要区别在于，他们在评估市场经济对单个投资决策影响的时间跨度上有所不同。凯恩斯认为，泡沫的崩溃和新产业的短期挫折对社会来说代价太高。熊彼特则认为，从长远来看，人们将继续生活并想象新的可能性，而且个人投资决策竞争的创新结果在动态上优于任何集中式的计划投资决策。从这种进化的观点来看，泡沫来来去去，但是每一次，就像短暂的艺术浪潮一样，它们为下一个增长空间奠定了基础。泡沫在短期内具有破坏性，但它是市场经济动态演化过程的一部分，新的长期经济动力将通过该过程涌现出来。

4.2.2 “好”泡沫与“坏”泡沫

虽然泡沫是经济生活中不可避免的事实，但在现实中也有“好”泡沫和“坏”泡沫之分。

从成因来看，可以将泡沫分为技术创新激发的非理性泡沫和流动性驱动的信贷泡沫两种类型，这两种泡沫在对经济的长期影响方面存在显著的区别。前者如 20 世纪末和 21 世纪初美国的互联网泡沫，是由人们预期互联网技术将极大地提升企业的生产率和潜在盈利能力所引发，代表了美国经济在转型过程中对新经济增长驱动力的探索与冒险。虽然由于过度投机而产生泡沫并最终破灭，大量的互联网公司因此退市、破产和倒闭，但美国在互联网泡沫产生过程中投建的大量高科技及通信基础设施、技术成果并未消失，互联网行业的创新活动也未停止，这为谷歌、亚马逊这样的互联网企业崛起创造了条件，并为美国成为全球互联网科技的领导者奠定了基础。后者如 1990 年代日本的房地产和股市泡沫，当时宽松的货币政策造成了大量过剩流动性涌入房地产市场和股市形成资产泡沫，但却没有催生对生产性资产和技术创新的大量投资，日本泡沫经济破灭后并没有形成新的经济增长动力，进入所谓“失去的二十年”。

从资金来源来看，可以将泡沫分为杠杆资金驱动的泡沫和非杠杆资金驱动的泡沫。前者如 1929 年美国股市的泡沫及其崩溃，当时信用卡的普及和广泛运用增强了中产阶级的购买力，推动了股票的杠杆交易，极大地助推了股市的繁荣。而当股票价格剧烈下降时，人们竞相抛售，动摇了当时并不稳定的金融结构和银行体系，导致西方世界陷入"大萧条"。后者如美国的互联网泡沫，尽管股价跌幅同样惊人，但由于当时融资交易和杠杆率相对较低，股价泡沫破灭后只带来几个月的轻度经济衰退，并没有产生长远的负面影响。正如美联储前主席格林斯潘事后所言："我们都知道存在泡沫，但泡沫本身并不会给你带来危机。事实证明，有杠杆作用的泡沫才会带来系统性金融危机。"

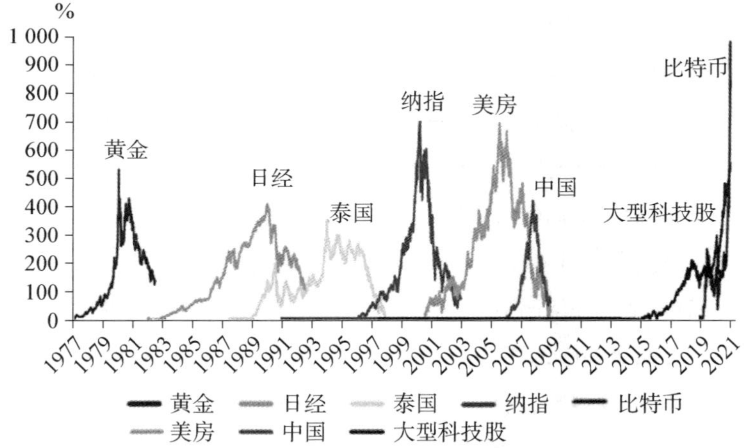

图 4.3 1977—2021 年间出现过的资产泡沫

资料来源：Bloomberg。

在历史上，股市泡沫和技术革命总是相伴相生。一个"好"的泡沫将带来大量资本的涌入和对科研、技术基础设施的巨量投入，在泡沫的形成和破灭过程中孕育出新的经济力量，这正是熊彼特所谓"创造性破坏"的真正意义。以互联网泡沫为例，在 1996—2000 年期间，美国商业投资的年均复合增长率达到 10%，是美国经济增速的 4 倍，大部分投资均与电脑和信息技术有关，商业基础设施的完善对美国长期经济增长的显著贡献是难以置信的。同样重要的是：互联网泡沫还带来了所谓“精神基础设施”，成功地使数以千万计的人相信在网上进行交易是安全、高效和可取的。泡沫破灭后的2001—2006年期间，美国电子商务的规模翻了1倍，达到2114亿美元。与之相反，一个“坏”的泡沫游离于实体经济的运行和需求之外，往往沦为追捧非生产性资产的金钱游戏，2008年美国的房地产泡沫和次贷危机即为一个典型例证。

泡沫繁荣和崩溃的周期循环是股票市场的常态。如果泡沫是由技术进步引发的，那么它可能是个“好”的泡沫，我们应该接受它，因为它对经济增长的“创造性”效应将弥补泡沫破裂时的“破坏”效应。美国学术界做过一个研究，他们统计了从1926—2016年将近90年内，在整个美国资本市场发行上市的将近26000家企业，这些企业总计创造了近35万亿美元的巨额财富。然而，其中的24000家公司的合计财富创造几乎为零，而最卓越的90家公司（占比仅为3‰左右）创造了接近一半的财富。大多数公司在泡沫中消失了，但在浴火重生中成长起来的少数伟大公司却改变了整个世界的经济格局和财富版图。

4.2.3　“清理后事”还是“逆风干预”

用泡沫来形容股市的虚假繁荣可以说是相当贴切的。就像一个肥皂泡一样，看起来五颜六色，可是中间没什么内涵，一旦破裂，繁荣景象就像梦境一样顿时消失得一干二净，而且会对实体经济带来多方面的负面影响。

在市场层面，价格泡沫扭曲了风险溢价，导致资本的错误配置；在需求和供应层面，价格泡沫引起过度的投资、消费和债务积累，带来通胀预期和经济失衡。当泡沫破裂时，又会通过企业和家庭部门的"金融加速器效应"，以及金融部门的"信用紧缩和去杠杆效应"带来总需求的急剧下降，使经济出现深度衰退。尽管人们对上述影响机制已有较为普遍的共识，但如何处理和监管资本市场价格泡沫却一直是金融监管理论和实践中颇富争议的主题。

传统观点认为，价格泡沫从酝酿、生成、膨胀直至顶峰往往需要经历数年时间，其间会经历很多波折反复，而泡沫的破灭速度则极为迅速，通常在几个月内就完成崩溃。在此过程中，监管机构和货币当局并不比投资者拥有更多关于市场定价的信息，也缺乏可靠的计量工具来精确界定资产价格中的理性和非理性成分，借用美联储前主席格林斯潘的名言，泡沫只有在破灭时才能判定是泡沫。因此，与泡沫生成和破灭的不对称性相一致，监管机构和货币当局最好也采取不对称的应对政策，即：在泡沫破灭前按兵不动，在泡沫破裂后根据对经济的影响程度采取降息、注资等干预措施，即所谓"清理后事"(Clean the Mess)策略。

在 2008 年全球金融危机之前，主要国家的金融决策者一直遵循上述策略。格林斯潘在 2002 年的全球央行年会上演讲时指出，"那种认为更适时地加大紧缩力度就能防止互联网泡沫的观点完全是一种幻觉，相反，我们需要聚焦政策以缓解泡沫破灭时对经济的冲击，防止风险的溢出效应"。此即著名的"杰克逊霍尔共识"(Jackson Hole Consensus)。

"杰克逊霍尔共识"的形成与当时的时代背景密切相关，那是经济上的"大缓和时代"(Great Moderation)和学术上的新古典主义时代，人们普遍认为，物价稳定将会自动带来金融稳定，监管机构和央行有足够的政策工具来缓解资本市场价格泡沫破灭对经济的冲击和影响。

在 1987 年股市“黑色星期一”和 2000—2002 年互联网股价泡沫等事件中，美联储通过降息等“清理后事”的策略成功地应对了泡沫破灭，使经济只经历了相对轻微的衰退，这极大地巩固了“清理后事”策略在金融决策者心中的地位。

然而，2008 年全球金融危机的爆发却打破了这种“幻觉”。在那场因美国次级抵押债券价格泡沫引发的危机中，全球有 93 个国家的经济增长受到了冲击，酿成了 20 世纪 30 年代资本主义世界大萧条以来最严重的全球经济衰退。这一切使人们认识到，资本市场价格泡沫破灭带来的损失可能要远远大于原先的预期，事前坐视泡沫膨胀而不管的消极政策倾向导致了严重的市场道德风险，使资产价格以更危险、更投机的方式急剧膨胀，而“清理后事”式的量化宽松等政策措施不但加剧了社会贫富差距和阶层分化，更为新一轮泡沫的孕育埋下了种子。金融决策者们在进行深刻反思后逐渐形成了新的共识，“清理后事”的策略或许是不可取的，事先采取针对泡沫和金融失衡的积极干预措施尽管面临着困难和成本，但从长期来看却有助于提高社会福利并延长经济周期。

事实上，对风险溢价、市场价格泡沫的监测和其他经济变量并无两样，都面临着信息的不完全性和判断的不确定性，监管机构和货币当局的优势在于“旁观者清”，当监测到价格泡沫膨胀时，必须有信心通过监管政策、宏观审慎政策和货币政策等进行“逆风干预”(Lean against the Wind)，抑制泡沫进一步发展。正如美联储前主席耶伦在一次公开演讲中指出：“我们是否应该尝试抑制泡沫的进一步膨胀以避免大麻烦？直到最近，大部分决策者的答案是否定的，他们认为政策应聚焦通胀、就业和产出目标，即使资产泡沫显而易见，我自己以前也支持这种观点。但是现在，面对着股票市场和房地产价格破灭带来的灾难性局面，我认为是时候重新转向了。”

4.2.4　利率政策还是宏观审慎政策

尽管监管者意识到面对泡沫作壁上观的代价太为高昂，但在运用何种“武器”遏制泡沫的问题上，仍然存在着一些分歧。

一种观点认为，当一种有害的股价泡沫被确认时，央行就应该将利率提高到超过维持中短期价格稳定的水平，以遏制泡沫的进一步增长，或至少不去助长泡沫的增长。另一种观点则认为，利率是一种太过粗暴的政策工具，对宏观经济各方面都具有广泛的影响，因此不适合作为应对股价泡沫的有力“武器”。经济学家米什金将泡沫分为非理性泡沫和信贷驱动泡沫两种类型，他认为20世纪末的互联网股价泡沫可视为前一种类型，对经济并没有产生长远的负面影响。相比之下，他认为信贷和杠杆驱动的泡沫更容易带来系统性风险，需要通过约束泡沫资产的资金流动，即通过宏观审慎政策予以遏制。

以宏观审慎政策应对资本市场价格泡沫的前提是能可靠地监测到泡沫的存在，判断其所处阶段，据此采取“逆风干预”的政策干预。这就要求监管者拥有泡沫的早期预警信息。在资本市场价格泡沫形成和发展的不同阶段，政策决策者需要抱有“局外人”的清醒态度，而不是被大众、传媒和市场的投机狂热所裹挟，通过考察宏观背景、市场估值、投资者情绪、价格上涨结构等方面的因素，从中提取有关价格泡沫发展的相关预警信息。

著名金融史学家金德尔伯格在《疯狂、惊恐和崩溃》一书中，将资产泡沫分为四个阶段，相应地可以通过不同的指标予以观察和预警。第一个阶段为突破性发展潜伏期，所有泡沫都是基于希望产生的，一种新的颠覆性的技术创新、金融创新或制度创新让人兴奋，在这一阶段，聪明的投资者往往能够注意到一些微妙的变化并开始投资于某一行业。例如，世纪之交的互联网泡沫与全球互联网革命密切相关，2008年的美国次贷危机则与次级抵押贷款证券化创新有关。

第二阶段为觉醒阶段，资产泡沫一旦出现，就会不断自我强化，宽松的信贷环境和资产价格之间的顺周期性是绝大部分泡沫背后共同存在的驱动机制，因此，基于货币和信贷的流动性指标可以为政策决策者提供有用的早期预警信息。

第三阶段为疯狂阶段，每个人都开始认识到投资股市可以赚钱，投资者蜂拥而入，情绪高涨，此时互联网搜索量、投资者新开户数和市场成交金额均发生不同寻常的增长。在这一阶段，市场整体的估值水平迅速提升，使市盈率、市净率、市销率等估值指标偏离长期的波动空间，甚至远远超过人们的一般想象力。股市市值与GNP的比值也出现大幅攀升，股神巴菲特认为，该指标高于100%即代表股市过热，低于50%代表了股市过冷。

第四阶段为破灭阶段，市场兴奋程度持续提高的本质是资金的集中，投资者的关注点越来越集中在盈利最好、股价上涨最多的股票上，此时股价会发生加速上涨，上涨结构和上涨速度是疯狂阶段的重要监控指标。在这一阶段，投资老手们会开始慢慢抛售，当大部分投资者开始醒悟时，最终的结果将会是无可避免的崩盘，泡沫会迎来最后的破灭阶段。

宏观审慎政策旨在减缓金融顺周期行为和风险传染对宏观经济和金融稳定造成的冲击。对资本市场而言，宏观审慎政策的要义是减缓市场的顺周期性，限制泡沫的幅度和规模，减少泡沫破裂后对经济和金融体系的冲击。

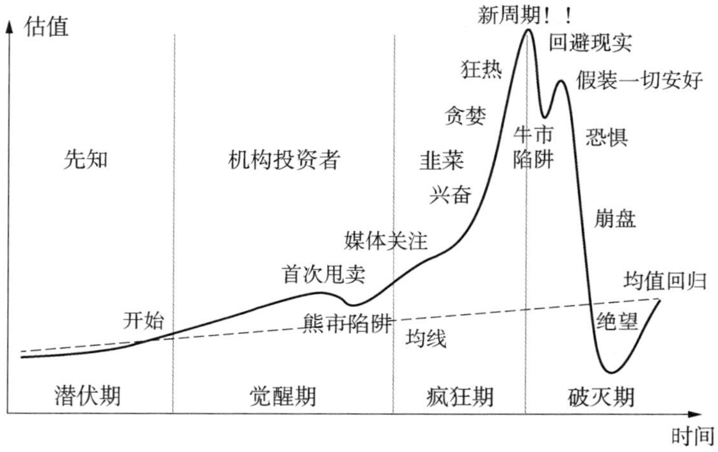

图 4.4 资产泡沫的发展阶段

资料来源：根据金德尔伯格等人的研究整理归纳。

首先，应限制资金过度扩张和高杠杆。资金扩张和高杠杆是价格泡沫的加速器，更是系统性风险的放大器。可通过新发基金速度和规模限制、融资保证金比率、市场融资总额上限等工具进行调控。

其次，防止市场出现流动性风险。通过设立基金不对称申赎、机构对某一特定产业或板块的持仓集中度等指标，避免机构投资者过度集中持有某类股票带来的流动性风险。

第三，应对风险传染。监管者可调整股票质押比率、股指期货多空不对称保证金比率、国债回购抵押品折扣率等指标，有效发挥逆周期调节和防范跨市场风险传染的作用。

在实施层面，由于资本市场的复杂性、事先泡沫衡量的困难以及宏观审慎工具影响的不确定性，政策制定者可能难以设计出足够严明的规则，因此，在审慎政策的具体实施过程中需要将严明规则和相机抉择结合起来。

4.2.5 探索股票市场的危机管理制度

宏观审慎政策是防范资本市场价格泡沫的第一道防线，旨在减缓泡沫的扩张速度和幅度。然而，资本市场价格泡沫如幽灵般防不胜防，当泡沫切实发生并破灭时，投资者将会不计成本地抛售（Fire Sell）所持股票，使股价发生大幅下跌，市场悲观情绪又进一步传染至基金持有人，对基金等投资机构形成巨大的赎回压力，迫使其抛售股票。这种链式反应发展至极端情况时，将出现市场流动性危机和投资者流动性危机并存的困境，两种流动性危机互为因果、互相放大，我国股市2015年发生的异常波动事件正是这种情况的典型案例。此时，市场不可避免地出现“超调”甚至陷入“失败”境地，进而给金融稳定性和宏观经济运行带来较大的震荡和冲击。在这种情况下，政策决策者必须通过系统性的危机管理措施来克服市场失败，限制泡沫破灭造成的危害。

对于投资机构的流动性危机，许多国家已经建立起由金融机构承担流动性支持的机制，如在1998年长期资本管理公司（LTCM）事件中，由美联储出面组织安排，以美林、摩根为首的15家国际性金融机构共同注资37.25亿美元，避免了市场恐慌和危机加剧。

对于市场本身的流动性危机，目前国际金融市场上也有一些相对成功的做法。在美国次贷危机和欧洲债务危机中，美联储和欧洲央行突破和扩展了传统的“最后贷款人”（The Lender of Last Resort）角色，直接在债券市场和商业票据市场上买入相关品种，向市场注入了大量的流动性。在股票市场上，也有部分境外证券市场为应对市场崩溃设立了专门用于稳定市场的特定投资机构或投资基金，如日本、韩国以及我国的台湾与香港地区。我国股市在2015年异常波动期间，由证金公司利用券商出资、央行贷款、商业银行拆借，以及发行短期融资券所得资金，紧急入场买入股票，稳定市场情绪、提升市场信心，这对于守住不发生系统性金融风险的底线、维护金融体系稳定具有极其重要的意义。

4.3 三个时代叠加下的投资思考

4.3.1 似曾相似的新浪潮

极端的高估值、炸裂的股价上涨、疯狂的首次发行、点石成金的明星分析师和基金经理、歇斯底里的投资者行为……这些词句读起来很像是在描写1999年互联网泡沫危机爆发前的情景，但却是过往数年美国股市的真实写照。

从股市总量来看，美股2020年底的总市值高达38万亿美元，与GDP的比值(即所谓“巴菲特指标”)突破了180%，创历史新高，大大高于这一指标在过去70年的中位数70%，也高于全球股市目前105%的平均值。巴菲特曾表示该指标是衡量某一时刻估值水平的最佳指标。回顾历史，该指标在预测股市衰退方面有着良好的纪录。美股“巴菲特指标”在2000年互联网泡沫之前曾飙升至142.92%。巴菲特当时声称，这“应该是一个非常强烈的警告信号”，预示着崩溃的到来。随后在2008年的金融危机爆发前，该指标也达到了110%。

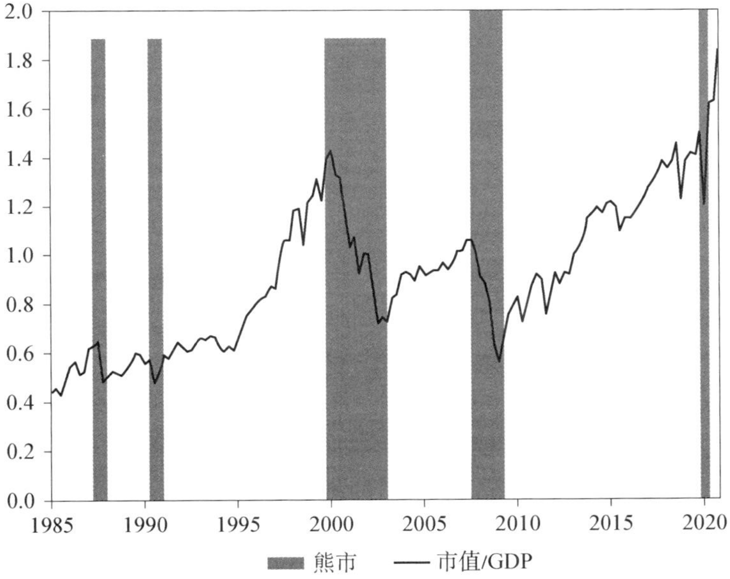

图 4.5　美国股市巴菲特指标

资料来源：Bloomberg。

从股市结构来看，美股市场的集中度越来越高，以 FAAMG（即脸书、亚马逊、苹果、微软和谷歌）为代表的 5 家公司的市值高达 7.1 万美元，占美股总市值比重达到 24%，远高于 2000 年互联网泡沫时期 18%的市场集中度。同时，市场“强者恒强”的格局越来越明显，FAAMG 这 5 家公司 2013 年以来涨幅高达 503%，而标普 500 指数成分股中其他 495 家公司同期上涨了 70.9%，两者的反差在 2020 年尤为明显，前者上涨了 45%，而后者仅上涨了 2%。这不禁让市场发出惊叹：到底是“标普 500”，还是“标普 5 大”？

从股市估值来看，尽管疫情对经济的影响仍在反复过程中，但整个市场的定价中似乎包含了一种过于乐观的未来，即在所有可能的情

图 4.6　标普 500 指数走势

资料来源：Bloomberg。

景中，一切都朝着最好的方向发展。经周期调整的标普 500 指数市盈率接近 35 倍，处于历史水平 95%的分位水平上（历史上最高估值的水平之一），但以实际 GDP 增长衡量的经济增长（衡量公司盈利）则处于历史水平的 4%（最糟糕的经济状况之一）。两者的巨大差距或许反映出市场参与者过度自信的潜在危险程度。

从股市情绪来看，投机气氛日益浓厚，市场在某种程度上进入癫狂状态。2020 年美股 IPO 市场异常火爆，新股平均首日回报率高达 40%。按年来看，这是除 1999 年和 2000 年以外的最高水平，显示出 1990 年代末互联网泡沫之后股市中从未出现过的"欣喜和贪婪"。同时，大量个人投资者疯狂涌入市场，美股融资金额从 2020 年 3 月初的 2 428 亿美元猛增至年底的 7 221 亿美元，芝加哥商业交易所股票卖权-买权比率跌至近十年来的低点，CNN 贪婪恐惧指数等各种市场情绪指数均进入"爆表"状态。2021 年的大部分时间里，散户日内交易者对热门股和垃圾股的疯狂买进成为美股市场的标志。特斯拉的交易金额在有些交易日曾等于另外 9 家成交额最大的公司总和，6 只低价股在 2021 年 1 月初曾连续数个交易日占到了美股总成交量的近五分之一,市场几乎符合牛市末期所拥有的所有情绪特点。

马克·吐温曾说:“历史不会重演,但它却会押韵。”这其实是对待历史的一个不错的态度——过往的泡沫并不能证明当下的非理性狂热,但如果我们能从当下的时代激荡中找到一些历史的韵脚,这或许能够帮助我们拨开眼前的一些迷雾。

4.3.2　数字经济时代的企业成长

过去 20 年,数字经济的雏形孕育而出,并极大地改变了资本市场的运行法则。时下,数字经济板块公司如日中天,领涨市场,市值占比已经达到近 20 年的新高度。这到底是乐观者所认为的对“未来已来和投资新浪潮”的预示,还是悲观者所嗤之以鼻的“史诗级大泡沫”?

工业革命以来,技术手段决定着企业成长方式。数字经济是使用“数据+算法+算力”的决策机制去应对不确定性的一种经济形态,在数字经济全新的技术条件下,资产、成本、规模、产业、经济结构都将完成数字化的解构和重组,这使得今天的企业成长方式和过去有着显著的不同。

首先,数字和信息革命在影响经济竞争格局方面发挥了重要作用,强化了“赢者通吃”的产业格局。信息产品和服务主要依赖无形资产投入(软件、数据、研究和开发),其生产成本几乎全部是固定成本。因此,一旦一家公司开发出了一种创新的信息服务或产品,它就可以进入全新的市场,获得新的客户,拥有很好的传播性和扩张速度,并以几乎零边际成本主宰市场。这一效应在信息技术产业尤为明显。例如，谷歌获得了美国所有互联网搜索市场份额的88%，脸书控制了美国社交媒体的42%，而苹果和谷歌则几乎垄断了所有的移动操作系统。

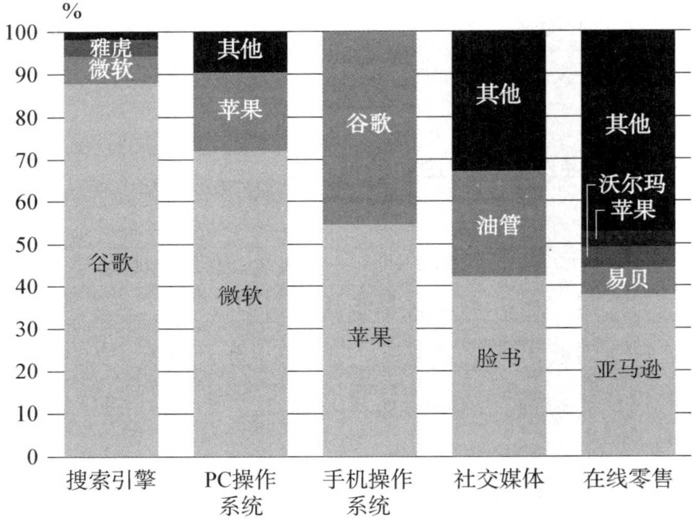

图 4.7 美国数字产业的垄断格局

资料来源：Gartner *。

其次，数字经济时代的企业竞争遵从网络效应法则，即：连接到一个网络的价值取决于已经连接到该网络的其他人的数量。对平台型公司而言，网络覆盖面越广，它对用户就越有用，公司就越能在市场中占据更加主导性的地位，进而形成一个正向反馈循环。脸书等社交媒体平台基本上是通过直接的网络效应创造财富的，它们的服务价值随着用户数量的增加而增加。亚马逊等其他平台则依靠间接的网络效应

* 顾能咨询公司

来实现其巨大规模，因为一个市场（客户）参与者的价值取决于另一个市场（供应商）参与者的数量。一旦这些公司主导了相关市场，成功就会自我实现，进入壁垒也会自我增强，用户也变得习惯使用甚至上瘾。技术巨头的市场支配地位通过直接和间接的网络效应得到了加强。

此外，数字经济时代中，无形资产投资在欧美发达国家 GDP 中的比例逐年上升，而同期的有形资产投资在 GDP 中的比例则逐渐下降。2009 年，无形资产投资额在 GDP 中的比例首次超过有形资产投资额，这导致公司资产负债表中看不见摸不着的无形资产逐渐占据主导地位。从 1995 年到 2020 年，无形资产价值占标普 500 成分公司市值的比重从 70%增长到 90%左右，而有形资产净值为负的公司数量上升到了 40%左右。例如，世界上最大的出租车公司优步不拥有一辆汽车，最大的印刷软件供应商 Adobe 不拥有任何印刷厂，等等。

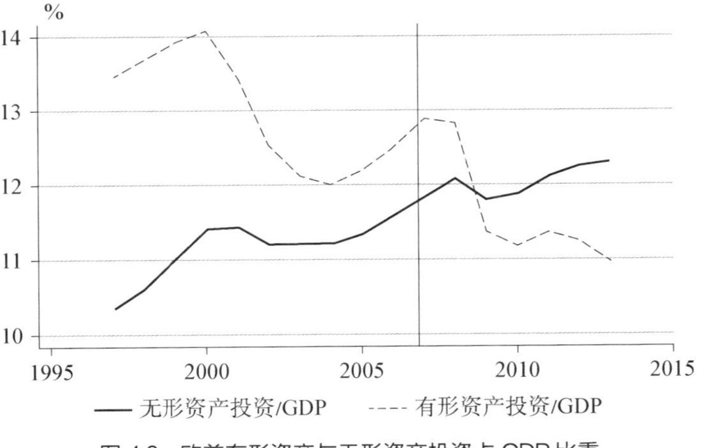

图 4.8　欧美有形资产与无形资产投资占 GDP 比重

资料来源：INTAN Investment*。

---

* 无形资产投资顾问公司

数字经济时代这些惊人的变化重构了企业的增长模式，使得企业有可能从线性增长跨越到指数型增长，这给资本市场估值带来了革命性的变化。净资产、盈利等传统财务指标对估值的重要性迅速下降，卓越的技术、竞争优势、潜在的盈利能力以及未来爆发性增长的期权价值等非会计报表类的指标对公司估值的参考意义反而更为重要。

4.3.3 货币宽松时代的价值投资

2008 年金融危机后，全球主要央行开启了史无前例的量化宽松货币实验，向金融体系注入天量流动性，世界进入了货币宽松的新时代。

从流动性数量的角度观察，目前全球股市市值、GDP、广义货币供应量（M2）都处于 100 万亿美元的水平，过往多年全球央行扩表速度大于全球货币供应量增速，而后者又大于全球股市市值增长和全球名义 GDP 增长。自疫情暴发以来，全球央行的资产负债规模在 2020 年内暴增了 9.2 万亿美元，美联储的资产负债表规模在短短的 3 个月里额外扩张了 80%，全球央行和政府的"放水"规模及速度已经远超过往绝大多数危机时期。与此同时，货币流通速度（即 GDP 与 M2 的比值）却在戏剧性地降低，表明这些新创造的货币中，有很大一部分进入了金融市场，支撑了股市的快速回升。

从流动性的价格，即利率的角度来看，在全球范围内，实际利率三十多年来一直在下降，20 世纪 80 年代平均为 5%，20 世纪 90 年代平均为 4%，21 世纪迄今平均为 2%，现今则为零甚至略低于零。可以说，当前全球处于人类历史上利率水平最低的阶段，被学术界称为"长期低利率之谜”。随着央行向市场持续注入天量流动性，把利率水平压到了人类有史以来的最低水平。2020 年底，全球 60 万亿美元的可投资债券市场中，有 86%的债券收益率低于 2%，有超过 70%的债券收益率低于 1%，有逾 20%的债券收益率低于零。

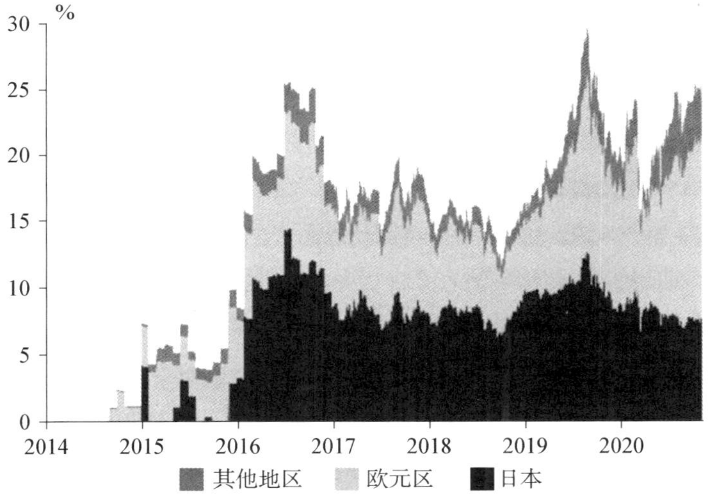

图 4.9 全球负利率债券比重

资料来源：Bloomberg。

面对央行史无前例的宽松力度和安全资产日益短缺的市场环境，全球投资人必须要面对一个残酷的现实：要么持有现金或国债，接受实际负收益；要么进一步加大风险资产（股票、信用债、私募股权、私募债权、其他另类投资等）的配置比例。在这种情况下，面对全球经济几乎停摆的大环境，“放水”支撑的股市狂欢在全球各地上演，特别是美国股市在疫情和暴乱叠加之下，屡创新高，走出一波令人叹为观止的上涨行情。史无前例的货币宽松时代逼迫投资者追逐有限的优质标的，使得拥挤的交易变得更加拥挤。

在数字经济以及货币宽松交互激荡的大时代下，金融市场中最稀缺的并不是流动性，而是成长性和宽广的未来。市场对那些成长空间广阔、拥有未来爆发式增长机会的潜在公司趋之若鹜，直接导致了在过去十多年里，价值投资的表现大幅落后于成长型投资（在2020年更是如此），甚至有人宣称“价值投资将永远消亡”。著名的价值投资人、橡树资本创始人霍华德·马克斯在其最新的投资备忘录《价值那些事》（*Something of Value*）中，对传统的价值投资方法进行了全面反思，认为今天的投资世界已经大不相同，成功的投资将更多地取决于定性无争议的因素以及对未来情况如何发展的卓越判断。

回望历史，价值投资并不是一成不变的，每个时代都需要自我的革命。在金本位时代，最重要的估值指标应该是市净率（PB），关注的是支付价格和账面净资产存量之间的关系。正如本杰明格雷厄姆所言：市场先生有时会让我们有机会以较其内在价值有明显折扣的价格抢购股票或债券，这种投资方式被比喻为“在街上寻找还剩最后一口烟的二手雪茄烟头”。布雷顿森林体系崩溃之后，市盈率（PE）成为最重要的估值指标，关注的是支付价格和账面净资产增量之间的关系，巴菲特称之为“以公平的价格买入伟大的企业”。那么在货币宽松甚至迎来现代货币理论（MMT）的时代，最重要的估值指标可能是PEG（市盈率相对盈利增长比率），关注的是支付价格和账面净资产增量速度之间的关系，市场对公司价值的判断正在非常夸张地前置。正如特斯拉目前的销量仅占全球汽车年销量的1%，但其市值已等于全球九大汽车厂商市值之和。在某种程度上，做空特斯拉就像对抗美联储，而后者暂时是不可战胜的。

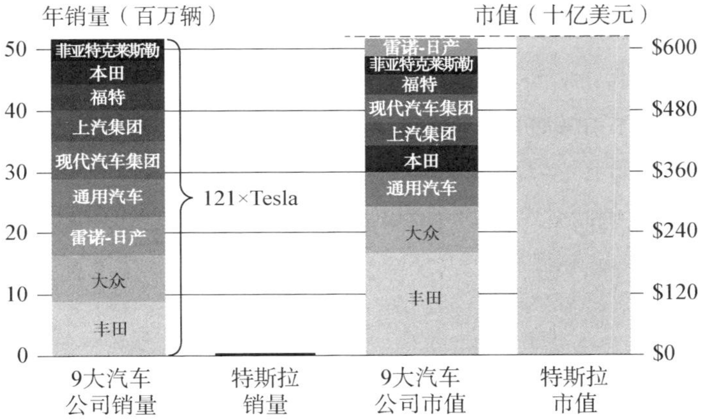

图 4.10 全球汽车业销量与市值结构

资料来源：Bloomberg。

4.3.4 贫富分化时代的潜在风险

股市“永动机”会永无止境地运转下去吗？这次是真的不一样吗？答案是：不可能。终结股市繁荣的因素可能正是来自股市繁荣本身，那就是由股市繁荣带来的日益扩大的贫富差距。

回到当下，数字经济的爆发提高了每个行业中最具生产力的公司的市场份额，很多经济活动被重新分配给了资本密集程度更高、劳动收入份额占比更低的企业。这导致劳动收入在 GDP 中所占比重在大多数发达国家都大幅下降，尤以美国为甚。1947—1999 年期间，美国劳动收入份额最低值为 61%，最高值为 66%。相比之下，过去 20 年中，这一比例已降为 56.7%。与此同时，随着利率水平的走低，企业的资本成本也一直处于下降过程中，过去 30 年间，资本成本所占比重从

26%下降到17%左右。

劳动收入份额和资本成本份额同时下降推动了美国企业利润在GDP中所占份额的上升。20世纪末，企业利润份额在3.5%左右，如今已大幅上升至17%，这就自然地带来了企业利润率的增长。在1970—2000年间，标普500指数成分公司的平均销售利润率为5%。通常而言，利润率存在向历史均值回归的趋势，但从2001年至今，这种均值回归趋势并未呈现，美国公司销售利润率反而上升到了7.5%以上。

公司利润率的增长转化成了可观的盈利增长和股市收益，推动了美股过往数十年的大牛市。美国国民经济研究局(NBER)的一份研究报告发现，过去30年美股54%的上涨幅度来源于企业利润份额对劳动收入份额和资本成本份额的重新分配，经济增长仅贡献了股市上涨的24%，低利率和低风险溢价分别贡献了11%。与之对比，在前面一个30年期间，经济增长促成了绝大部分的股市上涨幅度，其贡献度高达92%。可见，数字经济发展和货币宽松的叠加极大地造福了股市投资者，但却以工资增长停滞和劳动收入份额下降为代价，加剧了美国社会收入和财富的不平等。

目前，美国的财富不平等程度已经接近1929年大萧条时期的水平，尽管历史并不会简单重复自己，这一轮股市繁荣也许会前所未有地漫长，但由不平等衍生出的民粹暴力、社会撕裂、经济停滞等风险终会在适当的时机浮出水面。

从投资者的未来来看，与泡沫同行夹杂着机遇与危险，但它往往不被视为凶险旅程的开始，反倒透露着蜜月的气息。泡沫经常会压着同样的韵脚，历史也会两次跳入同一条河流。毕竟，“价值投资之父”格雷厄姆曾告诫过大众：牛市和泡沫，是普通投资者亏损的主要原因。

4.4　从游戏驿站股价逼空事件看美国金融的新“四化”

仿佛在一夜之间，华尔街从神坛上轰然跌落。在高人气网络社群“下注华尔街(WallstreetBets，WSB)”数百万散户的合力做多下，美国上市公司游戏驿站的股价一飞冲天，从2021年初的不到20美元最高涨至1月28日盘中最高价483美元。股价暴涨令做空的对冲基金损失惨重，据外媒报道，做空游戏驿站的对冲基金迄今账面损失高达197.5亿美元，其中主力空头梅尔文资本(Melvin Capital)在1月份巨亏53%，而不得不寻求外部紧急融资。这出“小虾米对抗大鲸鱼”的开年大戏并不只是一次投机泡沫或无厘头的恶作剧，而是一场美国“愤怒政治”在金融世界的延续，也是疫情之下互联网经济兴起，网络力量对传统金融发起的新挑战。

4.4.1　资产管理行业平权化

一直以来，资产管理行业被视为精英阶层的“游戏”。巨额的资金、复杂的策略、高深的模型，这一切构筑起了一道无形的高墙，将普罗大众挡在门外。特别是过去十余年来量化及高频交易的飞速发展，将投资畸变为比拼交易速度、比拼算力投资的“军备竞赛”，个人投资者愈发在市场中处于势单力薄的境地。

然而，互联网的日益普及改变了这一切。随着个人电脑、智能手机的功能日益强大以及互联网渗透率的大幅上升，个人投资者可方便、快捷和低成本地获取各种投资信息和多元化的投资服务。持续逾年的疫情，使传统经济活动备受封锁等措施限制，同时推动了居家工作、网络投资等行为。为迎合这一趋势，罗宾汉（Robinhood）等证券经纪商以零中介费和革命性的易用界面起家，喊出口号——“让人民自由地交易”，成为新一代个人投资者的首选。彭博数据显示，2020 年美股市场有 25％的交易量来自散户，2021 年 1 月初，罗宾汉等券商 App 上的散户交易量，2008 年来首次超过了纽交所和纳斯达克等地的机构交易量，这意味着散户力量在某些时候已经几乎能与机构并驾齐驱。

低成本交易正在使过去封闭且高度集中的资产管理行业“平权化”。突然之间，成千上万的业余爱好者可以组织起来，作出自己的市场研究和投资报告，个人投资者也开始使用更多原来只有对冲基金才能使用的策略。此次游戏驿站股票逼空事件中，个人投资者除了买入大量股票推高股价，同时又买入大量的看涨期权，随着股价不断推高，卖出期权的做市商此时需要买入更多的股票来对冲期权产生的做空敞口，当这些对冲单的量足够大的时候，大量买单进入市场后又将股价推升，形成一个正反馈，最终产生了所谓的“伽马逼空”（Gamma Squeeze）现象。正如《纽约时报》的一篇报道所言，智能手机上的操作界面让执行“伽马挤逼空”策略变得像从优食（Uber Eats）上叫墨西哥卷饼一样简单，这代表了一种前所未有的权力转移。

从攻守双方的表现来看，散户一开始表现出了强烈的群体性、一致性的集体行动特征，但随着股价暴涨，“抱团”出现松动和分化。事实上，除了极少数历史时刻以外，绝大多数情况下人类是无法“齐心协力”的。特别是网络社区中的散户属于典型的“有组织、无纪律”，尽管他们在“下注华尔街”投资社区中聚集起来，并且打着“声讨华尔街”的大旗，延续了美国当下的“愤怒政治”，但逼空大战本身原本就是一场资本游戏，不管空头也好，散户也罢，没有谁站在道德高地上，今天的多头可能明天就会转变为坚定的空头。此外，罗宾汉等网络经纪商出于清算风控要求限制游戏驿站等相关股票买入，对散户的“抱团”行为也起到了降温作用，正所谓“一鼓作气，再而衰，三而竭”，导致散户的交易兴趣转向生物科技等其他小型股。

对梅尔文资本等做空机构来说，其败绩在于对游戏驿站股票的做空比例过高，在 2020 年，空头占流通股数量的比例长期高于 100%，一度高达 140%，这一数值远超美国市场的多数公司，存在非常严重的循环做空现象。历史上无数金融危机事件都在昭示这样一个事实：当标的资产和信用交易形成倒金字塔结构时，市场离最终崩塌也就不远了。在美股做多氛围空前高涨的市场环境下，做空机构忽视了市场情绪转向的风险。在某种意义上，散户的集中买入绝对金额或许并不巨大，但对股价却产生了边际上的巨大影响，成为压垮做空仓位的“最后那根稻草”。

4.4.2　金融投资社群化

信息和通信技术在过去的 20 年中发生了迅速的变化，其中一项重要的发展就是社交网络的出现。由于社交网络以人与人之间的互动为生，使人们可以更自由地相互交流，因此社交网络正在全球范围内从根本上重新塑造人类社会，特别是帮助曾经边缘化的群体创建有影响力的社群组织。正如我们看到的那样：抖音（TikTok）上的青少

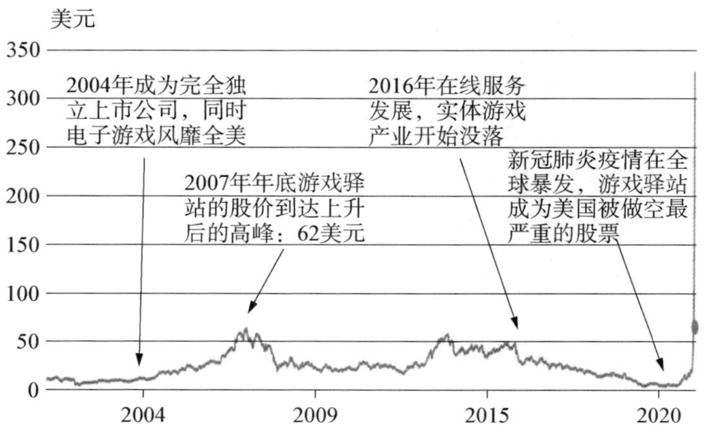

图 4.11 游戏驿站股价表现

资料来源：Bloomberg。

年扰乱了特朗普的竞选集会，推趣（Twitch）直播平台上的“梗王”袭击了国会大厦。

现在，社交网络的影响力开始蔓延至金融投资领域，催生了金融投资的社群化。从此次游戏驿站的逼空事件可以看到，金融投资的社群化具有三个鲜明的特点。一是社群参与者具有高度同质性，并进行高频交流。参与逼空事件的个人投资者大都来自红迪（Reddit）网站上的高人气板块——“下注华尔街”，其中不少是二三十岁的年轻人，他们喜欢自嘲“智障”和“自闭症患者”，信奉 YOLO 主义（You only live once）——你只活一次，所以要干票大的。二是群体性、一致性的集体行动特征强烈。WSB 上的个人投资者已发展成散户大军，专门针对美股价格低于 5 美元、同时做空机构点名做空的中小型股票，让这些平时寂寂无名的股票，突然间交易量大增，在短时间内垄断了股票流动性，形成逼空效应。三是社群规模具有指数化的扩张效应。当大量民众因疫情赋闲在家，游戏驿站横空出世宛若“明灯”，引起越来越多散户的关注。WSB群组的成员总数在2021年1月23号还只有约260万，到1月26号时已超过600万，吸引了源源不绝的个人投资者。

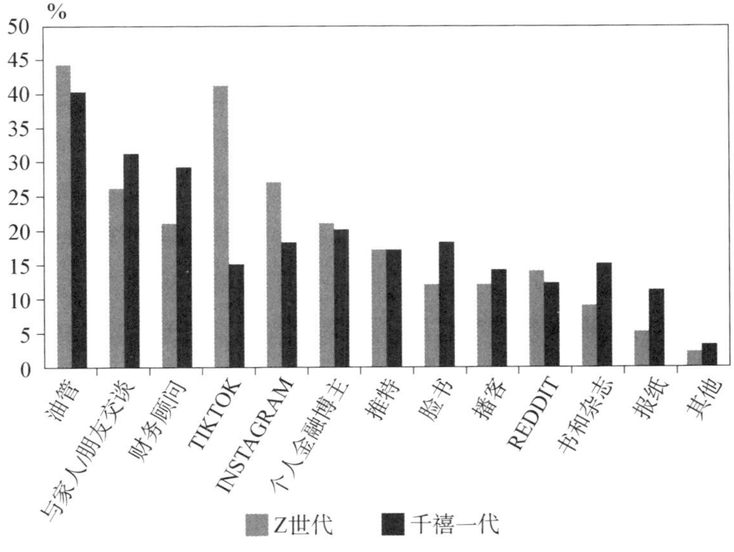

图4.12　美国年轻一代投资信息主要来源

资料来源：Bloomberg。

游戏驿站股价的暴涨暴跌现象引发了人们对市场操纵的担忧。电影《大空头》的原型人物迈克尔·贝瑞近日猛烈抨击了社交论坛哄抬股价的交易行为，他在推特上发帖称，现在发生的事情是疯狂的、危险的，应该会引发法律和监管方面的重视。从逼空事件的整个发展过程来看，也可谓“谍影重重”，一些富人和穷人赚得盆满钵满，另一些富人和穷人亏得倾家荡产，但是，谁是坏人呢？

据外媒报道，美国证券交易委员会（SEC）正在就近期以游戏驿站为首的散户热门股交易中，潜在的欺诈和市场操纵行为进行调查。该机构怀疑，在 WSB 这个投资社区当中，某些成员在利用散户热情牟取利益。但从法律角度来说，要真正将网络论坛上“带头大哥”的行为界定为“操纵市场”可谓困难重重，除非 SEC 可以证明：“带头大哥”在论坛上发布了虚假和不实的信息，以诱导其他散户买入；或者“带头大哥”表示自己正在购入或持有，而突然间他们转而大量抛售该公司股票。如果是这两种情况，那么可以明确地定性为市场操纵。但如果他们是这些公司股票真正的信徒，他们投下赌注并鼓励其他人一起加入，这种行为并不违法。事实上，如何界定操纵市场是一种艺术，正如芝加哥大学法学教授托德·亨德森戏称，“它和已故最高法院大法官波特·斯图尔特对淫秽行为的描述一样，你只有在看到的时候才会意识到存在这种情况”。

4.4.3 市场定价噪音化

在传统金融学理论中，个人投资者更多地被视为噪音交易者（Noise Trader）。经济学家弗里德曼和法玛曾认为，噪音交易者所获投资收益水平比与之进行交易的套利者要低，所以经济利益的选择机制会把他们逐渐淘汰。但在行为金融理论中，如果噪音交易者过于自信或过于乐观，他们会大量购买风险资产，而由于无法预料投资者心态变化所带来的风险和代理关系下的有限套利等因素的影响，卖空操作等套利的吸引力会大大降低，噪音交易者的买卖会导致市场价格与基本价值的更大偏差。

游戏驿站是一家濒临亏损的游戏商店公司，在2020年还只有4美元的垃圾价，不得不关闭了全美近200家线下商店，同时背负有50亿美元的债务。在短短一个月内，这样一家公司从小型垃圾股一跃成为市值两三百亿美元的中大型股，不得不说具有相当大的股价泡沫。然而这不是疯狂的结束，只是疯狂的开始。初尝胜果的散户大军愈战愈勇，不但使AMC、黑莓等被严重卖空的小型股大幅攀升，近期更将目标转移至白银等其他市场，导致白银价格飙升至8年来的最高位。

这种情形就好似电影《虫虫特工队》里的蚂蚁和蚂蚱的对抗：蚂蚁要时刻记得为蚂蚱收集食物。每年，蚂蚱飞到储藏地吃掉食物，然后离开。如果蚂蚁不这样做，蚂蚱就告诉它们将会受到惩罚。直到有一天，蚂蚁忽然意识到它们的数量大大超过了蚂蚱，只要团结在一起就可以把蚂蚱打倒。如今在金融市场中，机构也愈发感受到散户抱团的力量。经过对红迪股吧和罗宾汉数据的分析，华尔街研究机构沃尔夫(Wolfe)的量化团队告诉机构客户，散户大军正在以一种破坏性的力量出现，使得做多做空他们钟爱的股票对于华尔街机构都是危险的游戏。著名的空头机构香橼也发表声明，将不再发布做空报告，而专注于研究个人投资者的做多机会。

显然，在面对散户大军的汹涌洪流时，任何做空者或套利者都必须限制自己的投资欲望，以避免不必要的噪音交易者风险。在更多的中小型股票上，市场也许不再关注估值，而是更多地关注从WSB、Youtube、TikTok、Robinhood等网络上看到的动量交易机会，市场定价也将充斥更多的噪音，美股正在朝“人傻钱多”的淘金模式进军，或许这正是流动性泛滥化和泡沫极端化下的盛世末相。

4.4.4　逼空行为民粹化

2008年金融危机和新冠肺炎疫情暴发后，美联储开启了史无前例的量化宽松货币政策，向金融体系注入天量流动性。在硅谷和华尔街如鱼得水的同时，五大湖区的产业工人、小石城的零售业者、中西部地区的石油工人却未能分享金融财富膨胀的盛宴，总的财富不平等程度被再次拉大，创出历史高位。当不平等加剧和贫富差距扩大至极化状态时，就会成为各种经济社会矛盾滋生的温床。

十年前，愤怒的人们发起了"占领华尔街运动"，以抗议华尔街的权钱交易以及社会不公正。十年后的疫情期间，美国政府向居民派发现金缓解经济衰退的困境，却为一众散户提供了射向华尔街的"子弹"，发泄对华尔街贪婪本性的怒火。市场流传一封散户致沽空机构的公开信，尽显金融海啸后央行大肆印钞救市，加剧贫富悬殊所引起的民怨。在很大程度上，散户反抗华尔街与特朗普支持者占领国会山一样，都是当下美国民粹高涨、反建制社会情绪的一种体现，是美国"愤怒政治"的一种蔓延。以至于有"美国对冲基金教父"之称的达里奥将这场逼空大战比作一场"民粹主义政治起义"，他指出："民众的普遍愤怒——甚至可以说是仇恨，以及想要把人拉下马的这些想法，在如今的美国几乎遍布角角落落。"

此次网络散户的揭竿而起也使得代际矛盾在经济层面显露无遗。WSB上的主力群体是所谓"千禧一代"（泛指1982—2000年出生），其中许多人经历了两次危机：他们刚刚工作时，就遇上2008—2009年全球金融海啸，现在又遇到了这场大规模经济衰退，这使得他们在社会财富分配中日益处于边缘地位。从历史来看，40岁以下人群拥有家庭财富的比重显著降低。1990 年，他们拥有 13％的股票和 14％的家庭财富，如今则只拥有 4％的股票和 4.5％的家庭财富。面对工作职位流失、数字鸿沟扩大、阶层流动中断，深深的焦虑和幻灭感也成为此次逼空行为的导火索。

在很大程度上，这种民粹主义的反抗是一种报复性的虚无主义。随着游戏驿站股价的大幅波动，原来抱团的散户投资者不可避免地会出现分化和再整合，游戏驿站股价迟早也会回归其应有水平。但这波网络投资者冲撞华尔街旧体制的热潮退却后，必定会掀起大范围的检讨声浪。美国国会众议院金融服务委员会于 2021 年 2 月 18 日针对此次市场波动举行了听证会，主题为“游戏停止了？当卖空者、社交媒体、散户相互碰撞时，谁赢谁输”。

4.5　美国上市公司为何越来越少

过去 40 年里，美国股票市场发生了天翻地覆的变化，其中之一是上市公司数量的大幅减少。

4.5.1　美国股市的“上市缺口”之谜

1978 年，美国股市有 4 622 家境内上市公司，到 1998 年，美国上市公司数量增长到 7 322 家，成为美国历史上上市公司数量的巅峰。但此后世事轮回，美国上市公司数量开始逐步萎缩，至 2018 年大幅减少了超过40%,仅为4 397家。

从相对数量来看,1978—2018年的40年间,美国人口数量从2.23亿增长到3.27亿,这意味着每百万居民的上市公司数量从23家降低为11家。从国际比较来看,美国上市公司数量大幅减少的趋势在全球范围内也显得较为“另类”。过去20年里,除美国外,全球股市的上市公司数量从26 500家大幅增长到35 000余家,主要发达国家股市的上市公司数量也增长了近50%。

经济学家一般将上市公司数量视为金融发展和经济增长的重要衡量指标,美国股市历史也充分印证了这种正向的关联性。二战后美国经济和企业进入了大规模生产的扩张阶段,1958—1977年的20年间,美国GDP以年均3.6%的速度增长,上市公司数量也从1958年的1 000多家增长到1977年的近5 000家。1978—1997年的下一个20年,美国GDP增长了90%,为股市提供了大量的上市资源,上市公司数量也大幅增加。令人困惑的是:在最近的20年中,虽然美国GDP继续增长了60%,有资格上市的企业数量从55万家增加到59万家,但美国上市公司数量却减少了近40%,这一现象与美国经济态势和全球股市趋势形成了鲜明反差。基于GDP规模及增长速度、人口数量增长、金融发展水平、公司治理等因素,有经济学家认为美国股市合理的上市公司数量应在9 500家以上,这意味着目前有5 500家上市公司处于“失踪”状态,形成了所谓的“上市缺口”(Listing Gap)之谜。

4.5.2 四大原因导致美国上市公司数量萎缩

导致美国上市公司数量萎缩的原因是多方面的,归纳起来,主要有以下四点。

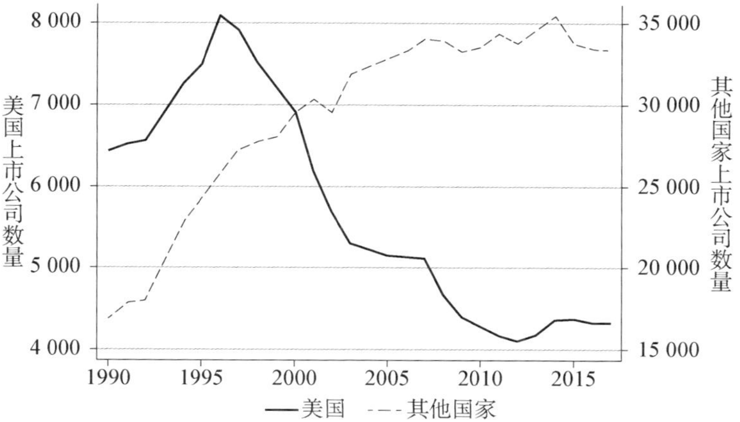

图 4.13 美国及其他国家上市公司数量变化（1990—2018）

资料来源：WFE*。

首先，美国私募股权融资的大发展为创业企业提供了更丰富的融资渠道。1996 年出台的《全国性证券市场促进法》规定，企业在向特定数量的合格投资人进行私募股权融资时，可以豁免各州"蓝天法"的监管和注册。同时，该法案也增加了风险资本募资时的最大投资者数量。这一方面增加了私募资本的供应量，另一方面也大大降低了私募融资的成本。此后，私募股权行业在美国获得了爆炸式增长，筹资额占 GDP 的比值从 1996 年的 0.5%增长到 2007 年时的巅峰值近 6%，2008 年次贷危机后虽然有所回落，但近年来仍保持在 4%左右的较高水平。2018 年，美国企业从私募股权基金获得的融资金额高达 1.8 万亿美元，是新股公开发行募资金额的近 10 倍，这使得创业企业在后期可以通过私募市场获得成长所需资金，老股东也能在私募市场转让所

* 世界交易所联合会(World Federation of Exchanges)

持股份,从而推迟了上市时间。

第二,美国股市此起彼伏的购并浪潮导致大量公司退市。20 世纪 90 年代以来,美国股市迎来了数次购并浪潮。第一次购并浪潮的高峰发生在 2000 年互联网泡沫时期,当年并购金额与 GDP 的比值达到创纪录的 16.9%;第二次购并浪潮的高峰发生在 2007 年房地产泡沫时期,当年并购金额与 GDP 的比值达到 12.5%;第三次购并浪潮的高峰发生在 2015 年,当年并购金额与 GDP 的比值达到 9.5%。参与这三次购并浪潮的企业大都着眼于战略利益,以占有更大市场份额、获得关键技术、夺取核心产业价值控制权等为主要动机,从而导致被收购公司纷纷退市。据统计,过往 20 年中,在被并购、强制退市和自愿退市三种原因中,因被并购而退市的公司比例接近 60%。

第三,新经济公司的产业特性决定了这些公司的上市需求并不迫切。相比于旧经济公司,新经济公司对实物资产的投资相对较少,对资金的需求相对不那么旺盛,因此并不急于上市融资。举例而言,亚马逊在 2017 年用 190 亿美元的资本投入获得了 1 360 亿美元的销售额,资本周转率超过 7 倍;而同期沃尔玛用 1 350 亿美元的资本投入带来 4 860 亿美元的销售额,资本周转率仅为 3.6 倍。另一方面,新经济公司大量投资于核心技术、知识产权和品牌识别度等无形资产,在通用会计准则(GAAP)下,这些投资大都作为支出而不是资产,从而对盈利造成不利影响。对规模较小、成立年限较短、盈利状况不佳的企业来说,即使它们能成功上市,也很难吸引投资大众的注意力,而更加专业化的私募股权投资人往往能更好地理解公司的商业模式和经济价值,因此企业上市融资的需求并不迫切。

最后,美国股市上市成本的提高打消了部分中小企业的上市意愿。作为对安然公司和世通公司财务造假丑闻的补救措施,美国国会在2000年和2002年分别通过了《公平披露规则》和《萨班斯-奥克斯利法案》，2003年，美国各级监管者和纽约州总检察长与十大券商达成了针对研究分析与投资银行业务利益冲突的《全球分析师和解协议》。这些法案及协议大大提高了公司上市的合规要求，增加了公司上市成本和高管人员的法律风险。在成本-收益的综合考量下，只有规模较大的公司才有力量和动机去寻求上市，而许多中小企业纷纷打消了上市念头，这也导致新上市公司的“年龄”越来越大。据统计，1978—1997年期间美国新上市公司的成立时间中位数为7.8年，而到1998—2017年期间，新上市公司的“年龄”中位数上升到了10.7年。

4.5.3　股权融资新模式带来的影响

美国上市公司数量减少的背后是一种新股权融资模式的出现，在这种模式下，股权融资日益私募化，公司并购市场高度活跃，股市市值不断攀升。这种新的股权融资模式在金融、产业、经济和社会等多个层面上带来了深远影响。

金融层面的影响可以分为融资和投资两个方面。美国金融界曾担心上市公司数量的减少意味着美国企业在获取外部股权融资上变得更加困难，但事实并非如此。相比于公开上市融资，私募股权产业的蓬勃发展能以更低的资本成本为创业企业提供股权融资，使创业企业在最终上市前的融资轮数显著增加，助推企业以更快的发展速度越过生死存亡的规模考验。同时，并购市场的繁荣也为公司创始人和早期投资者提供了有效的退出渠道，近年来风险资本和并购基金通过并购实现的退出金额是公开上市的6倍之多。另一方面，越来越多的公司上市时间的推迟和购并规模的扩大导致上市公司年龄越来越“老”，规模越来越大，盈利水平越来越高。40 年前，美国上市公司平均上市年数为 11 年，平均市值规模为 6.2 亿美元，前 100 家公司的利润占比为 48.5%；20 年前，平均上市年数为 12 年，平均市值规模为 16.8 亿美元，前 100 家公司的利润占比为 52.8%；而现在平均上市年数增加到了近 20 年，平均市值规模提高到 69.4 亿美元，前 100 家公司的利润占比高达 84.2%。显然，美国股市日益为大型公司所主导，这些发展成熟的大公司更加倾向于进行大比例分红和股票回购，公司透明性、运营稳定性和治理效率大为提高，使得美国股市出现了整体性的"资本溢价"和低波动性，这也是美股近十年来表现优异的一个重要原因。

从产业层面来看，过去二十多年美国企业购并的大发展极大地提高了上市公司的平均规模和市场地位，增强了美国企业在全球范围内的竞争力和盈利水平。公司利润占美国 GDP 的比重从 1990 年的 4.7%增加到 2018 年的 9.4%，并首次突破了两万亿美元的大关。这种指数式增长使得美国企业在全球各类排行榜中独领风骚，例如，在福布斯全球 2 000 家大公司中，美国企业占有 564 席，这些企业的利润占比更是高达 37%。然而，硬币的另一面是：随着产业集中度日益提高，有些企业开始凭借其寡头垄断地位和市场控制能力攫取市场租金，最终损害了消费者的福利。

在经济层面上，有一种观点认为，创业公司上市成功后往往会出现员工离职再创业的风潮，因此，上市公司数量的减少会影响新公司的创立，最终影响到美国经济的创新能力。但最新的一些研究则表明，企业的创新能力在上市后往往会下降，而且非上市企业也会通过各种方式拥有和上市企业相似甚至更高的创新激励和效率。事实上，过去 20 年美国企业的研发费用一直处于稳定增长的状态，这也从一个层面印证了上市公司数量减少并没有影响到美国经济的创新能力。

在社会层面，股权融资新模式带来的另一个担忧是：这是否会降低美国社会的就业率。公司购并通常伴随着大规模的业务重组和裁员，对无形资产投入的增加又降低了低技能工作的边际生产率水平，这可能意味着就业率的急剧降低。但数据并不支持这一观点。1990—2018 年期间，美国经济共创造了 3450 万个新增就业岗位，而同期西方七国（G7）中的其他国家只创造了 2500 万个新增就业岗位。可见，股权融资新模式的出现并没有影响到劳动力市场的均衡，尽管它可能压制了工资水平的增长。需要引起关注的是：由于公司股权在社会大众中的分布极不均衡，目前 10％的美国人拥有 84％的股票，因此股权融资新模式在某种程度上加剧了整个社会的贫富差距。

放眼全球，美国的这种融资新模式在其他国家也开始初露端倪。以 2019 年为例，尽管全球股市高歌猛进，但新上市公司数量仅为 1237 家，比 2018 年减少了 20％，筹资金额也有所下降。这究竟代表了现代金融模式的新发展，还是低利率环境下衍生的新常态，不妨让我们拭目以待。

第五章

从大分流到大合流：中国的经济增长与金融风险

5.1 认识中国经济增速的国际视角

在世界经济史上,中国自 1978 年以来的经济增长及其作为一个经济大国的崛起,是一次革命性的事件。然而,人们如今正逐渐形成一个共识,那就是:中国经济正面临一个转折点,即经过 40 年的高速增长后,增速趋势性下滑迹象日趋明显,进入了中速增长的新常态。如何认识经济增长速度的持续下降?未来中国经济可以保持一个多高的增长水平?这是社会高度关注的热议话题。

5.1.1 "大分流"之后的中国奇迹

经济史学界普遍认为,直到 18 世纪末期,中国仍处于世界经济发展的中心地位。贡德·弗兰克在《白银资本:重视经济全球化中的东方》一书中就曾写道:"1800 年以前,中国具有异乎寻常的巨大和不断增长的生产能力、技术、生产效率、竞争力及出口能力,这是全球其他地区都望尘莫及的。由于中国强大的经济力量,特别是工业生产的力量,所以中国的出口也占据世界上领先的地位。"回望历史,当时的全球经济可能有若干个中心,但考虑到 1820 年时中国在世界 GDP 中占比高达 32.9%(麦迪逊,2016),如果说在整个体系中有哪一个中心支配着其他中心,那就是中国,而不是欧洲这个中心。

18 世纪末至 19 世纪初,历史来到了一个岔路口,发源于英国的工业革命使中西方形成了历史"大分流"(Great Divergence),中西方之间开始逐渐背离，在发展的道路上渐行渐远，西方走向了现代化，而中国却经历了150余年持续的衰落与动荡。按照“加州学派”的观点，中西“大分流”的发生与两个几乎完全偶然的因素密切相关：一是英国煤矿价格低廉且靠近城市，这使蒸汽机革命得以产生；二是殖民地的开发保证了棉花和食糖等土地密集型产品的廉价供应，减缓了土地约束。而中国在“农耕父爱主义”政策的积弊下，大量小规模的生产者和消费者强化了劳动密集化的过程，无法依靠自身的力量实现工业化，陷入了所谓的“高水平均衡陷阱”，即在一种高均衡水平上停滞，最终走向了经济发展的歧路。

1978年改革开放以来，中国经济经历了长期持续的高速增长，经济总量跃升至世界第二，创造了世界发展史上的“中国奇迹”。公元1000—1978年，中国GDP在世界总GDP中的比重先升后降，峰值为1820年时的32.9%，19世纪中期西方国家工业革命以后，特别是鸦片战争以来中国持续不断的内忧外患，中国GDP占世界总GDP的比重不断下跌，1950年降至4.55%，1978年时也仅为4.93%。在经济总量表现令人失望的同时，中国的人均GDP也同步衰落，1500年明朝中叶中国人均GDP尚超过世界人均GDP，而到1950年和1978年中国人均GDP分别仅为世界人均GDP的20.8%和22.0%，与西欧国家人均GDP的比率只有区区的8.9%。改革开放后，中国经济经历了爆炸式的迅速增长，中国GDP占世界GDP的比重迅速跃升，2018年达到16%，人均GDP与世界人均GDP和西欧国家人均GDP的比重也分别增长到86.7%和25.6%，中国已进入上中等收入国家的行列。

经济学界一般认为中国经济发展是一个奇迹，但最近也有学者以经济改革(或者是战后重建)开始的时间为基点，对比中日韩三国在相似的历史时间节点上各种经济指标的表现，发现在大多数指标上中国

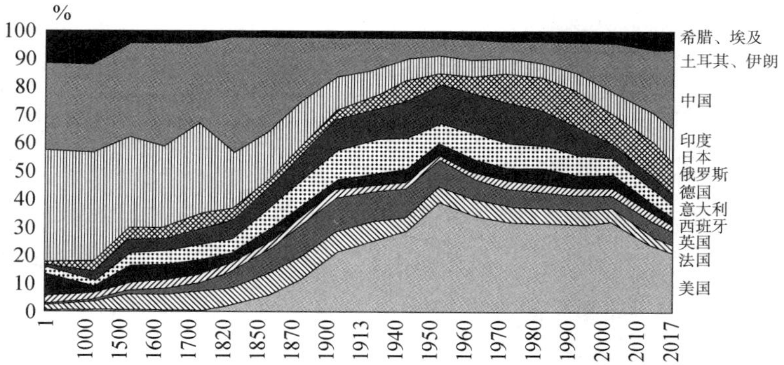

图 5.1 世界经济构成 2000 年变迁

资料来源：安格斯·麦迪森(Angus Maddison)研究、IMF。

的发展水平同期不如韩国，跟日本比较接近，从而认为中国的经济“奇迹”实际上并没有超越一般的战后重建和经济改革的实践(史剑道，2019)。究其分析，史剑道的观点更多的是从增长速度的视角来看待中国经济，但与作为小型开放经济体的日韩两国相比，中国经济增长的故事既有一般意义，更有其独特性，这种特有的因素可以通过三个“S”更客观全面地进行评估，即 Speed(速度)、Scale(规模)、Scope(范围)。

从增长速度来看，中国经济实现了长达四十余年的高速增长，在1978—2018 年期间平均增长率为 9.3%，远高于同期世界经济 2.9%左右的年均增速。虽然目前经济增速放缓至 6%左右，但仍居于世界前列。在规模总量上，中国是一个浩瀚的大陆，GDP 位居全球第二，与欧元区 19 国相当，贸易进出口总额和制造业总额分别占全球的11.8%和 28.2%，考虑到中国的人口约占全球的五分之一，事实上可以将中国视为一个洲际经济体。中国经济增长的另一个成就体现在惠及范围方面，经济的快速发展推动贫困人口数量以“史无前例”的速度和规模下降，7 亿多人摆脱了贫困，中国一个国家的脱贫人数就占全世界总数的四分之三，在世界范围内，目前只有23%的人口人均GDP超过中国。此外，中国在大规模的基础设施建设上也取得了惊人的进展，以高铁为例，2018年，中国高速铁路运营里程达到2.5万公里，总长度远高于其他国家高铁运营里程的总和。以广泛的公共基础设施为根基，中国的经济增长更能生根发芽，茁壮成长。

5.1.2　“合流”视角及其中国故事

当历史学家回顾我们所处的时代时，他们将中国及亚洲经济的崛起视为和文艺复兴及工业革命相似的人类发展史上的重要事件之一。可是，当我们进一步展开历史视野时便会发现，过去40年来中国经济的高歌猛进，在某种程度上正是对历史“大分流”的一个回归，是19世纪以来中国经济重新汇入全球经济增长的“大合流”(Great Convergence，也有译为“趋同”或“收敛”，下文根据具体情境使用不同译称)。

发展中国家在经济水平上能否最终赶上发达国家一直是发展经济学的重要课题，而经济合流则是对这一发展问题的经济学表述。从经济合流的角度看待中国经济增速，有助于将世界经济增长历史带入中国经济增长现实，而不是孤立地去评估一国的经济增长。在经济增长过程中，如果在储蓄(投资)率、人力资本、技术创新、贸易开放度和制度环境等方面满足一定的条件，初始人均GDP低的国家将比初始人均GDP高的国家有更高的人均GDP增长率，从而使得两国的经济差距有不断缩小的趋势，即发展中国家的发展水平向发达国家趋同。基于历史数据的研究表明，与美国相比，初始人均GDP越低的经济体中，其随后40年间的年平均增长率倾向于越高，并且东亚经济体和西欧经济体的趋同表现最为明显(白重恩，2017)。

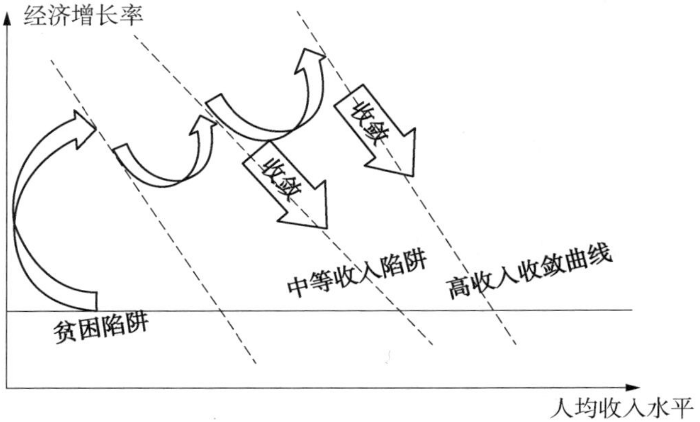

图 5.2　经济增长收敛模式

资料来源：作者整理。

在世界范围内增长趋同的成功经济体中，中国经济有其独特之处，这主要体现在两个方面。从持续时间来看，战后共有 28 个经济体有过持续 6%以上的年均经济增长率（在全球增长样本中属于两个标准差以外的事件），中值为 9 年，表现最为优异的中国台湾地区曾在 1962—1994 年期间取得了 6.8%的年均增长率，韩国也曾在 1962—1991 年期间取得 6%以上的年均增长率；而中国经济以 6%以上的速度持续增长了 41 年，比历史上任何一个国家都更快、更为持久。从趋同路径来看，28 个高速增长经济体中绝大部分都以急剧减速而结束增长“神话”，只有韩国和中国分别在 1982 年和 1991 年跃入了更高的增长阶段，中国在 1991 年后更是以 10%以上的速度加速增长。正因为如此，有经济学家将中国的经济增长称为“增长趋同的完美案例”（巴罗，2005）。

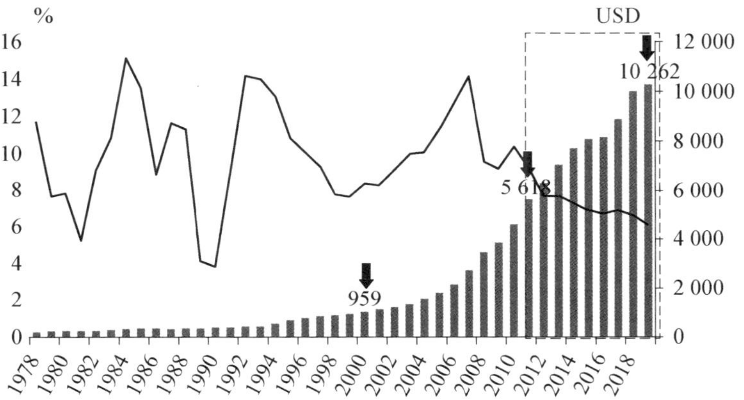

图 5.3 中国实际 GDP 同比与人均 GDP 变化

资料来源：Wind*。

增长趋同故事的另一面是增长收敛。随着人均收入水平的提高和趋同空间的缩小，后发赶超优势逐渐消失，经济增长速度也将减慢下来。基于全球各经济体百余年的增长历史及样本，增长收敛有两个所谓“2％铁律”。一个“2％铁律”是指任何超越平均水平的 GDP 增长速度最后都会回归世界经济增长的平均速度，即 2％左右（萨默斯，2014）；另一个“2％铁律”是指一个发展中国家的人均 GDP 向自身稳态或更发达经济体趋同时，将以年均 2％的速度收敛（巴罗，2016）。中国经济的现实在某种程度上也确实印证了这两个规律。在 1978—2007 年期间，中国经济实现了年均 10.03％的增长水平，2008 年下降至 9.63％，2012 年进一步下降至 7.65％，2019 年已降至 6.1％。鉴于中国政府曾始终将“保 8”作为实际的增长目标底线，因此可以将持续

* 万德数据库

低于8%的起始年份，即2012年视为经济显著减速的转折点；随着经济下行压力不断加大，逼近“6时代”的2019年成为另一个转折之年。

从增长的视角考察，经济增长率由趋同效应和稳态（长期）增长率所组成，而后者又决定于储蓄（投资）率、人力资本、技术创新、贸易开放度和制度环境等多方面因素。中国经济增长的狂飙突进期正是得益于趋同效应和稳态（长期）增长因素的相互共振和相互促进。而2012年以来的增长减速一方面是由于中国离“前沿”经济体越来越近，趋同空间缩小，增长开始收敛。另一方面则是外需增长疲软，制造业发展达到顶峰；人口老龄化问题日益突出；资本-产出比例快速上升，资本利用效率下降；技术创新缓慢等影响长期增长率的结构性因素所导致。这些都意味着潜在的经济增长率不断下降，但即便如此，中国极具纵深的国内市场、强大的国家能力等国别意义上的特质性因素使得经济增长率和韧性仍远好于国际经验所预测的情景。

5.1.3 中国会跌入“中等收入陷阱”吗

当中等收入国家发生增长减速问题时，一个自然而起的担忧是该经济体会否跌入“中等收入陷阱”（Middle Income Trap）。从表象来看，所谓“中等收入陷阱”，是指中等收入的经济体极少能成功地跻身为高收入国家的现象，这些国家往往既无法在工资方面与低收入国家竞争，又无法在高技术产品方面与富裕国家竞争。历史上，有日本、亚洲“四小龙”、爱尔兰等跨越“中等收入陷阱”的成功案例，而更多的则是中等收入国家在向高收入水平跃升时功败垂成，增长乏力，经济始终徘徊在人均GDP 10 000美元以下，同时兼有政治、经济、社会、文化等多方面问题。

2020 年，我国人均国民总收入超过 10 000 美元大关，高于中等收入国家平均水平，但离世界银行界定的高收入国家门槛——人均国民收入 12 375 美元尚有一小段距离。跨越“中等收入陷阱”，是决胜全面建成小康社会、开启新征程必须迈过的一道关口。近年来，随着中国经济增长的减速，经济界对于“中等收入陷阱”的讨论比较热烈，有争论也有共识。

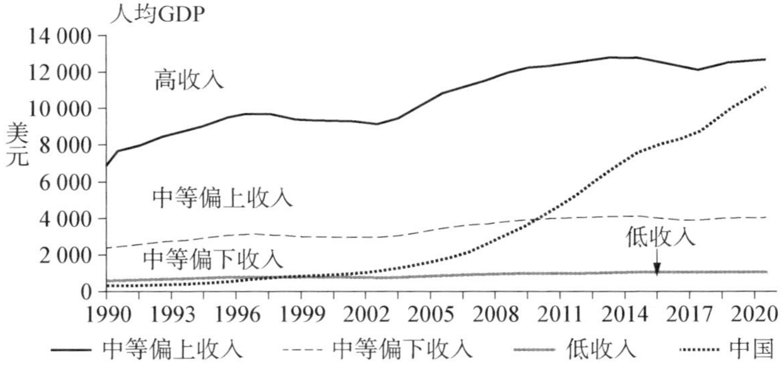

图 5.4　中国人均 GDP 增长情况

资料来源：世界银行。

经济增长的最大敌人是经济倒退。许多中等收入国家在向高收入国家跨越的过程中之所以功亏一篑，很大一个原因就是发生了突然的增长减速甚至是失速。以巴西为例，1967—1980 年期间，其年均经济增长率达到 5.2%，有着“玫瑰色”的增长前景，但由于经济结构失衡和国内政治纷争等原因，其人均国民收入在此后的 22 年里几乎为零增长，从而不可避免地跌入了“中等收入陷阱”。中国经济在 2012 年以后呈现出非常明显的减速趋势，由于人口老龄化趋势越来越严重和新增人口断崖，中国经济增长潜力不断下降将成为未来较长一段时间内的必然趋势。当前,经济面临的主要问题是金融领域风险隐患突出,债务通缩迹象初显,但财政和货币两方面的逆周期调控政策在不断加大力度,充足的宏观政策空间和丰富的政策工具箱有能力应对各种不确定性,防范经济增速的超预期下降和系统性金融风险的爆发。

诺贝尔经济学奖获得者诺斯在《社会秩序》一书中曾指出:"发展中国家和发达国家在增长绩效方面的最大区别是:发展中国家的增长缺乏持续性,并且常常会经历断崖式的下跌。"历史也正是如此,按2000年购买力平价计算,人均收入超过20000美元的发达经济体中,只有16%的年份录得负增长,并且比率仅为-2.33%;与之相反,人均收入低于10000美元的经济体中,约有三分之一的年份处于负增长,并且负增长率高达4.7%。因此,即便中国经济增速如有些悲观人士"线性外推"的那样一路下探至4%,但只要下滑是平缓的,那么以中国经济体量之巨,以及人均接近10000美元的国民收入水平,也能实现伟大的成就。事实上,就目前的人均国民收入水平,国内已有62个城市,对应3.87亿人口步入高收入经济体行列。在不考虑汇率升值和标准变化的情况下,以4%—6%的增长率水平,再经过几年发展,我国将大概率整体进入高收入经济体行列。如果以2011年进入中上等收入经济体为起点,那么中国很有可能在2025年前逼近或成为高收入经济体,这也与第二次世界大战后若干国家成功跨越"中等收入陷阱"平均时长约15年的一般规律相吻合。

5.1.4 迈向更高"趋同"阶段的路径突破

针对中国经济潜在增速下滑的判断也许分歧并不大,但更为重要的是:该如何应对这种下滑?

从经济趋同的角度来看，中等收入国家在向高收入国家跨越的过程中，存在着多条趋同路径。如果无法完成向更高一条趋同路径的飞跃和转移升级，那么该经济体只能在中等收入水平处实现稳态发展甚至处于停滞状态，而与发达国家的人均收入水平始终无法趋同。有证据表明，全要素生产率的下降可以解释85%的经济增长减速（艾肯格林，2015）。对当前的中国经济而言，在发挥逆周期调控，保持传统经济增长动力的同时，中国需要培育增长新动能来应对生产率的挑战，实现从当前的趋同曲线跳跃到下一条更高水平上的趋同曲线，从而开启新的增长路径。为此，中国需要从四个方面（四个“I”）提升全要素生产率水平，实现向更高级增长趋同曲线的跨越，这四个方面是：投资（Investment）、创新（Innovation）、制度（Institution）和国际化（Internationalization）。

首先，积极应对人口老龄化趋势，加大对医疗、教育等方面的投资力度，提升“人力资本红利”。在“高储蓄-高投资”的传统发展模式下，中国的资本产出比在2007年后呈现加速上升的趋势，目前已超过美国在内的诸多发达国家，这意味中国可能在固定资本总量方面并不相对稀缺（黄文涛，2018）。在居民储蓄倾向趋势性降低，增量资本的产出边际不断减少的条件下，未来中国以投资拉动经济增长的模式可能面临多重制约。青木昌彦从东亚经济发展的经验中发现，任何国家在经历了一个政府主导的、以库兹涅茨式的结构调整为特征的经济发展阶段之后，都必然进入一个人力资本驱动的经济发展阶段。因此要使中国保持人力资本积累速度，克服人口红利衰竭和人口抚养比上升带来的增长约束，需要加大对医疗、教育等方面的投资力度，将“人口红利”转变为“人力资本红利”，在劳动力要素上实现供给升级。

其次，加快现有技术和创新的扩散，形成创新和金融的“双轮驱动”，推动创新驱动增长模式。经济的长期持续增长有赖于生产率的持续提升。世界银行在《创新中国：培育中国经济增长新动能》的报告中指出，中国的国家创新体系建设已经取得了很大进展，能够为生产率主导的增长提供创新和技术。未来需要加速现有先进技术和创新成果的扩散，培育新的创新和技术，这有助于将现有的生产可能性边界扩展到全球生产可能性边界。如果说创新是经济增长的引擎，那么金融就是燃料。要发挥资本市场对技术创新和产业革命的巨大支持和引领作用，通过设立科创板并试点注册制不断完善资本市场融资制度，增强市场包容性，为不同类型科创企业提供较强针对性、适应性和有效性的上市服务，引导资金、资源优先供给国民经济发展的创新行业、重点领域。创新与金融“双轮驱动”将推动我国经济从一个趋同路径转向更高的路径，成为未来经济增长最为核心的动力要素。

再次，发挥好市场和政府的互补作用，做实各项制度改革，为经济发展释放制度红利。制度会改变经济的激励机制并对资源配置效率和经济生产率产生影响，制度差异是导致不同经济体人均收入水平及其增长率差异产生的根本原因。每当经济发展处于关键时刻，中国总能通过改革破除体制机制积弊，为经济发展释放制度红利，这已经成为中国经济发展的重要方法论。当前，中国正在努力探索建立有中国特色的经济治理和制度体系，其核心在于坚持和深化以市场化和法治化为导向的全面改革，重塑有效市场和有为政府之间的关系并完善治理机制。同时，必须加大金融体制改革、国企混合所有制改革、行业准入制度改革等结构性改革的力度，注重建立改革落实的传导机制，使得宏观层面释放的制度红利、政策红利可以转化为微观市场主体的获得感，推动全面改革落地生根。

最后，继续推动对外开放，深度参与国际经济和产业链分工体系，形成全方位、多层次、宽领域的全面开放新格局。以开放促改革是中国经济发展的一条基本经验，也是利用国际市场的技术溢出效应实现赶超的有效路径。面对逆全球化思潮泛起和大变革、大调整的全球贸易环境，必须更好结合世贸组织代表的多边贸易开放和自由贸易区代表的区域贸易开放，以“一带一路”倡议、国内自贸试验区和自由贸易港建设，以及金融和服务业对外开放为契机，推动对内对外开放相互促进、引进来和走出去更好结合，发展更高层次的开放型经济，以开放的主动赢得发展的主动和国际竞争的主动。

经济增长理论的奠基者罗伯特·索罗曾说过这样一句名言：“增长理论不过是一个关于经济增长的寓言，它并不能准确地描述和预测经济增长的细节，但可以帮助我们理解经济增长的过去和未来。”世界正面临百年未有之变局，中国经济与世界经济同步交织、相互激荡，或许我们无法准确地预测未来的经济增速，但确信的是：中国经济增长的“黄金时代”已经过去，未来会是温和而稳定的“白银时代”！

5.2　反思金融自由化

在2014年的美国金融学会主席就职演讲中，金融学家路易吉·津加莱斯有些沮丧地问了这样一个问题：“金融对社会有好处吗?”他当时的回答是：“以当前的知识状态来看，不存在任何的理论原因支持金融部门在过去四十年的所有增长是有益于社会的观点。”

的确,过去数十年不断爆发的金融危机让人们对金融体系的稳定性产生怀疑,促使经济学家和政策制定者开始重新思考金融自由化进程及其在经济发展中的作用。经历了深刻反思和大量研究,现在的人们倾向于认为,相对于实体经济,速度过快、力度过大的金融自由化将带来金融部门的畸形繁荣,导致资产泡沫的过度扩张和社会资源的巨大错配,随后以金融危机的形式对实体经济造成巨大冲击。近年来,中国也面临着金融行业过度繁荣、资产泡沫隐现等相似的景象,在金融自由化的路径下分析和审视这些问题,可以为中国更好地选择金融发展之路提供重要借鉴。

5.2.1 金融自由化的三大表象

自 2012 年后,随着中国经济进入"三期叠加"的特殊阶段,经济增长有所减缓。为应对增长速度滑出底线,中国加快了金融自由化的改革进程。希望通过金融自由化缓解实体企业"融资难、融资贵"的矛盾,增加投资总量,提高投资效率,进而促进经济增长。在上述改革逻辑下,发端于 2012 年的金融自由化主要以利率市场化为核心,通过传统借贷形式以外的融资工具、融资途径、融资模式等层面的金融创新来对接不同经济主体的融资需求,促进借款的可获得性。

回顾这些年金融自由化的历程,可以发现其突出体现为如下三大表象。

一是影子银行无序扩张。

2013 年 7 月和 2015 年 10 月,央行分别放开了商业银行贷款利率和存款利率的浮动上限,标志着利率市场化完成了最后一跃。在存贷利差空间被挤压后,商业银行的风险偏好被充分释放,纷纷进行信贷扩张抢占市场份额。与此同时，中国的资金流动性体系仍保持着条块分割的局面，横向上体现为大型商业银行、中小型商业银行、其他金融机构之间的流动性分层，纵向上体现为国家对信贷资金投向调控的利率二元化，结果是条块之间都存在期限溢价和风险利差。为了满足房地产、地方政府平台公司等部门旺盛的融资需求，同时通过不同流动性条块之间的套利保持高速的利润增长，商业银行开始“发明”各种影子银行产品，这些产品具有典型的“体系内”和“类信贷”特征。在监管的“道”和创新的“魔”的反复博弈中，形成了带有监管套利性质的影子银行体系。

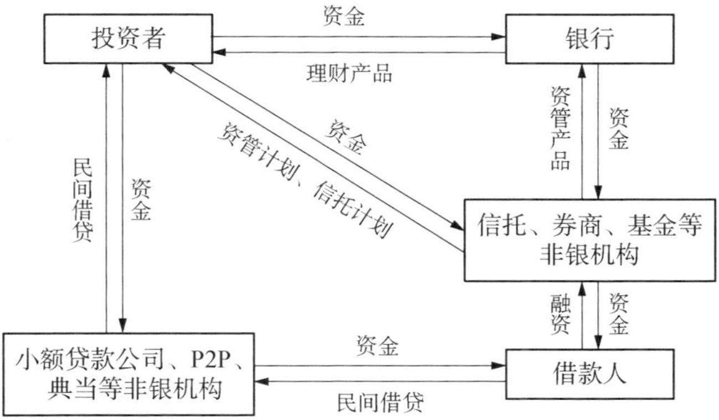

图 5.5　中国影子银行的表外融资

资料来源：作者整理。

与欧美以交易型为主的影子银行体系不同，中国的影子银行体系以融资型为主，其主要信贷中介产品包括委托贷款、信托贷款、未贴现银行承兑汇票这三类“核心”影子银行，以及去“通道”后的银行理财产品、证券公司理财产品，再加上财务公司贷款、民间借贷等。随着金融业务范围的拓展和跨行业、跨市场综合经营的扩张，影子银行每年以20%以上的速度增长。到2016年底，中国影子银行规模已相当庞大，广义影子银行超过90万亿元，狭义影子银行亦高达51万亿元之巨。2018年4月27日《关于规范金融机构资产管理业务的指导意见》业界俗称"资管新规"正式出台，影子银行得到有序拆解，规模较历史峰值压降约20万亿元，但存量规模仍然较大，稍有不慎就极易反弹回潮。

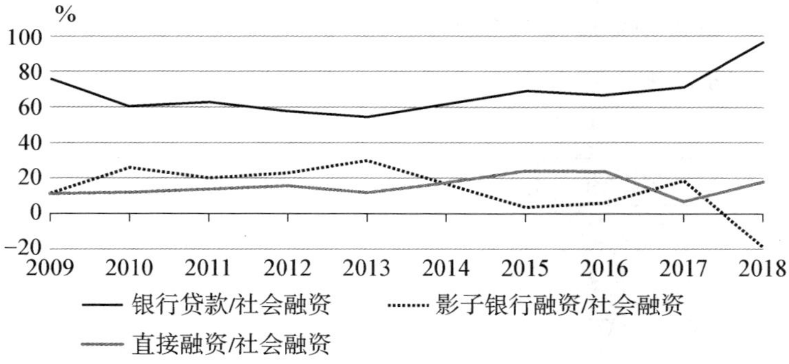

图5.6 影子银行融资量在社会融资总量中的比重变化

资料来源：Moody's*。

二是杠杆交易盛行一时。

在金融自由化浪潮冲击下，以分业监管为导向的各个监管部门在促进本行业发展理念下，竞相放松对所辖机构业务创新的管制，各家金融机构以利润最大化为目标，放开手脚，大干快上，在金融创新的大旗下，"发明"各种新型的杠杆工具，金融市场脆弱性明显上升。

自2010年3月证券公司推出融资融券业务以后，场外配资、股票质押回购、大股东股权质押、高杠杆收购等杠杆融资工具和模式相继

* 穆迪公司

推出，一时间杠杆交易盛行，投机之风大行其道。至 2015 年 6 月高峰时，杠杆资金存量达到 4 万亿元，占沪深股市自由流通市值的比例高达 30%以上。杠杆资金具有顺周期特性，对股市走势助涨助跌，极大地放大了股市的波动性、调整速度和危害性。当市场发生连续下跌时，股价下跌和抵押物价值下降之间形成了所谓“死亡螺旋”（Death Spiral），其结果就是灾难性的股灾。

三是网络借贷野蛮生长。

国内网络借贷从 2007 年开始起步，到 2013 年起出现爆发式增长，网贷平台数量从 740 余家猛增至 2016 年底的 5 000 余家，贷款余额近 1.2 万亿元，出现了“遍地开花”的乱象。P2P 网贷平台的增长动力主要来自其能够向个人投资者提供比同等银行存款和理财产品更高的收益，同时向中小企业、个人等难以获得常规银行贷款的相关方提供信贷支持。在金融自由化的大环境下，大量民间金融以网络借贷的名义侵入了传统的银行信贷领域，它们从网络平台上吸收固定利率的存款，同时对外发放贷款。由于一段时间内存在着完全的监管真空，网络借贷在野蛮生长过程中问题凸显，连续爆发了包括 e 租宝、e 速贷等在内的多起重大金融欺诈事件。2017 年始，金融管理部门持续整治网络借贷等互联网金融风险，推动互联网金融风险市场出清，全国实际运营 P2P 的网贷机构，由高峰时期约 5 000 家压降至 2020 年末的 15 家。

5.2.2 金融“肥胖症”隐现

金融自由化和金融创新的初心在于更好地服务实体经济，但由于监管短板和金融机构逐利冲动、道德风险等因素最终脱离了和实体经济的联系，成为自我成长、自我繁荣的套利工具。在经历了狂飙突进式的金融自由化浪潮后，中国的金融体系在诸多方面都出现了“肥胖症”的迹象。

影子银行和互联网金融的扩张改变了传统的信用创造机制，降低了实际上的准备金率，使得货币乘数持续上行，进而导致整个经济的货币化程度不断提高。2011—2016 年间，货币乘数（广义货币与基础货币的比值）从 3.92 增加到 5.02，虽然在此期间央行基础货币投放放缓，但货币供应量仍较快上涨，广义货币供应（M2）于 2013 年初起超百万亿规模，与国内生产总值之比到 2020 年底达到了 227%，较 2011 年大幅上升了 48 个百分点，较 2008 年则大幅上升了 78 个百分点，货币深化上升速度过快，直接导致了社会对资产价格上涨的预期。从国际比较角度观察，我国经济的货币化程度在全球主要经济体中仅次于日本，比美国和欧盟国家高出近 120 个百分点。尽管中国的高货币化程度与储蓄率高、直接融资不发达、M2 统计口径较宽等因素有关，但即便剔除这些因素，广义货币供应增速较快，占 GDP 比例之高也是无可争议的事实。事实上，过去 10 年来，中国占全球信贷的比率已从 5%大幅提高到 25%，从另一个侧面反映出中国已经形成了信贷过度膨胀和货币过度深化的局面。

金融体系膨胀的另一个证据是银行业资产的扩速扩张。近五年来，在 GDP 增速下降的情况下，银行业总资产却从 2011 年底的 112 万亿元增加到 2020 年底的逾 300 万亿元，增速远超 GDP 增速，且彼此之间的缺口越来越大。在国际上，中国银行业的总资产为全球第一，与 GDP 的比值为 300%，这一水平不仅远高于金融体系以资本市场为主的美国，也高于金融体系以商业银行为主的欧盟国家。从微观层面来看，目前银行业上市公司的利润占全市场利润的比重高达

46%，所有金融机构利润占全市场利润的比重高达 57%，金融业发展“一骑绝尘”。

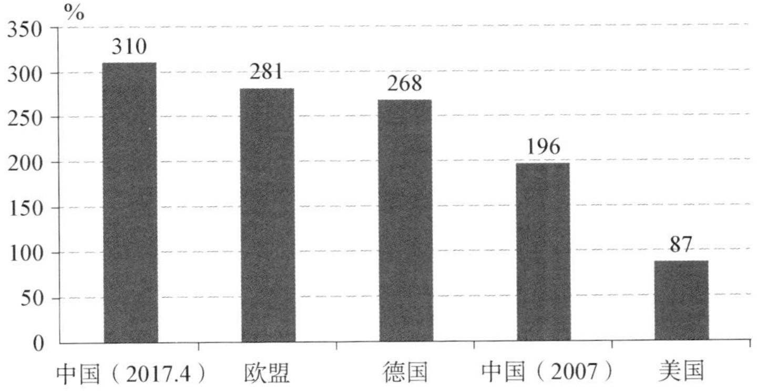

图 5.7　部分国家银行业资产额与 GDP 比值

注：其他国家数据截至 2016 年年底。

资料来源：世界银行、中国银行保险监督管理委员会、欧洲银行联盟。

金融体系的过度膨胀最终体现在金融部门产出上。2010 年，中国金融业增加值占 GDP 的比重为 6.2%，到 2016 年这一比重增长到 8.4%，此后几年保持在这一水平左右。根据纽约大学教授托马斯·菲利普在《现代金融发展的国际视角》一文中的分析，全球主要经济体金融业增加值占 GDP 的比例经历了一个漫长的增长过程，先后从 19 世纪中期的 1.5%增长到 20 世纪 70 年代的 4.0%左右，再增长到次贷危机爆发前的高峰值 7%左右，其中美国在 2006 年达到了最高值 8.3%，英国则在 2009 年达到了最高值 9.3%，随后分别因爆发次贷危机和欧债危机而逐步下滑。可见，中国金融业目前在经济中的比重已超过了执全球金融业牛耳的美国在历史上的最高水平，接近金融业国际化程度最高的英国在历史上的最高水平。

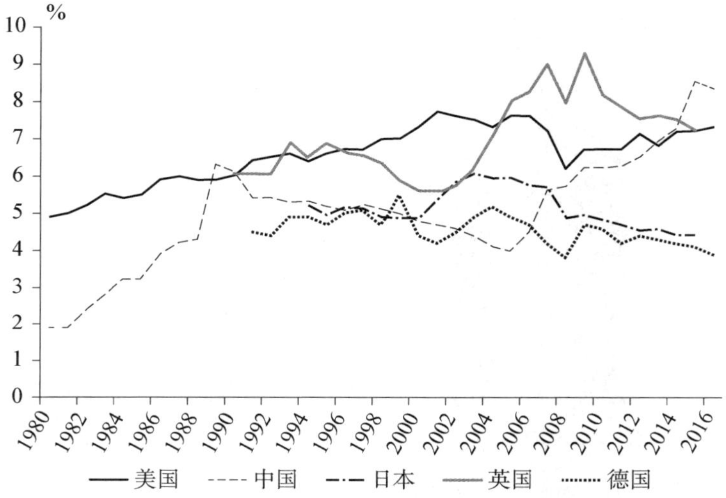

图 5.8　部分国家金融业增加值占 GDP 比重

资料来源：世界银行。

5.2.3　金融是经济的“血液”还是“毒素”

金融一直被认为是现代经济的“血液”。但近年来的大量研究显示，金融自由化和金融发展的水平仅在上升至某一水平时是好的。在越过这一水平后，就会因金融风险上升和对实体经济的资源挤出效应而成为增长的一个拖累，甚至会成为经济运行的“毒素”。

其一，金融自由化过程不可避免地会带来货币深化水平的提高，但货币深化和信用扩张并非是中性的，并不会引起所有社会阶层收入的同步上涨，反而会引发不同阶层收入差距扩大等社会问题。近年来，社会大众对阶层固化的焦虑感与日俱增，背后的一大原因就是不同阶层的社会群体获得信用资源的能力和机会存在差异。弱势群体难以获得必要的信用资源，经济、社会地位较高的群体更容易获取信用资源，得以强化其经济地位。与此同时，信用膨胀引发资产价格上涨，有产阶层可以充分享有资产价格上涨收益，而弱势群体反而要更多地承担资产价格上涨带来的生活成本上升。在经济层面，弱势群体虽然边际消费倾向较高，但缺乏消费能力，而货币化受益群体边际消费倾向较低，但资产投资需求较强，从而形成了“穷人输出通缩、富人输出泡沫”的局面，内需消费不振和一二线城市房价持续上涨集中反映了这种结构背离。

其二，我国的金融自由化进程以融资工具创新为主线，而经济体系中存在大量对利率不甚敏感的“僵尸企业”和预算软约束融资主体，从而带来企业整体债务水平的大幅提升。近年来，非金融企业部门的杠杆率大幅提高，与 GDP 的比值高达 162.3%，远高于发达经济体和发展中经济体的平均水平，在全球主要经济体中仅低于卢森堡和爱尔兰等离岸金融中心国家。企业部门的高杠杆使国内银行系统面临沉重压力，为金融体系和经济的稳健运行埋下了隐患。

其三，商业银行的负债扩张和融资工具的大量创新带来了流动性的高度宽松，这些流动性部分通过非标资产形式进入了实体经济，但在实体经济回报率停滞不前的环境下，货币与宏观经济之间的传统联系开始被割裂，更多的流动性经过各种通道、杠杆结构投入金融资产上，导致包括房地产在内的广义金融资产价格持续膨胀，并对人民币汇率稳定构成潜在冲击。2019 年年末，中国房地产市值约为 339 万亿元，相当于 GDP 的 3.43 倍左右（任泽平，2021），这一比例远高于 1990 年日本房地产泡沫时 200%和 2006 年美国次贷危机前 170%的高峰水平。各类资产持有主体为维持资产泡沫，或为了在资产价格的持续上涨中获利，采取各种融资手段维持财务杠杆，加剧了资金“脱实向虚”的局面，加大了金融体系的脆弱性。2015 年起，股灾、汇灾、债灾轮番上演，房价大幅上行，在某种程度上已经有所警示。

其四，传统的金融风险分布是线性结构的，近年来杠杆交易的盛行放大了市场价格波动的风险，各类资管产品、融资工具的大量创新则跨越了行业界限，拉长了风险链条，使得金融风险分布呈现网络状结构。目前形成的大型商业银行为中小商业银行输送资金、中小商业银行为非银资管机构提供资金，非银资管机构在“加杠杆、加风险、加久期”的多层套利模式下，金融机构间的资金联系更为紧密，单个的违约事件就有可能触发连锁反应，所谓“城门失火，殃及池鱼”，风险的扩散和溢出效应大大增强。监管机构在处理金融风险时不但面临“大而不倒”(too big to fail)的困境，更面临“多而不倒”(too many to fail)的艰难选择。近几年出现的金融风险事件最终都以央行注入流动性，或有关机构直接入市干预的形式予以化解，这进一步强化了市场对未来风险处置形式的预期，形成了所谓的“央妈看跌”期权。政府隐性担保下市场参与主体的道德风险更加凸显，在过度投资和高杠杆交易的土壤中埋下了下一轮危机的种子。

5.2.4　稳定不稳定的金融

当下的中国正困扰于一个过于庞大的金融体系所带来的种种风险。站在十字路口的中国经济和金融必须积极纠偏金融自由化的方向，调整金融自由化的次序，转变金融自由化的重点，以渐进的稳固和改革举措化解相关风险，重新稳定不稳定的中国金融。

第一，坚持走渐进式的金融自由化之路。以改革开放为标志，中国的金融政策由金融抑制开始转向金融深化，随着国家的经济结构日趋复杂，金融体系的组织方式、产品类别、内在功能必然要经历一个扩展提升、深化发展的过程。然而不得不指出的是：对于存在价格信号扭曲、预算软约束融资主体广泛存在、金融抑制现象在某些领域尚未完全消除的经济体系来说，中国不能走激进的、大爆炸式的金融自由化道路，而应该实行中庸的、渐进式的金融自由化改革，斯蒂格利茨等经济学家称之为“温和的金融约束战略”。在这一战略下，政府应坚持实业立国的道路，在保持对整个金融体系控制能力的前提下，渐进推进金融机构的有序竞争和金融市场的效率提升，为最终过渡到金融自由化状态打下必要的基础。

第二，金融自由化的实施必须以生态环境、金融制度、监管体制的完善为前提。回顾历史，新兴市场国家的金融自由化多半并不成功，甚至是以失败告终，经济金融体系亦遭受重创。残酷的事实揭示了这样一个深刻的教训：金融自由化不能一蹴而就，必须具备配套条件。过往几年，中国的金融自由化以融资工具创新和金融机构业务扩张为主线，以单兵突击式的态势脱离了金融环境的制约和实体经济的联系，迈入了危险之境。系统地看，金融体系包含金融工具、金融机构、金融市场、金融监管体制、金融制度与政策（利率政策、汇率制度等）、金融生态环境等要素。金融自由化的改革应遵循从金融生态环境，到金融制度、政策、监管体制，再到金融工具、金融机构和金融市场的依次顺序，一步一个脚印地加以推行。这一改革顺序背后的逻辑是：如果没有法律制度的健全、没有信用环境的完善、没有金融监管效率的提升，金融机构的风险管理能力和金融市场的资产定价功能就无从谈起，金融自由化将不会带来期望中的经济增长之路，而只会陷入充满激流和险滩的航程。

第三，以提升金融市场的定价机制和功能效率为下一阶段金融自由化的重点。金融发展理论的先驱戈德·史密斯曾指出，“金融发展就是金融结构的变化”，而金融结构的变化体现在金融机构和金融市场的相对规模和结构配比上。在金融抑制阶段，金融机构主导的金融体系更适合为技术相对成熟的大型长期项目动员资金，符合中国以大型项目优先为目标、以投资驱动的经济发展模式。随着金融抑制逐渐消除，资本积累对经济增长的边际效应越来越小，如果继续走上金融机构过度扩张的道路，那么将会带来信贷质量的降低和信用风险的累积。过往多年的金融自由化恰恰以金融机构的业务扩张和微观效率的提升为指导思想，却忽视了宏观金融效率以及金融体系整体功能的提升。随着中国经济迈向以消费主导、技术创新驱动的发展阶段，下一阶段金融自由化的重点应放在提升金融市场的定价机制和功能效率上，因为市场主导型的金融体系更适合在创新性强、不确定性高、偏向轻资产运营的项目中发挥作用，更有利于在资本积累达到一定阶段后提升全要素生产率，也更符合中国结构转型和产业升级的发展方向。

5.3 分析系统性金融风险的五重视角

金融安全是国家安全的重要组成部分，是经济平稳健康发展的重要基础。党的十九大报告指出，要“健全金融监管体系，守住不发生系统性金融风险的底线”，凸显了防控系统性金融风险在当前经济工作中的重要性。准确判断风险隐患是保障金融安全的前提。根据全球金融稳定理事会（FSB）的定义，系统性金融风险是指“因为全部或部分金融体系遭到损害而引起的金融服务崩溃所带来的风险，会对实体经济产生严重的负面影响”。笔者认为，要准确分析和判断当前我国面临的系统性金融风险隐患，需要从时间、周期、空间、网络及政策这五重视角综合考虑。

5.3.1 时间视角：金融失衡的积聚

系统性金融危机通常不是由外生因素引起的随机事件，相反，形成系统性金融危机的原因往往是经济体系中债务和杠杆的急剧增长，以及资产价格泡沫等金融失衡现象。时间视角的系统性金融风险主要关注金融失衡现象的形成轨迹和积聚过程，因为金融失衡的起点往往决定了金融风险的走向与结果。

在经济转轨的大背景下，中国金融近二十多年走了一条渐进式改革之路，使国家对金融发展保持了足够的控制力，有利于维护金融体系的相对稳定，但同时也带来金融资源错配、风险定价缺失和金融失衡的累积。利率市场化是中国金融体系改革的重要一环，其改革思路是“先贷款后存款、先大额后小额、先外币后本币”，在 2013 年 7 月央行以放宽贷款利率上限方式开启利率市场化大门后，政府对贷款利率的浮动已经基本没有干预，而对存款利率上限仍然存在隐形约束，客观上形成了利率的双轨制。在资金供应端，商业银行对储户推出货币基金、表外理财等存款替代性产品，流动性紧张的中小股份制商业银行和城商行则向资金充裕的国有大型商业银行发行同业存单和同业理财，在增量上实现利率市场化。在资金需求端，我国经济体系中存在着国有企业、地方政府等大量对利率不甚敏感的预算软约束融资主体，在“4 万亿”刺激计划后产生了强烈的投资冲动和资金饥渴，为了满足房地产、地方政府平台公司等部门旺盛的融资需求，商业银行开始“发明”各种表外融资工具，形成了以银行投资类业务为基础的影子银行体系。

经济学家莱因哈特和罗格夫在《这次不一样：八百年金融危机史》一书中回顾了人类 800 年历史长河中发生的金融危机，指出几乎所有的金融危机都有一个共同的原因，那就是过度举债。近年来，债务扩张和宏观杠杆率高企也成为我国金融体系失衡的突出现象。根据中国社科院国家金融与发展实验室的统计，我国债务总额与 GDP 的比值从 2008 年的 144.7%增长到 2020 年的 268.2%，这一数字与全球金融协会（IIF）公布的全球杠杆率水平基本接近，但低于发达经济体 304.2%的宏观杠杆率。

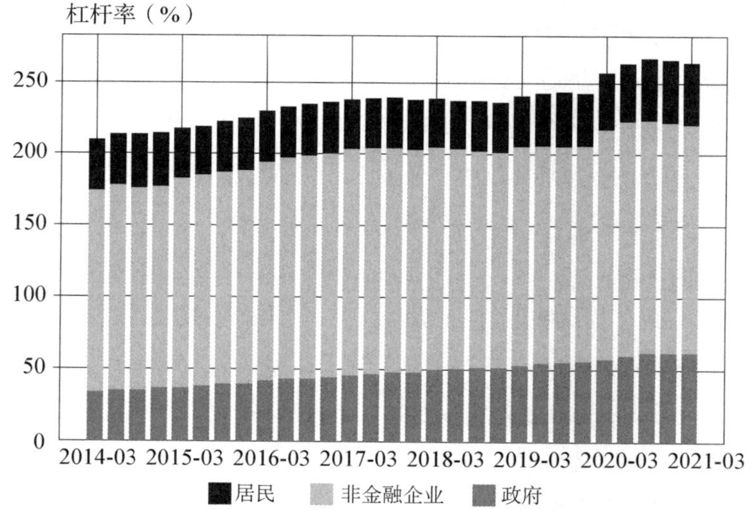

图 5.9　中国实体经济部门杠杆率及其分布

资料来源：中国人民银行、国家统计局、财政部、国家资产负债表研究中心。

从分项来看，中国债务问题的结构性矛盾较为突出。

居民部门的杠杆率为62.1%，当前已超过德国和日本的水平，但仍低于美国和英国的水平。我国居民部门杠杆率的最大特征在于近20年来攀升速度较快，从2000年不到5%增长到当前的62.2%。房贷成为居民杠杆率上升的主要原因，在全部居民债务中，中长期消费贷款（主要是住房按揭贷款）占比高达65%。虽然在总量上来看居民部门的杠杆率和偿债现金流负担仍不算过高，但在结构上存在严重的分布不均衡，高杠杆率主要集中在一二线城市家庭的中低收入家庭中，过快上升的家庭债务值得高度警惕。

非金融企业部门的杠杆率为162.3%。与全球平均水平进行比较，中国非金融企业杠杆率远高于发达经济体和发展中经济体的平均水平。根据国际金融协会的数据，2020年年末发达经济体和发展中经济体的非金融企业杠杆率分别为98.2%和103.5%。我国非金融企业杠杆率较高，且2020年的增幅也大于全球平均水平，主要有两点原因。一是中国部分地方政府的隐性债务（主要是地方政府融资平台债务）是以企业部门杠杆的形式出现的，如果将这部分债务划归到政府部门，则非金融企业杠杆率会降低30—50个百分点。二是中国的股权市场融资一直停滞不前，债务融资依然是非金融企业的主要资金来源，导致了更高的企业杠杆率水平。

政府部门的杠杆率为45.6%，大幅低于逾100%的国际平均水平。政府部门的杠杆率存在着低估现象，如果将地方政府融资平台担保、社保账户资金缺口等隐性债务计入其中，那么当前我国政府的真实债务占GDP的比值或在70%—80%之间（张明，2018），接近国际平均水平。

实体部门的宏观杠杆率与金融部门的微观杠杆率是一枚硬币的

两面，在宏观杠杆率上升的背后是金融部门杠杆率的不断提高。随着实体经济利润率的降低及利率市场化进程的逐步推进，传统存贷息差的稳定性发生下滑，刺激了中小商业银行在资金来源端通过同业存单、同业理财等方式进行表外扩张，在资金投向端通过银信、银证、银基、银保等合作绕开各类监管要求，投向债券、非标、股权和其他资管产品，催生了非银行金融机构资管规模的爆发式增长和影子银行的畸形繁荣。在同业存单—同业理财—委外投资的资金链中，机构层层嵌套，并通过拆借资金和内部分级等形式进一步加大杠杆，以实现期限套利、监管套利和规模扩张。

根据国际清算银行、穆迪公司和瑞银（UBS）等机构的统计，我国影子银行规模高峰时约为 65 万亿元，占银行总资产规模的 30%左右。金融部门的杠杆率可以用金融部门负债之和与 GDP 的比值来衡量，在 2016 年时达到 67%的峰值。

金融部门杠杆率的大幅攀升归因于金融机构对风险的过度承担，西方学术界大都从时变风险偏好、道德风险、“大而不倒”等角度来解释这种行为，这些因素在我国金融部门中也普遍存在，不同的是我国经济运行中还存在严重的刚性兑付和大而不倒“信仰”，扭曲了金融机构的风险定价机制，使金融机构的行为不再审慎，倾向于做大规模或加大杠杆博取套利收益，导致金融体系内部的失衡和脆弱性不断增加。

5.3.2 周期视角：从金融失衡到金融风险

传统观点认为，金融失衡是经济周期的自然结果，但随着经济金融化程度的加深以及真实经济和虚拟经济的日益脱离，现在人们更倾向于认为，金融失衡的累积内生于金融系统，是金融周期发展的必然结果。金融周期表现为金融繁荣与金融衰退，当金融周期到达波峰时，金融失衡不断加剧，金融部门过度繁荣，金融风险也往往悄然而至，过去30年中绝大部分起源于一国内部的系统性金融危机都发生在金融周期的波峰时段。

信用状况和房地产价格是刻画金融周期的两个核心指标，我国在2008年后正是通过信用扩张和资产价格上涨开启了一轮轰轰烈烈的金融周期。商业银行以房地产为基础资产和抵押品发放了大量的信贷，创造出货币供给，使得房地产市场价格持续上涨。而房地产市场的繁荣一旦形成，又会吸引其他领域的信贷资金流入，并吸引在交易中变现的资金停留在市场中，继续撬动信贷参与交易，合力构成持续推动价格上涨的购买力。与此同时，在影子银行眼花缭乱的交易结构背后，也有着近乎相同的基础资产：房地产和地方政府债务平台。

过去十余年间，金融机构人民币各项贷款余额从40万亿元增加到172万亿元，广义货币供应量从47万亿元增长到227万亿元，相应地，全国房价平均涨幅在400%左右。有些学者估计，目前金融机构贷款余额中涉房贷款占比接近30%，如果加上企业抵押贷款中以房地产为抵押物的部分，那么涉房贷款的比重将超过50%（余永定，2017；夏斌，2018）。可以说，没有房地产市场的繁荣就没有信贷的高度扩张和债务的迅速膨胀，反之，没有信贷的高度扩张也就没有房地产市场的繁荣。房地产市场和信贷扩张相互促进，自我强化，共同引发和形成了这轮金融周期。

如果用信贷额、信贷额与GDP比率以及房地产价格指数进行测算，我国的金融周期从2008年下半年起至今已经历了10年繁荣。随着实体经济杠杆率的居高不下、房地产价格的持续过快上涨，以及金融领域审慎监管的不断加强，此轮金融周期已处于波峰时段。用不同的指标来衡量，金融失衡已处在临界区域，金融风险隐患较为突出。

学术界对不同历史时期和不同国家发生的系统性金融危机进行了大量实证研究，结果表明，事前信贷繁荣，特别是企业和家庭部门过度的债务及杠杆和事后发生金融危机可能性之间有很强的相关关系，而且一旦发生危机，将会大概率引发系统性金融风险，并且会加剧实体经济衰退的幅度。在风险预警中，人们可以从不同角度来分析企业和家庭部门债务的发展情况。

一种角度是考察临界水平，当企业和家庭部门债务占 GDP 的比值超过 200%时，将对金融稳定带来巨大风险。在历史上，日本在这一比值超过 200%的时候刺破了房地产泡沫，泰国和西班牙在超过 200%的时候房地产泡沫崩盘，美国在接近 200%的时候就爆发了次贷危机。我国企业和家庭部门债务与 GDP 的比值在 2015 年底超过了 200%这一临界水平，目前已达到 220%的高比值。

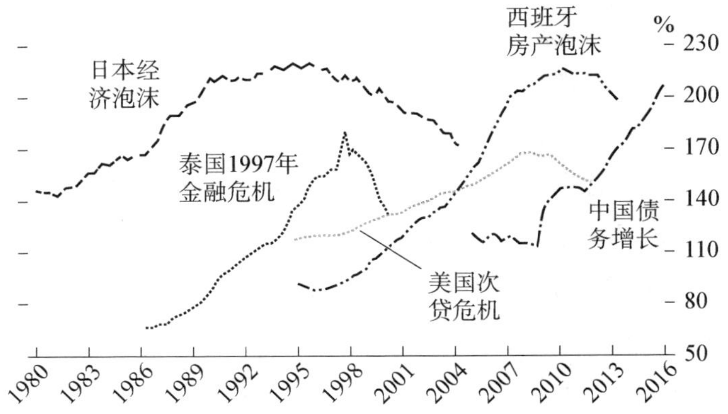

图 5.10 部分国家私人部门杠杆率与金融危机的关系

资料来源：IMF、BIS。

另一种角度是分析上涨速度。摩根斯坦利资产管理公司的首席策略分析师夏尔马·鲁奇尔在《国家的崛起与衰落》一书中对1600年至今的经济数据进行了分析，结果发现，如果一国企业和家庭部门债务与GDP的比值在5年之内增幅超过40%的话，那么这个国家在接下来的5年中将会有很大的可能性陷入金融危机。过去5年，我国企业和家庭部门债务与GDP的比值增长了40个百分点，与历史上发生金融危机的国家相比，这一增速仅次于泰国和爱尔兰。

还有一种角度是考察增长轨迹。有关债务危机的一些研究表明，与债务水平和增长速度相比，企业和家庭部门债务的增长轨迹对金融危机的预警作用更为显著。增长轨迹一般用债务与GDP比值的缺口(Credit-to-GDP Gap)，即这一比值与历史趋势线的偏离度来衡量。历史上，日本、西班牙和美国在偏离度达到24%、44%和12%时无一例外地发生了严重的金融危机和经济衰退。我国私人部门债务比率缺口在2011年首次突破10%后，到2015年已逾越30%的水平，达到了通常可以引发金融危机的临界点。

可见，如果用传统的周期预警指标来分析，中国的金融失衡早已进入高风险区域，但传说中资产价格崩溃和债务违约的“明斯基时刻”(Minsky Moment)并未如期而至，其原因何在？

5.3.3　空间视角：系统性金融风险离中国有多远

空间视角的系统性金融风险是指风险在金融体系不同部门之间进行传导，威胁到整个金融体系的稳定和功能发挥，并使经济增长遭受重大损失。尽管历史上不同国家发生的系统性金融危机各有其表现形式，但仍具有一些共同特点。系统性金融风险的导火索一般是大

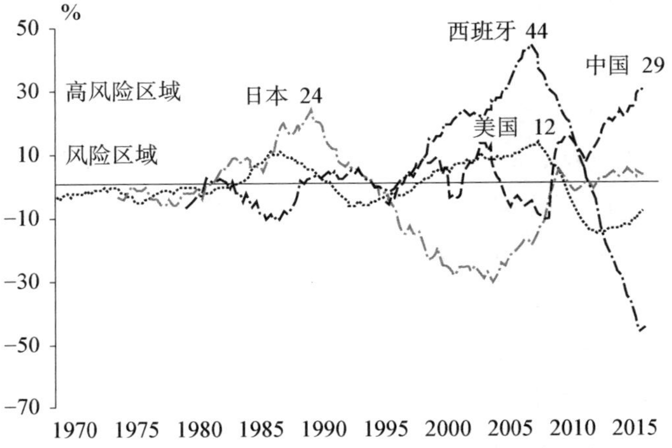

图 5.11　部分国家私人部门债务—GDP 缺口与金融危机的关系

资料来源：ISG*、BIS。

规模债务违约或资产价格泡沫破灭，北欧三国金融危机、日本“失落的十年”、亚洲金融危机、美国次贷危机，以及“欧猪五国”金融危机等无一不是由债务违约或房地产市场泡沫、股市泡沫破灭所引发。资产价格下跌侵蚀银行体系的资产负债表，使系统重要性金融机构出现大规模倒闭，这又进一步影响到汇率的稳定。因此，系统性金融风险在空间形式上往往表现为资产泡沫危机、银行危机、债务危机和货币危机等不同组合形式的多重危机。

大规模的债务违约是触发系统性金融风险的一大导火索。基于国际比较来看，中国经济的整体杠杆率高企，债务风险似乎很大，这也是近年来国际投资界部分人士看空中国经济和金融市场的主要原因之一。但是，中国的债务问题有其复杂之处，与中国经济特殊的制度

* 投资战略组（Investment Strategy Group）

架构和运行机制密切相关，因此不能用一般意义上的通用指标简单衡量。

首先，中国债务的95%是内债，从宏观角度来看，是国家内部不同部门之间的“你借我贷”，只要目前较高的国民储蓄率不发生断崖式下降，整体的杠杆率水平和结构是可以通过宏观政策进行调控的。

其次，中国企业债务中约三分之二为国有企业债务，政府债务中约三分之二为地方政府债务，而债权人基本上都是国有金融机构。债务双方的国有性质使得政府可以通过债务置换、债转股等政策延缓和降低债务违约的发生可能。

此外，分析债务问题不能只看负债水平，还应关注资产端的稳健程度。从数据来看，中国社会总资产2019年年末为1 655.6万亿元，考虑到2019年的社会总负债达到980.1万亿元，则社会净财富为675.5万亿元，其中主权净资产超过100万亿元，这些资产主要由外汇储备、黄金等贵金属储备以及在全球主要资本市场上市的中国企业股份等高流动性资产构成。这意味着政府仍有较为充裕的资源来应对债务风险。

资产价格泡沫破灭是触发系统性金融风险的另一导火索。自2015年股市泡沫破灭以来，国内股票市场运行基本平稳，沪深300指数的平均市盈率在全球股市中处于中等偏低的水平。考虑到近年来上市公司业绩保持平稳增长，盈利质量明显改善，目前国内股市并不存在大幅下跌的预期。中国债券市场近几年取得了长足的发展，各类债券余额皆有增长，保持着全世界第二大债券市场地位。2018年以来，资管新规的实施对长期以来形成的债务隐含担保和刚性兑付体系造成巨大冲击，同时银行委外业务进一步收缩，中低评级企业融资需求与社会资金供给的供需均衡开始被打破。随着未来几年债务集中到期，信用债市场将面临一定的偿付风险。随着债券违约，尤其是国企债券违约率的上升，“国企信仰”逐渐被打破。这将有利于推动风险的市场化定价，推动债券市场健康发展。

相较于股票市场泡沫，房地产市场泡沫破灭对居民财富、消费和宏观经济具有更大的危害。对中国房地产泡沫的担忧和争论已持续多年，但要想在房地产泡沫破灭前判断泡沫是否存在绝非易事。在统计层面上，相关重要指标传递的信息也不尽一致。一方面，中国的房价收入比，特别是一线城市和部分中心城市的房价收入比高于大多数发达国家，同时租金收益率相对较低；另一方面，尽管近年来房贷增长较快，但由于中国房贷业务起步较晚，且还款周期较短，房地产市场的存量杠杆率（居民部门的按揭贷款负担和房屋市值之间的比值）和交易杠杆率（新发放贷款规模与房屋销售规模的比值）目前在12%和45%左右，仍属合理范围内。在偿债能力上，中金公司（2018）的测算显示，中国的房贷余额占居民存款和流动性金融资产的比率分别为37%和16%，远低于美国的可比指标。中国是个人口大国，加上教育、医疗和收入分配严重不均衡，同时又有资本账户的严格管制，房地产市场的问题很大程度上是资源配置的扭曲而不是价格泡沫。

在系统性金融风险的反应链条中，金融机构处于关键一环，当债务违约或资产价格暴跌导致金融机构出现破产倒闭潮时，金融危机才会释放出系统性风险的“洪荒之力”。从传导路径来看，目前商业银行对资本市场的风险暴露较为有限，整体风险可控。商业银行总的信贷资产中广义的涉房贷款占比达50%以上，因此对房地产市场具有很高的风险暴露。由于中国居民部门的总杠杆率和偿债现金流负担仍不算过高，近年来房地产市场库存量也已显著下降，加上政府通过“限购、限贷、限价和限售”等措施进行调控，相信在相当一段时间内可以保持房价的稳定运行。和美国不同的是，中国并不存在以按揭贷款为基础资产的衍生金融工具，这就大大限制了房贷违约带来的冲击和放大效应。

总之，不管是从金融市场的价格风险来看，或是从金融机构的资产质量来考察，还是从中国央行的流动性调控和处理问题金融机构的经验来分析，在完全放开资本账户之前，中国不大可能会发生系统性金融风险。但是，中国无疑已进入了金融风险高发期，我们需要重视的是由于应对和处置不当，使小的风险事件、临时性的金融冲击传导和放大为系统性金融风险。

5.3.4 网络视角：金融风险的传染与放大

研究系统性金融风险的一个最新视角是将金融体系视为一个复杂且自适应的金融网络，而金融危机是该金融网络在压力条件下的行为表现。在网络效应的作用下，单一机构的信用风险会迅速通过资产负债关联、产品交叉持有以及投资行为改变等多种方式传染到其他机构乃至整个金融体系，最终导致系统性风险的产生。以美国次贷危机为例，其实次级抵押市场的规模占整个抵押市场规模的比重只有4%，但由于抵押担保债券（CDO）和信用违约互换（CDS）等各种衍生品的交易关联，导致雷曼兄弟、AIG等单一机构的风险通过金融网络的传染和放大效应影响到其他机构，酿成了严重的金融危机和经济衰退。正因为如此，G20财长和央行行长会议在一份名为《评估系统重要性金融机构、市场和制度》的报告中指出，“金融机构因为金融合约的关联形成了金融网络，网络连接机构越多，风险传染效应就越强，单一机构的风险暴露越大，风险的放大效应也越强”。

随着金融混业经营的发展以及金融工具、金融业务的不断创新，特别是影子银行的规模迅速膨胀，我国金融体系的发展日益网络化，网络节点（代表金融机构）的规模不断扩大，节点之间的关联性也变得日益复杂。

从业务关联来看，商业银行发行理财产品，然后通过与信托机构、券商资管、基金子公司和保险公司等不同机构合作，借助信贷资产转让、信托贷款和信托受益权，以及定向资管计划等载体，将表内资产转移至表外，将资金投向限制性行业企业，借此规避信贷规模、资本约束和行业限制等政策管制。银行和其他金融机构之间恰如一个个网络节点，通过嵌套和通道业务密切关联起来。多层嵌套和资金链条的拉长使得网络内部的关联度、复杂性和不透明性大大增强，银行理财资金和最终投资标之间的期限错配以及多层嵌套加杠杆的模式使得网络内部积累的风险也越来越大。

从产品关联来看，银行理财资金普遍配置于标准化金融产品和其他非标资产，根据银行业理财登记托管中心的统计，截至 2017 年年底，全国共有 562 家银行业金融机构有存续的理财产品，理财产品数 9.35 万只，理财产品存续余额 29.54 万亿元，其中信用债的配置比例为 34%。银行、影子银行中介机构和债券市场三者的关联性叠加前述机构之间的业务关联，导致金融体系内风险的扩散和溢出效应大大增强。

近年来，随着金融监管趋严、融资环境收紧，以及资管新规的正式实施，信用违约风险已成高发状态。经由金融网络的扩散和放大效应，信用风险是否会引发流动性风险，进而酿成更大的金融风险，是当前分析和把握我国系统性金融风险的重点所在。我们不妨进行一下情境推演：当一段时间内债券市场连续出现违约事件时，相关理财产品的偿付将受到影响，经由多层嵌套加杠杆的业务链条和各种金融合约敞口影响到中小型金融机构的信用状况，这种直接的网络关联性形成了风险传染的具体渠道，但此时风险尚是局部和可控的。然而，由于投资者和金融机构的行为变化带来的关联效应，金融网络还存在着间接的关联性，使一个局部的信用冲击有可能演变成一种系统风险。

金融网络的放大效应可能来自三种渠道。

渠道之一是资产抛售带来的流动性冲击。随着信用违约风险持续发酵，可能引发低等级债券利率大幅上行，带来债券基金、货币市场基金净值的下跌和赎回压力，此时基金将抛售资信等级高、流动性好的债券品种，使市场整体利率上行。为了避免未来债券价格继续下降所带来的损失，越来越多的金融机构将会加入抛售行列，形成资产抛售和价格下跌的正反馈机制，导致市场出现流动性危机。

渠道之二是银行间市场流动性出现冻结。当前影子银行体系对短期流动性和批发性融资的依赖程度日益提升，对银行间市场流动性的敏感度已经大大提高。债券价格的反向冲击将急剧降低中小金融机构的融资能力，从而恶化整个影子银行体系的流动性，情况严重时有可能造成银行间市场的流动性出现冻结。银行间市场是目前中国金融体系核心的基础市场，其流动性是整个金融体系运作的核心变量，任何流动性和利率上的边际扰动都有可能造成整个金融体系的巨大动荡。2013 年 6 月的“钱荒”事件及其引发的金融市场巨大动荡正是银行间市场流动性风险的典型体现。

渠道之三是由信息不对称引发的恐慌效应。当一些金融机构的信用状况出现问题时，由于信息不对称或协调失败等原因，其他金融机构极有可能中止与对手方的交易或暂缓提供融资，动摇机构间的信任，引发整个市场的信心危机和信用坍塌。2016 年 12 月国海证券“萝卜章”事件就曾引发了债市的信任危机。

5.3.5 政策视角：增长、缓释、平衡和介入

根据国际清算银行提出的“风险三角”假设，我国目前杠杆率高企，全要素生产率增长陷入瓶颈，在国内外多重因素压力下，政府的政策空间显著收窄。这意味着当前和今后一个时期我国金融领域风险隐患突出，处于风险易发高发期。对于如何守住不发生系统性金融风险的底线，笔者从上文的四个视角综合考虑，提出四个应对原则，包括：增长、缓释、平衡和介入原则。

一是增长原则。经济去杠杆是一个分子和分母如何协调控制的问题，在经济史上，去杠杆有四种路径，分别是：经济紧缩、高通胀、大规模违约以及在增长中消化债务。中国所处的发展阶段和国内外经济环境决定了必须选择最后一种去杠杆方式，通过一定速度的经济增长和直接融资比例的增长来稳住和化解存量债务，控制增量债务。首先，需要推进结构性改革，释放出源自民营部门和新兴产业的巨大增长动力，确保经济保持必要的增长速度，这正是我们在历史上多次以时间换空间，成功化解金融风险的经验所在。同时，必须通过深化资本市场体制改革、优化市场层次布局、提高市场包容性和适应性等手段提高直接融资比例，改变产生高债务融资的金融结构，改善企业资本结构，走上去杠杆的标本兼治之路。

二是缓释原则。客观地说，中国金融体系的大部分资产，包括银行贷款、地方债务和居民金融资产都与房价进行了某种形式的“绑定”，房价的稳定与否是当前中国经济最难解决的问题。中国的房地产市场不是一个单一市场，而是一系列具有不同基础条件和价格分布

的地方市场，不同市场之间差异巨大。在建立房地产市场长效机制的过程中，必须坚持因城施策，多方论证，逐步改变当前根深蒂固的“房价永远上涨”的社会预期。要高度重视各项措施对房地产价格的冲击力度，警惕因房地产价格和房地产投资大幅调整引发居民部门和地方政府资产负债表的恶化，进而引发金融加速器效应，带来经济增速的超预期下降和系统性风险的爆发。日本房地产泡沫的教训表明：泡沫是一种灾难，但强行刺破泡沫可能是更大的灾难。正如加尔布雷斯在《大崩溃》中曾言：“一只充满气的皮球一旦被捅破，就不会有条不紊地漏气。”

三是平衡原则。中国的金融周期正处在拐点期，防控金融风险的关键在于保持货币政策、宏观审慎政策和金融开放之间的有效平衡和灵活组合。党的十九大报告明确要求，健全货币政策与宏观审慎政策双支柱调控框架。这是反思全球金融危机教训并结合我国国情的重要部署。在宏观审慎监管趋严和信贷增速被动收缩的背景下，应坚持稳健中性的货币政策，实施稳定总需求的“逆风而动”的调控原则，阶段性微调货币政策和宏观审慎政策的力度。从国内外金融环境来看，当前中国处于金融周期的峰顶位置，欧美则分别处于金融周期的上行期和扩张期，主要发达经济体货币政策正常化的进程给我国货币政策的独立性带来一定挑战。在被动收缩货币政策的压力下，应合理安排金融开放顺序，将资本账户管制与货币政策、宏观审慎监管组合起来，构成有效应对国际金融环境变化的工具箱。

四是介入原则。应对金融风险的方法有两种：一种是通过事先的监管和防范来消除风险隐患或降低风险爆发的可能性，另一种是在风险已经触发的情况下通过事中介入来防止风险的进一步扩散。2008年全球金融危机后，金融决策者们进行了深刻反思并对事中介入的重要性达成共识。正如上文推演的那样，在去除刚性兑付，推动经济降杠杆的过程中，不可避免地会发生信用风险事件和流动性冲击。对于金融机构的信用风险事件，监管机构可召集可能提供流动性支持的商业银行，协调各家银行承诺在需要时提供临时信贷，建立起由金融机构承担流动性支持的机制，解决金融机构间的信息不对称和协调问题，稳定市场信心。对于市场本身的严重流动性危机，央行可考虑突破传统的“最后贷款人”(The Lender of Last Resort)角色，直接在债券市场上买入相关品种，改变金融机构对资产市场的价格预期，进而阻断金融网络产生传染和放大效应，有效防止系统性风险的爆发与扩散。

5.4 金融开放与构建国际金融交易平台

当前，我国正在构建以国内大循环为主、国内国际双循环相互促进的经济发展新格局，主动有序扩大金融对外开放成为广泛共识。为应对金融开放的一系列潜在风险，平衡好开放和稳定的关系，以审慎、渐进的节奏推进金融开放。习近平总书记 2019 年 11 月在上海考察时指出，上海自贸区新片区“要进行更深层次、更宽领域、更大力度的全方位高水平开放，努力成为集聚海内外人才开展国际创新协同的重要基地、统筹发展在岸业务和离岸业务的重要枢纽、企业走出去发展壮大的重要跳板、更好利用两个市场两种资源的重要通道、参与国际经济治理的重要试验田”。在国内国际双循环相互促进的新发展格局下，建立一个更具创新性、更具突破性的国际金融交易平台，有利于实现更深层次、更宽领域的全方位、高水平开放，助力上海成为国内国际双循环战略链接、金融开放新高地和高质量发展新引擎。

5.4.1　在新片区设立国际金融交易平台正逢其时

在上海自贸区新片区建设金融交易平台正逢其时，这既是逆全球化背景下中国积极主动开放的战略支点，也是资本市场领域开放不断推进形势下的应时之举，更是上海建设国际金融中心亟须实施的改革举措，具有全局意义。

中美贸易摩擦倒逼中国设立国际金融交易平台作为战略支点。美国单方面挑起并不断升级中美贸易摩擦，对中美两国和世界经济产生了巨大影响，原有的国际分工模式和产业链构成正在遭受冲击。近期，中美贸易摩擦已从关税战扩大到科技战，并开始转向金融战。金融是经济的血脉，一旦金融被别国控制，则后果不堪设想。在当前保护主义上升、世界经济低迷、全球市场萎缩的外部环境下，在新片区设立一个风险可控、主动开放、深度融入经济全球化的国际金融交易平台，可以为牢牢掌握中国金融开放的主动权、全力争取全球金融市场的话语权提供战略支点。

建设国际金融交易平台是资本市场领域开放不断推进形势下的应时之举。世界和中国的发展实践已经证明：开放带来进步，封闭导致落后。2019 年 7 月 20 日，国务院金融稳定发展委员会办公室发布了 11 条金融业对外开放措施，打开了外资入华“黄金窗口期”，其中一项是将原定于 2021 年取消证券公司、基金管理公司和期货公司外资股比限制的时点提前到 2020 年。从具体实践看，沪港通、深港通、债券通和沪伦通相继推出，A 股纳入 MSCI、富时罗素等国际指数，金融市场开放的范围和水平正在不断提升。未来，我国金融业开放的空间仍然很大，在资本市场领域的开放政策也值得期待，新的金融开放举措将陆续推出，这将为新片区建设国际金融交易平台创造越来越好的条件。

建设国际金融交易平台是上海建设国际金融中心亟须实施的改革举措。多年来，上海朝着建设国际金融中心的目标不断迈进，目前综合排名已居世界前列，但也有一些长期存在、亟须突破的瓶颈性问题。比如，上海目前仍没有一家外国上市公司，国际资源配置能力和影响力尚显不强。根据世界交易所联合会（WFE）的统计，2020 年底，全球主要交易所上市的外国公司数为 3 025 家，占这些交易所上市公司总数的 5.8%。要建成与我国经济实力以及人民币国际地位相适应的国际金融中心，亟须突破“无海外公司来沪上市”等关键瓶颈难题。设立国际金融交易平台，吸引一大批掌握核心关键技术的世界一流企业在新片区落地并上市，可以一举突破上海建设国际金融中心的关键瓶颈，大幅提升上海国际金融中心的能级，助力上海成为国内国际双循环资源配置的桥头堡和战略链接。

5.4.2 设立国际金融交易平台时机已然成熟

自中国（上海）自由贸易试验区正式挂牌以来，一批金融与商品交易平台设立并成长起来，在发展中积累了有益的经验，主要有：足够的市场需求支撑、自贸区政策叠加红利、开放独立的方案设计、风险可控的制度安排、抓住关键时点等。这对在上海自贸区新片区内新建国际金融交易平台具有非常重要的参考意义。综合分析来看，在新片区设立国际金融交易平台的条件基本成熟，时机适当，现实可行，风险可控。

一是政策有优势，实施需突破。2019 年 8 月，国务院印发《中国（上海）自由贸易试验区临港新片区总体方案的通知》（以下简称《临港方案》）。在金融领域，《临港方案》首次明确提出“探索临港新片区内资本自由流入流出和自由兑换”；研究试点自由贸易账户本外币一体化功能；支持金融机构开展跨境证券投资、跨境保险资产管理等。总体看来，新片区在支持金融开放发展方面具有突出的政策优势。新片区参照经济特区管理，依法改革空间更大。同时，新片区以投资自由、贸易自由、资金自由、运输自由和人员从业自由等为重点，政策指向鲜明，未来有可能在依托自由贸易账户推进资金自由流动和兑换等方面取得新的突破。此外，新片区强调与长三角实现联动发展，战略任务更加丰富，为金融开放创新提供了更大的发展空间。

二是法律无障碍，推进有压力。现有法律体系没有禁止外国公司在境内发行证券并上市的相关规定，且发行存托凭证的法律规则经过“沪伦通”业务磨合，已经较为完备。同时，设立科创板并试点注册制已经受住市场考验，正在完善制度规则，总结成功经验和先进做法，相关经验和做法可以复制推广到国际交易平台。

三是市场有需求，资源待挖掘。当前，中国经济在全球主要经济体中率先复苏，固定资产投资、住房和汽车销售、信贷规模增长、出口等指标均明显改善，中国也是主要经济体中唯一保持货币政策正常化的国家。中国在全球供应链稳定运行中扮演关键角色，对区域增长和全球发展起到了促进作用，这些对境外投资者和跨国企业产生了巨大吸引力。同时，中国在金融领域扩大开放的举措使得外资可以更大范围、更深层次地参与境内金融市场，新片区也将吸引越来越多的外资金融机构和科技创新企业入驻，国际交易平台的市场需求和价值将得到充分体现。

四是现实有基础，风险可防控。上海资本市场在国际化发展，特别是“沪伦通”业务方面储备了充足的人才、团队和规则制度，有丰富的市场建设和运营经验，完全有能力保障国际交易平台快速推出以及未来顺利推进。同时，上海自贸区已经建立了完整的风险防控体系，新片区还将进一步强化金融领域监管，加上国际交易平台将基于 FT 账户建设探索差异化的证券发行交易制度，切实防范市场风险。

5.4.3 国际金融交易平台的方案选择、总体思路和实施路径

国际金融交易平台业务有“全球通”和“国际板”两种模式。一是交易型平台——全球通。即不改变现有制度，利用自由贸易账户，通过自贸区平台快速实现境内外投资者的互联互通，特别是为国内投资者对外直接投资提供服务，构建新的财富管理渠道，并通过闭环运作进行有效的风险管控。二是融资型平台——国际板。即通过制度创新，遵循国际规则，以自贸区平台为依托，吸引境外企业来中国通过发行 CDR 上市，成立一个由境外上市公司发行证券组成的国际市场，在自贸区平台尝试开展目前尚不能在境内开展的证券投融资业务。

基于目前国际国内环境、实体经济和投资者的需求，我们认为：中国资本市场已经建立了多种互联互通渠道，新建一个平台开展全球通业务的意义有限，而国际板模式可以吸引全球知名上市公司来中国资本市场，突破上海金融领域开放的瓶颈，有助于扩大上海在全球科技创新投融资领域的影响力，在大国战略竞争中能够发挥更大的主动权。因此，全球通模式推出的意义较为有限，建议自贸区新片区金融交易平台采取国际板模式。

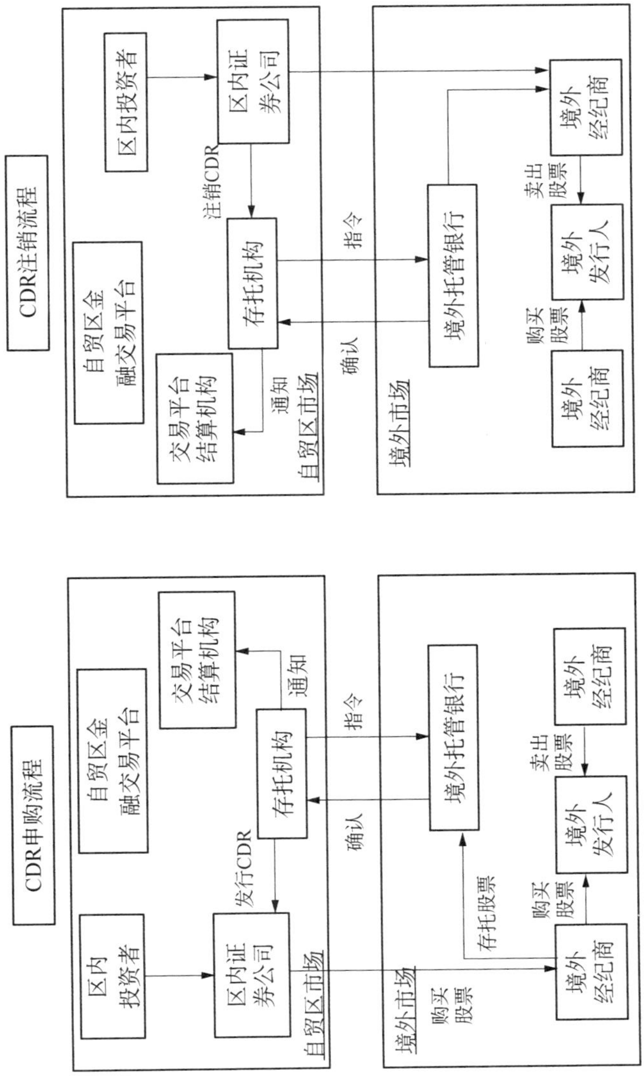

图 5.12　国际金融交易平台运行模式设想

资料来源：施东辉、何勇等的《上海自贸区新片区金融交易平台创新发展研究》。

在总的建设思路上，可以按照“扎实论证、整体安排、先易后难、有序推出”的原则分步实施，以设立国际板为重要突破口，吸引世界一流企业，特别是知名高科技企业通过发行存托凭证上市融资，并专门用于在国内投资建设，逐步打造一个由优质外国上市公司为主体的人民币资本市场，支持新片区探索资本自由流入流出和自由兑换等开放政策。

未来建设的国际板，是一个比肩纽交所、纳斯达克的具有世界影响力的独立的交易所或者市场板块，立足上海，面向全球，汇聚全球资本，支持全球优质企业上市融资，成为与中国经济地位相匹配、服务中国深度参与全球化的开放型资本市场。

在实施路径上，国际板的建设可以分为三步走。

第一阶段为设立国际板。板块定位立足新片区，服务在新片区落户的外资科创企业，尤其是从事集成电路、人工智能、生物医药、民用航空等关键领域核心环节生产研发的外资企业，以及世界 500 强企业。基础制度可直接复制设立科创板并试点注册制的制度规则，并结合“沪伦通”发行存托凭证的制度安排，把存托凭证的融资功能在新片区落地。组织管理采取公司化运作，可以上交所为主体，吸纳国内外金融机构共同入股参与，专板运营，专板管理。

第二阶段为优化国际板。在国际板试点推出并稳定运行后，不断优化和升级各项制度，降低上市企业行业限制，力争吸引 100 家以上的世界一流企业发行上市，形成具有更高开放度和国际影响力的市场板块，集聚一批世界一流企业补齐上海国际金融中心建设的短板。此阶段板块定位为吸引具备一定规模、市场认可度高、产品技术成熟、经营业绩好、发展潜力强、支持实体经济转型发展以及新经济发展的优质境外公司。发行人所属行业不仅局限于科技创新行业，也包括传统产业中的龙头企业。同时，立足中国资本市场现有制度规则，借鉴参考国际市场通行惯例，推动当地规则与国际体系接轨，提高对境外发行人的吸引力。在发行方式上，由外国公司前期发行融资型存托凭证逐步过渡到直接发行股票，并基于基础股票，推出相关指数、基金和衍生产品，丰富国际板市场产品体系，提高市场流动性和交易活跃度。

第三阶段是将上海打造成为比肩纽约的国际金融中心。到2035年，将国际板市场规模发展到国际领先水平，即外国上市公司股票市值和交易量超过上交所整体规模的10%，外国上市公司股票交易金额占全球交易所外国上市公司股票交易总金额的比重超过20%。助力上海比肩纽约、伦敦，成为卓越的全球城市，提高国际金融影响力和国际贸易服务辐射能级，提升对全球经济的辐射能力。

第六章

从新兴市场到成熟市场：

中国资本市场的改革逻辑

6.1 资本市场 30 年的发展逻辑与总结

2020 年是我国资本市场建立 30 周年。1990 年 12 月 19 日，黄浦江畔一声锣响，标志着中国资本市场正式诞生。30 年，是人类历史的一个小片断，却是中国经济的一个大乐章，资本市场已经成为中国经济乐章中的一个重要音符。在中国金融发展和改革的这个重要历史节点上，回顾分析中国资本市场走过的 30 年历程和发展特点，深入认识中国特色资本市场的发展道路和治理方式，认真总结过去 30 年做对了什么，走过了哪些弯路，从而推动资本市场进一步迈向新的发展的阶段，建立起规范、透明、开放，富有效率、活力和国际竞争力的全球一流资本市场。

6.1.1 前 30 年发展的经验与教训

与成熟市场自我演进的发展方式不同，中国资本市场是在国家改革开放进程里，从计划经济向社会主义市场经济过渡过程中，为解决国有企业的融资及改制问题，由政府和市场参与者共同推动建立的。在 30 年的发展过程中，逐步摸索出一些有利于市场发展的基本经验和原则。

第一，立足于为国民经济发展服务，实现资本市场和中国经济的协调发展。中国资本市场从诞生之时起，就紧密服务于中国经济面临的迫切现实问题和未来发展需要。2006—2008 年，资本市场为当时的国有大中型企业和国有商业银行股份制改造并上市提供了一个有效的平台，使这些企业壮大了资本实力，完善了治理结构，提高了经济金融体系整体抗风险的能力。2009 年创业板的推出和 2019 年科创板的创立，优化了中国整个创新创业投融资体系的生态系统。在这两个市场的助推下，整个中国大地上创新创业的浪潮蓬勃兴起，为中国经济转型升级和新旧动力转换提供了支持和引领作用。过去 30 年来，资本市场通过发行股票共筹资约 13 万亿元，这些资金注入各行各业，与实体经济形成了良性互动，为中国经济发展提供了一个非常重要的动力。与此同时，借助于中国经济的高速增长和充裕的拟上市资源，中国资本市场在 30 年中取得了历史性突破和跨越式发展。截至 2020 年底，沪深证券交易所上市公司总数突破 4 000 家，总市值达 75 万亿元人民币，中国资本市场已发展成为仅次于美国的全球第二大资本市场。

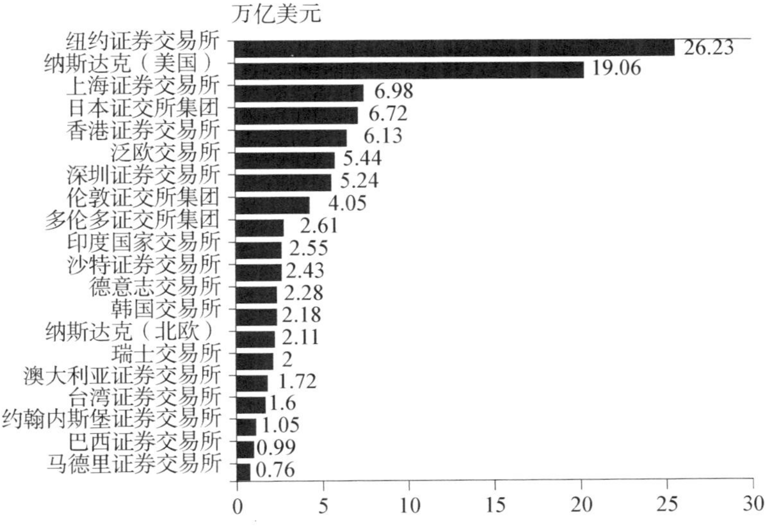

图 6.1 全球主要证券交易所股票市值（月度）

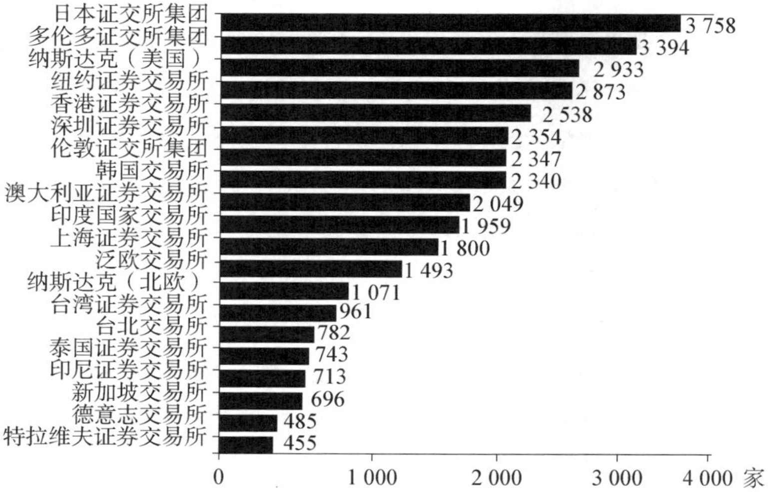

图 6.2　全球主要证券交易所上市公司数（月度，截至 2020 年年底）

资料来源：WFE。

第二，以渐进式改革调整复杂的利益关系，突破资本市场发展阻力。中国的经济改革是以渐进的模式进行的，即在暂不打破传统体制的前提下，先建立新体制经济，并逐步扩大其规模，再用后者来推动前者的改革。资本市场发展正是这一改革战略的典型体现。在成立之初为了不动摇公有制的主导地位，在股权结构安排上引入了国有股、法人股和公众流通股，从而实现了公有制属性在股票市场上的成功移植。在股权分置改革过程中，先通过试点审慎探索，在总结经验的基础上逐步推开，实现了政府统一组织和市场主体分散决策的协调。在推进股票发行注册制这一资本市场重大基础制度的改革过程中，也选择了一条渐进式的改革路径，设计了从发行、上市、交易、监管并包括退市等在内的一系列的制度体系，在科创板和创业板市场先行先试，希冀总结经验后再移植到存量市场上。

第三，大力运用现代信息技术，在市场运行、市场服务和市场监管方面提供了富有中国特色的方案与实践。作为一个新兴市场，中国资本市场没有传统制度文化和历史包袱的束缚，从成立之初就大力运用现代信息技术和通讯技术的最新成果，建立了全电子化的交易和结算体系，较好地解决了地域辽阔和集中交易的矛盾，迅速推动了投资者和上市公司在数量和空间上的拓展。2004年年末，沪深证券交易所在全球率先推出股东大会网络投票制度，在节约股东大会参与成本、克服委托代理制度缺陷、提高公司治理效率方面发挥了良好效应。近年来，大数据、云计算、机器学习和人工智能等前沿技术方兴未艾，监管机构和沪深交易所不断加大一线监管的基础建设，根据国情创造了中国特有的资本市场监管方式，如“看穿式监管”等做法，国际市场对此多有借鉴。

如果说上述三条是经验，那么，从市场深化发展和功能提升的角度看，中国资本市场前30年有三方面值得总结的教训。

第一是总体上看，与中国经济“有效市场＋有为政府”不同，中国资本市场发展更多地体现为“无效市场＋有为政府”，市场发展的行政化驱动特征日益明显。理论界一般认为，处理好政府与市场的关系，即所谓“有效市场＋有为政府”，是中国经济成功的重要因素。以这个经验来对照，中国资本市场在发展过程中出现的诸多问题，恰恰是源于无效的市场加上“越来越有为”的政府。从市场需求方来看，中国股市投资者结构上仍以个人投资者为主，其在二级市场总交易额中的占比接近80％。散户扎堆的市场其最终的结果就是倒逼机构都变成散户思维，整个市场的投机性相对较强，“四炒”盛行，导致定价效率低下甚至失灵。从市场供给方来看，二级市场的高估值和高换手给上市公司大股东提供了“掏空”(Tunneling)市场的强烈动机和实施可能。需求方的不成熟,加上供给方激励约束机制的不平衡,使得整个市场投机气氛浓厚。在这种情况下,作为最大的制度供应方,监管机构在多目标的政策抉择下,往往是过度“有为”,顾此失彼,市场的发展和改革常常陷入“死循环”。

第二个教训是股票发行市场化改革严重滞后于经济转型发展的需求,导致市场功能深化没有与市场规模扩张同步发展。如果说创新是经济增长的引擎,那么金融就是燃料。国际经验表明,资本市场对技术创新和产业革命具有巨大的支持和引领作用。中国资本市场原有的发行上市条件都是为传统产业和成熟产业设置的,修订前的《证券法》要求拟上市企业必须有盈利,并且财务前景良好,这样严重限制了市场对新经济企业的包容性,使得国内资本市场与互联网及移动互联网时代完全擦身而过。虽然国内股市有最好的消费企业、制造企业和重化工时代形成的所有好公司,但是它与一个时代的脱节,也是有目共睹的。目前,在美港两地上市的内地新经济公司市值逾 20 万亿元,阿里巴巴和腾讯更是迈入了全球前十大市值公司的行列。在某种程度上可以认为,中国资本市场在完成了推动大中型国企和国有商业银行改制的任务后,其后 10 年的发展更多的是简单的规模扩张,而没有实现市场功能深化的同步发展,股市对新技术革命、新商业模式、新经济增长点的推动引领作用,对伟大企业的锻造,在很大程度上是缺失的。

第三个教训是市场参与主体的能力建设严重不足,削弱了市场制度规则改革的效力,延缓了市场化改革的进程。市场经济是一个有机的整体,这个体系主要是由自主经营、自负盈亏的企业,竞争性的市场体系和主要通过市场进行调节的宏观管理体系三者所组成。中国资本市场过往多年的改革主要集中在制度规则层面,通过参照国际最佳

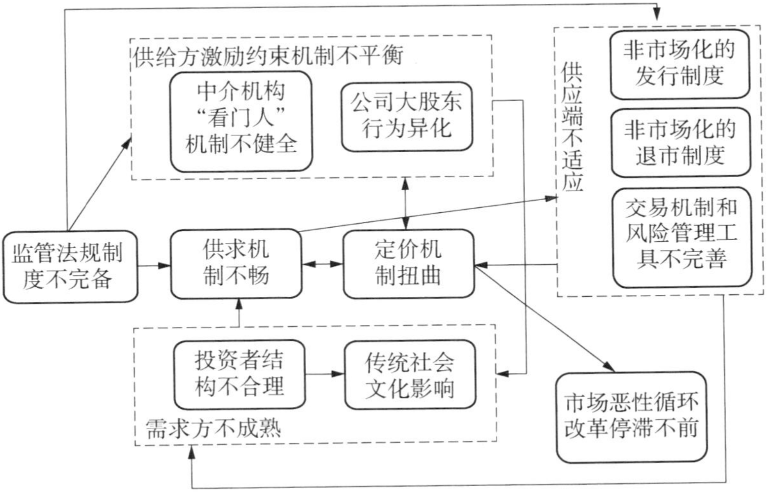

图 6.3　中国股市的结构性问题示意图

资料来源：作者整理。

实践，同时结合中国市场的实际情况进行完善创新，旨在构建规范和高效的市场体系。然而，由于体制、机制上存在缺陷，市场参与主体的能力建设严重不足，市场化改革的推进受到市场参与主体不成熟的掣肘。例如，中介机构处在市场的最前线，在法律约束和声誉约束下，中介机构理应在股票发行和承销过程中发挥“看门人”的职责，但在目前执业门槛较低和同质化竞争比较严重的情况下，中介机构在企业筛选、尽职调查、新股定价等方面的“看门人”机制还没有很好地发挥作用，中介的合规意识、执业水平还需要有非常大的提高，这在很大程度上削弱了制度规则的改革效力并阻碍了市场体系的高效运行。因此，资本市场的改革必须在参与主体、制度规则和宏观管理这三个互相联系的方面同步配套地进行。

6.1.2 近两年注册制改革平稳推进的原因

2019 年以来，党中央和国务院高度重视资本市场发展，推动了资本市场的一系列关键性基础制度改革，特别是设立科创板并试点注册制改革进展顺利、运行良好，同时一系列关键改革举措渐次落地、有序推进。总结此轮改革平稳落地的原因，主要有以下三个。

第一个原因是经过多年的改革试错，市场参与各方对注册制改革及其理念形成了高度共识，充分调动了各方积极性。过往多年，资本市场的发展和改革始终陷于“一放就乱、一管就死”的“放管”怪圈，迫切需要一个整体性突破的改革抓手。在经过多轮的市场化改革探索和实践之后，市场参与各方认识到：资本市场最大的市场化改革一定是供给的市场化，也就是发行注册制改革，只有在这个市场化的前提下，才会奠定其他市场化改革的基础。在设立科创板并试点注册制改革推进过程中，中央领导和有关会议、文件多次强调，“要真正落实好以信息披露为核心的注册制”“要增强市场包容性，把选择权交给市场”。由此，注册制的改革理念和基本定位，进一步精炼为“以信息披露为核心”。经过一段时间的改革实践，人们对这个理念的认识不断深化，共识不断增强。社会及市场各方对改革的支持有利于重塑资本市场新生态，释放改革红利，为各项改革协调推进提供动力。

第二个原因是重视改革的系统性，通过市场化改革和法制化完善实现注册制改革措施的整体配套。市场经济就是一系列配套制度的集合，一个市场经济制度必然需要另一个市场经济制度来支持，股票发行注册制也是如此。此次改革吸取了以往数次发行体制改革的经验教训，明确了以注册制改革为龙头，统筹推进发行、上市、信息披露、交易、退市等基础制度改革。在具体举措上，一方面坚持市场化导向，通过建立“保荐跟投”等市场机制发挥对投行的资本和信誉约束作用，新股发行价格、规模、节奏主要通过市场化方式决定；另一方面坚持法制化完善，在立法层面推动了《证券法》的修订，在司法层面颁布了专门性、综合性司法保障文件，在执法层面建立欺诈发行上市股票责令回购制度，这些举措全面提高违法成本，切实保护投资者的合法权益，保障以市场机制为主导的注册制改革顺利推进。

第三个原因是大力推进国际化进程，形成了市场化改革内循环和双向开放外循环相互促进的发展格局。长期以来，中国资本市场形成了“推进制度改革、发挥融资功能和保持市场稳定”的“不可能三角现象”，改革在某种程度上陷入周而复始的连环套之中。在此次推进注册制改革的同时，市场的国际化进程也在加速推进之中。随着证券、基金、期货公司外资股比限制逐渐放开，中国资本市场在产品、机构和服务领域的开放进程正持续推进。随着互联互通机制不断完善，外资投资 A 股市场的速度进一步加快，参与度大幅提升。与此同时，A 股纳入明晟、标普道琼斯、富时罗素等国际知名指数的比例逐步提高。2019 年以来，境外投资者通过沪深港通、合格境外机构投资者（QFII）和人民币合格境外机构投资者（RQFII）等渠道持续买入境内股票，中国资本市场更深地融入了全球金融市场体系，推动市场走出了“扩容恐惧症”和“不可能三角”的怪圈。

6.1.3 资本市场进一步发展需要统一“三个认识”

毋庸置疑，随着市场规模的不断增长和居民资产配置日益趋向股权资产，资本市场已成为影响社会经济生活的重要因素，其影响范围

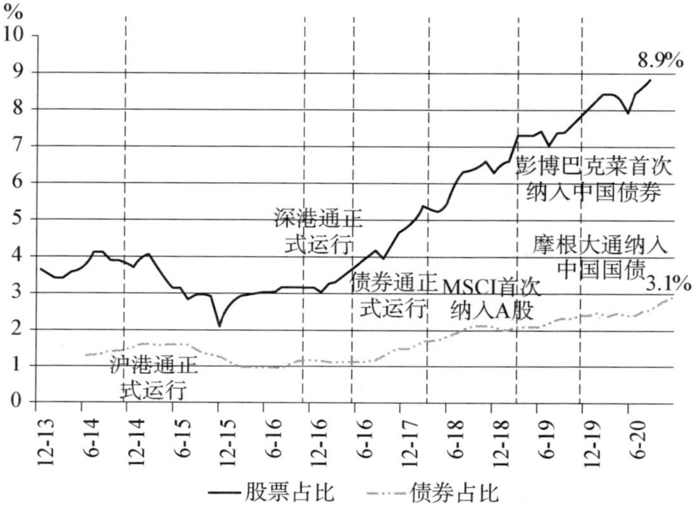

图 6.4　中国资本市场外资持仓占比变化折线图

资料来源：Wind。

之广、利益分歧之深、争议话题之多，构成了中国经济转轨过程中一道独特的“风景”。从以往的改革历程来看，要在喧嚣复杂的舆论环境中坚持自己的方向，保持改革定力，并不是一件容易的事情，这就需要在市场发展的一些基本理念上进一步统一认识，形成共识。

一是注册制发行审核的目的是“问出一家真公司”。核准制的理念是“宁可错杀一千，也不放过一个”，希望在发行审核阶段严把上市公司质量关，审出好公司，但可能将许多能成就伟大事业的公司“拒之门外”。注册制的理念则刚好相反，“宁可放过一千，也不错杀一个”，宁愿冒着把一些质地较差企业放进市场的风险，也一定不能错过日后的伟大企业，因此在审核过程中淡化对上市公司质量的关注，希望通过以信息披露为核心，“问出真公司”。

美国学术界曾做过一个研究，他们统计了从 1926—2019 年间，在整个美国资本市场发行上市的将近 26 168 家企业，发现仅有约 11 036 家创造了正的财富，占比 42%，其余 15 132 家都毁灭了财富，占比 58%。更重要的是：300 家企业（占公司数量 1.146%左右）创造了几乎全部的财富，83 家公司（占公司数量 0.317%）创造了近一半的财富。这一研究结果充分表明：资本市场优胜劣汰功能的发挥实质是一个大浪淘沙的过程，只有摈弃“审出好公司，把好质量关”的执念，让市场真正“广开门路”，才能在经济发展和市场竞争的洪流中造就持续创造价值的伟大企业，切实提升资本市场的资源配置效率。

二是改革政策的推进需要破除指数崇拜症。当下，面对股票市场上瞬息万变的价格、纷繁复杂的信息以及强烈追求暴富的欲望，整个社会的心态浮躁。股市一涨，社会、业界及媒体一片欢呼，仿佛所有的问题都得到解决，恨不得只争朝夕立马涨到万点。股市一跌，就仿佛世界末日来临，大骂企业 IPO 圈钱、管理层无能。所谓“一根阳（阴）线改变情绪，两根阳（阴）线改变观念，三根阳（阴）线改变信仰”，调侃的就是这种现象。

“市场短期是一台投票机”，股价涨跌易受市场参与者情绪、心理预期、风险偏好、交易活动等多种因素的影响，具有不可预测性和复杂多变性。面对市场短期的涨跌起伏，社会和媒体应“不畏浮云遮望眼，风物长宜放眼量”，不应以单纯的市场涨跌来评价和影响制度建设进程。从历史的角度来看，股市涨跌不是生活的全部，更不是中国经济的全部，在我们开始摒弃 GDP 至上理念，开始追寻更健康的经济发展的今天，对股市的“指数拜物教”也可以休矣。监管机构应顶住压力，保持定力，坚持市场化改革不动摇，特别是要避免事关市场发展的根本性制度在方向上“左右摇摆”，使市场能形成稳定的政策预期。

三是证券监管机构并不保障中小投资者的投资收益。股票投资是一项有千万民众参与的复杂经济活动，分享的是个体性机会，甚至是少数公司的高成长机会。即使在成熟的美国股市，过往几年的牛市行情也主要是由脸书、亚马逊、奈飞、谷歌、微软、苹果和英伟达组成的七大科技股所推动。投资者应对参与股市投资有清醒的认识，不能不切实际地指望所有股票都能上涨获利。市场运行的最后结果必然是有人盈利有人亏损，有股票上涨也有股票下跌，这种分化正体现了市场的定价效率，而普遍性的涨和普遍性的跌反而是市场不成熟的表现。

在这个自媒体时代，人人都是媒体，监管也变成了和这个喧嚣时代的群体博弈的过程，这给监管带来了新的压力和挑战，因此需要进一步厘清监管的职责边界。保护投资者，尤其是中小投资者的合法权益是监管部门工作的重中之重，但这并非意味着监管部门能决定指数涨跌、保障中小投资者的投资收益。事实上，投资者的长期收益受到其信息获取和处理能力、风险偏好、行为偏差、投资期限等多种因素的影响，将投资盈亏全部归于监管部门是不公平的，也是其无法承受之重。监管部门也应甩掉“父爱主义”，将监管重点放在为中小投资者提供有效的法律工具和救济手段上，确保他们不因其弱势地位而被欺诈和掠夺。

6.2　论股市发展的八大关系

我国股票市场诞生于改革开放的时代大潮之中。在这样一个大变革的时代，经济、文化、社会生活风云激荡，理念、机制、利益结构几经波折，股票市场发展至今出现了种种矛盾、问题和困境：公司运行及治理过程中大股东和中小股东之间的利益冲突；市场组织与秩序管理中严格监管和市场活跃之间的难以协调；市场化改革过程中难以绕过的高估值股票价格回归的风险雷区……所有这些，可以说是股票市场在新兴加转轨阶段必然要经历的阵痛。当下，社会众声喧哗，在市场发展的一些基本问题上存在着较大误解和分歧。鲁迅先生曾说："必须敢于正视，这才可望敢想、敢说、敢做、敢当。"本节希冀从理论及实践角度梳理和分析影响股市发展的八大关系，以期厘清相关概念和市场逻辑，形成社会共识，共同推动股票市场的改革创新和健康发展。

6.2.1 大额投资者和中小投资者的关系

在经济学家的世界中，股价的形成机制最接近"竞争性均衡"（Competitive Equilibrium）的理想市场状态。但在现实世界中，投资者并非同质的完全竞争者，在资金数量、持股金额、投资经验及风险承受能力方面存在巨大的差异，部分大额投资者可能会滥用其市场优势，扭曲正常的价格发现过程。

受中国特殊的社会文化、精神特质和价值观念的影响，中国股市具有与境外成熟市场完全不同的投资者结构。截至 2020 年年底，个人投资者开数达到 1.78 亿户，持仓市值在 50 万元以下的中小投资者占比高达 95%以上，个人投资者在二级市场总交易额中的占比更是高达 80%左右，对交易价格的形成具有显著影响力。中国正处于经济、社会的转型期，加之中国传统文化重形象思维、轻逻辑思维的特点，个人投资者在行为偏差方面尤为突出，近年来学术界的许多研究结果均发现：中小投资者具有非常显著的过度自信、过度交易、自我归因、羊群行为等投资行为偏差。

表 6.1 中国股市投资者开户数量

	投资者开户数（万户）
期末投资者数量	17777.49
1. 自然人	17735.77
其中： 已开立 A 股账户投资者	17676.1
已开立 B 股账户投资者	237.55
2. 非自然人	41.72
其中： 已开立 A 股账户投资者	39.59
已开立 B 股账户投资者	2.16

注：期末投资者数量指持有未注销、未休眠的 A 股、B 股账户的一码通账户数量。
资料来源：中国证券登记结算公司。

显然，中小投资者在与大资金交易者的博弈中天然地处于劣势地位。大资金交易者往往利用某些短期无法证伪的“利好”因素，如国家的经济发展政策、国外的新技术发展趋势等，或者如高送转、新上市，甚至明星绯闻等某些无厘头的因素，在极短时间内大量、密集、连续买入相关股票，使股价在盘中出现急剧的大幅上涨，甚至触发涨停，通过制造这种“信息惊喜”吸引其他大额交易者和具有行为偏差的中小投资者参与。由于市场内在多空力量的失衡，理性的投资者并不能有效地削弱这种非理性上涨，加之涨跌幅限制的影响，大资金的买入行为可以形成股价变化的惯性效应（Momentum），吸引更多中小投资者的参与，导致市场出现集体非理性，并使股价在短期内大幅偏离其基础价值，此时大资金交易者将卖出获利。

一直以来，大资金交易者和中小投资者在股市中形成了一种“霍布斯丛林”式的奇特生态：一方面，大资金交易者利用自己的资金优势扭曲市场定价机制，并对具有行为偏差的中小投资者进行掠夺，媒体形象地将之称为“割韭菜”；另一方面，中小投资者一夜暴富、赚快钱、以小博大等赌博心态较为浓厚，他们甚至幻想着在“割韭菜”的过程中能分一杯羹，具有典型的“斯德哥尔摩综合征”，对加强市场监管的政策举措不理解、不认同、不支持，市场生态和投资文化始终没有得到根本性的提升。

6.2.2 投资者结构与定价效率的关系

股票市场是配置社会资本的重要场所，要成功地实现这一基本功能，股票市场的价格就必须可靠地反映公司的内在投资价值，即股票市场的定价是有效率的。著名经济学家萨缪尔森20年前在谈及中国经济时曾指出：股票市场在市场定价具有效率后才能真正发展起来。合理的定价效率除了有赖于信息的及时、全面和准确披露外，更是有赖于成熟而理性的投资者群体。

中国股市特殊的投资者结构催生了特殊的“二元”定价机制。一方面，业绩优、规模大、成长性好的公司股票被相当一部分投资基金、QFII及价值型个人投资者持有，这部分股票的估值水平基本与国际市场接轨，具有较高的定价效率；另一方面，大量规模小、业绩差的公司股票则被中小投资者所持有，在游资的带头炒作下，衍生出很多畸形的投资理念、方法和模式，比如“炒壳”“炒重组”“炒题材”“炒高送”“炒更名”等。这些股票的市场价格长期脱离其基本价值，估值水平畸高不下。

在整体上，中国股市的定价是不当的，甚至是失灵的。从股价波动结构来看，国内个股价格波动中接近35%的比例来自市场整体波动

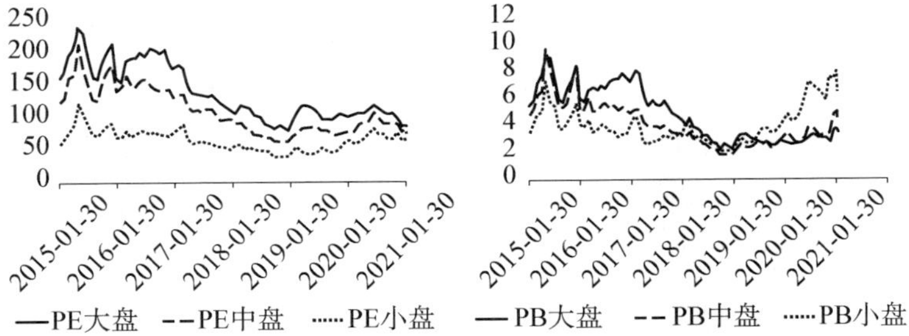

图 6.5 不同规模公司的市盈率（PE）与市净率（PB）比较（截至 2021.3）

资料来源：Wind。

的影响，而在成熟市场中这一比例一般在 20%以下，这说明国内投资者在定价中更多地考虑市场整体因素，而较少地考虑行业和公司本身的因素。从定价影响因子来看，锐联资产（Affiliates Asset）发布的一份研究报告显示，由于国内投资者更多地以一种博彩的心态参与股市，具有彩票特征的高风险股票定价过高，使中国股市形成一些鲜明的定价异象（Anomalies），例如，公司规模越小，股票收益越高；股票风险越高，投资收益越低；甚至公司盈利能力和股票收益也没有显著的相关性。

如果一个市场长期没有合理的定价机制，经常出现定价不当现象，必然导致价格信号扭曲，供求关系失衡，市场难以出清，造成市场运行失灵和资源配置不当。在这种环境中，投资者的行为普遍短期化和投机化，股市陷入周而复始的“牛短熊长”困局中；上市公司大股东行为异化，热心于资本运作而不是潜心经营主业；而监管机构则不时面临要求稳定股价水平的巨大舆论和社会压力，股票市场的运作和发展陷入一种恶性循环。

6.2.3　新股发行和退市的关系

新股发行和退市是股票市场最基础的“进口”和“出口”制度。在一个定价有效的市场上，拟上市企业根据二级市场的景气状况和自身的发展周期决定发行上市进程，监管机构则以企业是否全面、准确、及时地披露相关信息为依据决定是否准予其发行上市，企业上市后随着产业的新旧交替和资本市场的兴衰更迭，或发展壮大，或被并购重组、被私有化，甚至因市值规模和流动性不满足上市条件而被强制退市。以美国股市为例，过去 40 年来，共有 16 000 余家企业上市，其中 38%为非盈利企业，共有 18 000 余家企业退市，年均退市比率为 8.3%，其中因并购重组退市的公司数为 10 000 余家，因不符合上市条件而退市的公司数为 7 400 家，另有约 600 家企业为主动私有化退市。这种“大进大出”正是美国股市优胜劣汰机制及资源配置功能的充分体现。

中国股市采用了实质审核的发行制度安排。在发行条件上，设置了财务（主要是盈利水平）、合规、公司治理等较高的发行条件，上市公司资质成为一种稀缺资源。不管市场牛熊如何变换，总是有大量企业排队等待发行审核，形成了所谓“IPO 堰塞湖”，而一批行业前景佳、成长性好的企业要么不满足盈利要求，要么不堪忍受数年排队之苦，纷纷远走海外上市，在一定程度上导致了“劣币驱逐良币”的现象。在发行价格上，任何询价制度安排在二级市场价格扭曲和投资者炒新狂潮前都不堪一击，股票一上市即被炒至畸形高位，形成了“新股不败”的市场异象。与此同时，微观层面上新股的供不应求和宏观层面上的“谈新色变”相伴相随，反差强烈，新股发行往往被视为股市下跌的替罪羊而被暂缓，中国股市始终没有形成市场化、常态化的发行节奏安排。

历经多轮发行制度改革，上市公司资质的稀缺性和租金价值始终没有被打破，上市公司的“壳”价值十余年间也居高不下。以盈利和净资产为主要依据的退市制度在花样繁多的保“壳”把戏前面形同虚设，而在股价普遍性高估的情况下，以市值和流动性作为退市条件也进退失据。可以说，没有市场化的发行制度，就没有市场化的退市制度，股票市场的优胜劣汰机制一直无法建立。2020 年 12 月 31 日，沪深交易所分别正式发布退市新规，严格退市条件，优化重大违法强制退市流程，完善退市整理期制度，为建立良性运行的优胜劣汰机制提供了制度环境。

与此同时，上市资质的稀缺性带来了非理性的高估值、惊人的再融资能力和“廉价”的股权融资成本，上市公司的并购重组往往异化为股本暴增、大小非急剧增加的一二级市场套利行为，公司业绩过于依赖外延并购和粗放式增长。这与美国股市并购重组往往发生于上市公司之间，以战略协同效应为目的，且以内部资金和举债资金作为资金来源有显著区别。据统计，过去 35 年美国股市共发生 9 000 余起并购案，其中 73％采用现金支付、11％为换股并购，另 17％采用现金加股票的混合方式。

6.2.4 大股东和中小股东的关系

在股权高度集中的情况下，大股东更有可能以其他中小股东的利益为代价来追求自身利益，通过追求自利目标而不是公司价值最大化目标来实现自身利益最大化。此时，大股东和中小股东之间将产生显著的利益冲突，这也是各国公司治理要解决的核心问题。

中国上市公司普遍具有“一股独大”的股权结构，大股东几乎具有无所不管的控制权、执行权和监督权，董事会和监事会往往受到大股东或公司管理层的操控，成为“橡皮图章”，从而为大股东侵害中小股东利益埋下了制度隐患。在股权分置改革之前，大股东往往通过关联交易来侵害中小股东利益，如高价收购大股东资产、为大股东及其附属企业提供信用担保、直接占用上市公司资金等，学界和媒体称之为“掏空”(Tunneling)公司。股权分置改革实施后，股份实现了全流通，由于大部分公司的股价长期处于高估状态，大股东更多地通过金融交易来“掏空”市场。例如，炮制各种概念或进行财务造假以迎合市场投机炒作偏好，实现所持股份的精准减持或清仓式减持。以2015年的股市泡沫期为例，在2015—2016年的两年间，重要股东(含持股5%以上股东、“董监高”及其亲属)减持金额高达9 837亿元。又如，通过定向发行股票收购资产的形式实现一二级市场之间的估值套利，收购上市公司股票的估值水平和被收购资产估值水平的差距巨大，蕴含了巨大的套利空间。

面对逾百倍的估值，再善良的大股东都控制不住自己大幅减持的欲望，正是二级市场的高估值和高换手给大股东提供了“掏空”市场的强烈动机和实施可能，大股东和中小股东之间完全是“一个愿打一个愿挨”。美国政治哲学家约翰·罗尔斯在《正义论》一书中提出了“无知之幕”这一术语，认为一个人在对自己的社会处境暂时无知的情形下才能判断什么是公平正义。就股市而言，如果大股东变身为中小股东，他显然不会接受现有的市场结构和“掏空”方式。可见，大股东利用大众的蒙昧和狂热进行“合法掠夺”有违社会的公平正义原则，使股市异化为财富再分配的“名利场”，中小投资者成为被掠夺者，金融脱实向虚现象愈演愈烈，远离了股市服务实体经济的本源。

6.2.5 投资者利益保护和证券监管的关系

“法和金融”学派的观点认为，对投资者利益的保护在微观层面上影响了企业的资本成本、投资收益率、治理水平以及股票定价，进而在宏观层面影响到股票市场的规模及功能发展，最终影响到一国的资本配置效率和经济增长水平。有鉴于此，各国（地区）证券监管均以保护投资者，特别是中小投资者利益为首要目标。

当中小投资者利益受到大股东或管理层侵害，而公司内部的治理机制陷于失效时，证券监管机构将对大股东的侵占行为进行有效的约束、披露和监督，以降低大股东“掏空”行为发生的可能性及产生的危害性。中国上市公司尽管建立了股东大会、董事会及监事会的现代治理架构，以及相对完备的公司治理规则体系，但公司治理结构和实际做法往往形似而神不至。根据亚洲公司治理协会（ACGA）的评估结果，中国公司治理水平自 2010 年开始持续下滑，其中“公司治理规则和实践分项评分”已经下降至自 2003 年开始调查以来的最低水平。面对公司治理陷于失效的现状，证券监管机构相继出台了重组新规和减持新规，加强对忽悠式、跟风式重组行为的监管，控制清仓式减持、精准减持、过桥式减持行为，形成了保护中小投资者合法权益的长期性制度安排。证券交易所也严格对重组上市行为的信息披露问询，“刨根问底”，着力提升上市公司信息披露质量。

在投资者结构以中小个人投资者为主的市场结构下，加强对内幕交易、股价操纵等违法行为的监管也是保护投资者利益的重要一环，对此，市场并无异议。但是对利用盘中拉升、打压等进行掠夺性交易的行为进行监管，则莫衷一是，甚至有观点认为股票市场上“有钱就可以任性”，监管机构不应干预投资者的自由交易权利。事实上，世上没有绝对自由的股票市场，不管是从维护市场交易秩序和经济功能的发挥，还是从保护中小投资者利益、坚持市场的公平和公正原则，抑或是从确保市场稳定运行、防范金融风险的角度出发，均需要加强对异常交易行为的监管。

如果说行政监管界定了证券发行、交易及公司运作过程中市场参与者的行政责任，那么由《公司法》《证券法》及《刑法》组成的法律体系则界定了相应的民事责任及刑事责任，三者紧密结合，才能有效发挥保护投资者利益的功效。在司法领域，中国现阶段证券违法违规案件调查难、举证难、认定难的问题表现得比较突出，对欺诈上市、虚假信息披露等案件的整体诉讼效率有待进一步提高，这需要进一步优化司法介入政策、强化司法保障职能。

6.2.6 股价泡沫和技术创新的关系

在历史上，股市泡沫和技术革命总是相伴相生的。从 19 世纪 40 年代的蒸汽化铁路和世纪末的电力电话、到 20 世纪二三十年代的飞机、汽车和无线电，再到 21 世纪之交的互联网产业，每一轮新技术革命都催生了令人目眩的股市泡沫，随后带来了大量资本涌入和对科研、技术基础设施的巨量投入，在泡沫的形成和破灭过程中孕育出新的经济力量，这正是经济学家熊彼特所谓“创造性破坏”的真正意义。

从泡沫形成过程来看，中国股市的泡沫基本上是在宽松的信用环境下，因相关政策提升市场风险偏好，点燃了投资者对未来价格上涨的极度乐观情绪，只争朝夕迅速形成投机狂潮。据统计，中国股市每轮牛市持续时间仅为 10 个月左右，与美国股市平均 65 个月的牛市周期形成鲜明对比。来也匆匆，去也匆匆，中国股市泡沫更多的是过剩流动性催生的资产价格泡沫，而不是经济增长新动力内生的“创造性破坏”泡沫，在短暂的时间内无法带来对技术基础设施的持续性大量投入。从危害性来看，如果泡沫事件与信用资金和杠杆资金有关，那么当泡沫破灭时将引发系统性金融风险，2015年年中的股市风波就是典型例证；而几次不涉及杠杆资金的泡沫破灭相对而言影响就轻微得多，如2008年股市从6124点一路跌倒1600余点，其间并未引发严重的金融风险。

事实上，繁荣和萧条的周期循环是股票市场的常态，如果泡沫是由技术进步引发的，那么它可能是个“好”的泡沫，我们应该接受它，因为它对经济增长的“创造性”效应将弥补泡沫破裂时的“破坏”效应。如果泡沫是由流动性和高杠杆推动产生的单纯的资产价格泡沫，那么它将是个“坏”泡沫，我们应及早刺破它，防范过度投机造成泡沫破灭之后对经济的伤害。

6.2.7　直接融资与间接融资的关系

直接融资和间接融资的关系一直是金融发展理论研究的焦点。一般认为，银行导向的间接融资有利于动员储蓄，适合为技术相对成熟的大型长期项目筹集资金；而以股票市场导向的直接融资更适合在创新性强、不确定性高、偏向轻资产运营的风险项目中发挥作用。直接融资和间接融资的相对规模随一国的经济规模及其发展水平、产业成长模式而变化。

在经济史上，单一而脆弱的银行体系历来都是金融危机的导火索，即使金融危机是由其他因素所引起，脆弱的银行体系也可以使危机进一步深化。从国内情况来看，中国所有金融机构的资产总额是333万亿人民币，其中，商业银行所占比重为90.7%，整个证券业机构占的比重是2.7%，另外剩下的6.6%归属于保险业机构。由此可见，中国金融结构仍以商业银行为主导，但直接融资的占比正在逐步提高过程中。股市的发展能将原来隐匿于银行体系内的不断存量化的风险流量化，通过市场的流动机制配置，分散既有金融体系中的部分风险。

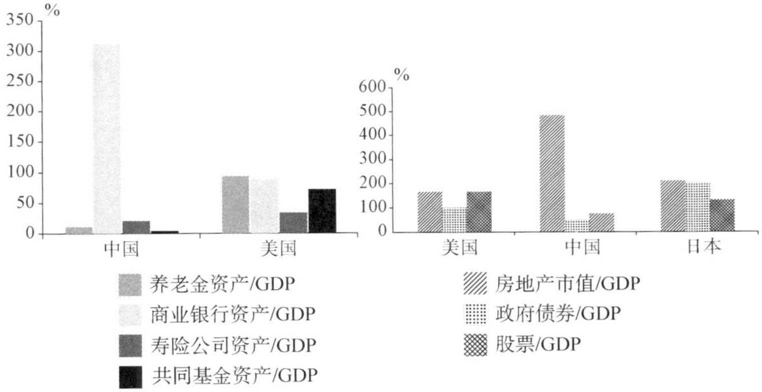

图6.6　中美日三国金融资产结构比较（2019年）

资料来源：Wind。

从国家经济发展阶段来看，在经济发展的初期阶段和较差的制度环境中，商业银行主导的金融体系更适合为技术相对成熟的大型长期项目动员资金，符合中国以大型项目优先为目标、以投资驱动的经济发展模式。随着金融抑制逐渐消除，资本积累对经济增长的边际效应越来越小，如果继续走上商业银行过度扩张的道路，那么将会带来信贷质量的降低和信用风险的累积。随着中国经济迈向以产业升级、技术创新驱动的发展阶段，股票市场的定价机制和功能效率必须有实质性的提升，否则将难以在资本积累达到一定阶段后提升全要素生产率，更难以支持中国结构转型和产业升级。

6.2.8 发展目标与过程的关系

经历近 40 年的改革开放历程，中国已发展成为全球第二大经济体，占全球 GDP 的比重从改革开放前的 2.6%增长到 2021 年的 18%。与小国经济依赖贸易或金融兴国不同，大国经济的崛起必然需要科技进步、产业升级和基于货币国际化的金融竞争优势，这对股票市场的运行效率和经济功能提出了更高的要求。

中国股票市场发展迄今只有 30 年的时间，在市值规模、上市公司数量、中介机构规模等方面走完了成熟市场上百年的发展历程，但在投资者结构、法制基础、市场效率、经济功能等方面积累了一系列结构性矛盾和深层次问题。转轨经济的经验和教训告诉我们，从不完美的此岸到理想的彼岸之间并不存在简单的“惊险一跃”，而是一个反复试错、曲折前行的过程。

首先，要重视改革的系统性，当前股市面临的诸多矛盾交织在一起，某一具体方面、某一具体环节的单项改革只会带来更大的结构扭曲和不稳定，并产生新的制度问题，因此要实现改革措施的整体配套，实现整个发展模式的转换。其次，要接受改革措施的次优性，面临起点的扭曲、制度的不完善、历史的路径依赖，股市的发展过程无法超越现实约束条件，许多政策措施只能是次优的。再次，要注意改革措施的优先次序，股票市场的许多措施必须建立在一个规范的制度基础上才能有效运行。最后，要保持对股价涨跌的战略定力，在一个以股价涨跌论成败的舆论环境中，触动利益比触动灵魂更难，政策推动者应合理引导市场预期，保持政策的连续性，积极创造条件，稳妥地朝目标迈进。

当前，迫切需要在以下五个关键领域（笔者将之简称为“IDEAS 改革”）推进市场化改革，突破制约股票市场有效运行和发展的各种制度、体制与机制性障碍。

一是完善制度（Institution）。制度是市场有效运作的前提条件，而制度建设的核心是法治，这是各项改革措施深入推进的重要保障。必须对资本市场上的人性之恶保持足够的警惕，进一步加大资本市场的执法力度，完善制定与股东权保护有关的司法解释，明确股东权诉讼、股东代表诉讼的实体和程序规则，加大对损害投资者权益的大股东、实际控制人、公司经营管理层违法违规行为的民事、刑事责任追究力度，增加当事人的违法成本。

二是拓展市场深度（Depth）。国际经验表明，递延式个人税收优惠是养老金和企业年金扩大规模和进入股票市场的前提，应当不断创造条件，引导养老金和企业年金等长期资金广泛参与资本市场，拓展市场深度，促进长期资本不断形成。

三是提高市场定价效率（Efficiency）。尊重市场内在的供求关系规律，保持供需双方的充分供给，在严格投资者准入的前提下稳妥发展各类衍生产品，建立起基于市场正常供求和各类金融产品无套利基础上的市场化定价机制。同时，多措并举，有针对性地加强异常交易行为监管，保障市场正常定价功能的发挥。

四是放开准入（Access）。持续推进注册制改革进程，淡化盈利审核，重点关注企业的市场地位和持续经营能力，优先支持科技创新型企业上市，使大量优质的拟上市公司能成功对接本土资本市场。

五是保持市场的稳定性（Stability）。股票投资分享的是少数公司的高成长机会，即使在发展较为成功的美国股市，过往 30 年的所有收益也仅由25%的公司所产生。保持市场的稳定性并非要保证所有投资者都能盈利，而是要保持监管政策的前瞻性、预见性及相机调节性，确保市场不因高杠杆交易行为和高比例质押融资行为而发生非理性的暴涨暴跌，影响到金融系统的稳定性。

6.3 我们需要什么样的注册制

2019年6月13日，科创板顺利开板，注册制改革正式起步。在经历了理念的碰撞、规则的博弈、实践的纠结之后，如何全面推进注册制改革再一次成为社会关注的焦点。始于2021年年初的IPO变局究竟是注册制改革的短暂调整还是常态化？应该走什么样的改革之路才会收到行稳致远的效果？或者应该这样发问——我们到底需要什么样的注册制？

6.3.1 为何审：行政主导还是市场主导

注册制与核准制之争体现在股票发行的法理逻辑、审核重心及程序上。注册制秉持“发行上市是企业的一项基本权利”的理念，基于自由主义和披露哲学的法理基础，要求发行人充分、完整地披露与投资价值判断相关的所有信息，尽可能降低发行人和投资者之间的信息不对称性。与之不同，核准制将股票发行视为一种行政许可权，监管机构会制定发行条件并据此对公司的发行申请进行实质性判断。

从核准制迈向注册制，形式上看是将股票发行的审核和注册职责分别归属于证券交易所与证监会，但这种改变背后蕴含着对股票发行权利、证券监管理念，乃至资源配置方式等认识和观念的转变。正如刘鹤副总理在“第十一届陆家嘴论坛”致辞时指出，“从核准制到注册制改革的实质含义是真正把选择权交给市场”。因此，注册制改革需要重新定义市场、审核与监管的关系，在“以信息披露为核心”“建制度、不干预、零容忍”的注册制精神指导下，形成监审分离、各市场主体各负其责的机制。

市场经济是一系列制度安排的集合。一种市场机制要健康运作，离不开其他市场机制的支持与配合。与此类似，高度市场化的注册制也需要一整套为其保驾护航的制度体系，包括：归位尽责的中介机构、规范成熟的机构投资者、畅通便利的退市渠道，以及对欺诈上市等违法行为一究到底的法律诉讼机制和行政执法机制等。就注册制试点以来的运行情况来看，中介机构在核查验证拟发行人信息披露的真实准确完整性方面，在发挥“看门人”职责的把关意识和责任能力方面，距离注册制和发行市场化的内在要求还有很大的提升空间。同时，新股上市炒翻天、全民中奖型打新等现象仍然普遍存在，二级市场对一级市场的约束机制尚未有效建立。

面对此种挑战，目前监管部门的政策选择是从严监管，全面收紧IPO审核及注册，常态化开展问题导向及随机抽取的现场检查。一时间，IPO发行上市似乎已“变天”，拟上市企业申请撤回材料与被否决的数量也呈现增加的态势。申报越来越难，审核越来越严，监管的“有形之手”再度强势地介入了注册制的市场化运作过程。

理论上，管制是用来纠正而不是取代市场失灵的。实践中，“有形的手”几乎总是束缚住了“无形的手”。在各方归位尽责初行、市场约束机制方兴、权利法制意识萌生的改革试点阶段，股票发行监管如果重新延续“全能家长”模式，在发行人、中介机构和投资者等市场主体之间既当“教练员”又当“质检员”，那么将不可避免地侵蚀和削弱市场的自发秩序和自我净化功能。

事实上，过往的核准制在发行监管方面不可谓不严格，但是新股发行上市领域仍然怪相频现，导致了监管规则不断打补丁、监管行动不断升级、监管成本不断扩大的恶性循环。经济学家米塞斯认为，政府要想实现自己的意图，就得不断采取新的干预措施，所以产生了所谓“爬行管制”的问题。此次 IPO 审核收紧的过程中，也确实出现了审核被迫加强把关、规则执行层层加码的现象，审核政策的不稳定性、不可预期性再次浮出水面，这不禁使人产生注册制改革“穿新鞋走老路”的困惑和疑虑。

注册制改革的本质，就是要改变股票发行中政府和市场的基本关系，让市场在资源配置中起决定性作用，让政府更好地发挥作用。正如“吃药吃不出好身体”一样，认为通过各种行政规定就能提高上市公司质量和资本市场效率的想法，在很大程度上是政府管制路径依赖所衍生的行政万能幻觉。监管部门需要摈弃长期以来采用行政手段配置和管理证券资源的惯性和路径依赖，转变监管理念和监管方式，将工作重心从事前的审批把关向事中的监管干预、事后的稽查追责转变，发展市场、规范市场、依托市场，真正实现“把选择权交给市场”的改革目标。

6.3.2 审什么：关键信息还是冗余信息

注册制的本质是以信息披露为中心的审核制度，处处昭示着布兰代斯的那句名言：“阳光是最好的防腐剂，灯光是最好的警察。”为保证信息披露反映了“与投资者价值判断和投资决策密切相关的全部实质性信息”，主要证券市场均将发行人的持续经营能力及相关风险作为审核和披露的重心。

从国内注册制的运行实践来看，信息披露方面存在着以监管者需求为导向，而非以投资者需求为导向的倾向，认为信息披露内容越多越好，“眉毛胡子一把抓”。全面无保留的公开导致了信息冗余，无形中也加大了企业IPO的申报成本。以IPO申报文件为例，共分为7个章节，扣除部分不适用的文件，平均要申报约50份大大小小的文件，加上交易所、证监会的各类沟通问询文件，一次上市所需要编制的文件繁重冗杂。面对这些浩如烟海的信息，在实践中究竟有多少投资者能真正地看一遍，可能要打个大大的问号了。事实上，即使是投资基金等专业投资人，他们真正所关注的内容也无非是招股书、保荐工作报告、法律意见书和审计报告等几个关键文件，更遑论广大中小散户了。

此外，信息披露审核过程中还存在着规则执行层层加码的现象。以前期引起市场广泛争议的股东核查为例，2021年2月5日，证监会发布了《监管规则适用指引——关于申请首发上市企业股东信息披露》。根据该指引，发行人股东的股权架构为两层以上且为无实际经营业务的公司或有限合伙企业的，如该股东入股交易价格明显异常，中介机构应当对该股东层层穿透核查到最终持有人。但在交易所后续发布的相关通知中，却要求全部核查，并提出了对间接股东适格性的核查要求。这种信息披露无限扩大化的要求无谓地增加了披露要求。直至2021年4月下旬，沪深交易所以问答形式向券商明确关于股东信息核查中“最终持有人”的理解与适用，明确上市公司、新三板挂牌公司、国有控股或管理主体、集体所有制企业、境外政府投资基金、大学捐赠基金、养老基金、公益基金、公募资产管理产品以及符合一定条件的外资股东等不需穿透核查。

注册制审核为何会出现信息披露要求扩大化的趋向？首先，监管部门存在采用行政手段配置和管理证券资源的行为惯性和路径依赖，往往是“一家企业得病，全市场吃药”，不自觉地陷入“一放就乱，一乱就管”的恶性循环。其次，发行人及中介机构沿袭“挤牙膏”式披露策略，主动充分披露的意识不强，使得信息披露与审核职责配置容易出现“倒挂”。在这种情况下，审核人员从规避责任的角度出发，自然倾向于“全面式问询”，导致问询内容和修改后的招股说明书出现了大量的信息冗余。

国际证监会组织（IOSCO）在《证券监管的目标与原则》中曾提出了一系列监管原则，包括：以最经济、最有效的方式使用监管机构的资源；强化被监管者自身管理的责任；确保监管成本与监管收益成比例；便利金融部门的创新；促进竞争，而非不必要地妨碍竞争。基于这些原则，IPO的信息披露要求和审核应平衡好融资效率、实际效果和市场资源消耗、监管成本之间的关系，从投资者需求出发，从信息披露充分、一致、可理解的角度，进行公开化的信息披露和审核问询。同时，细化信息披露边界和豁免机制，明确哪些材料不能有任何瑕疵、哪些材料可以有一些差异和调整、哪些材料不那么重要可以不整理，从而进一步提高信息披露的有效性和针对性。

6.3.3 如何审：实质判断还是形式审核

股票发行审核通常面临着两种风险：一种风险是让差的企业混入市场，另一种风险是把好的企业拒之门外。如何看待和处理这两类风险成了注册制与核准制在审核方式上的重要区别。形象地说，核准制是由监管机构负责“挑出烂苹果”，以减少欺诈行为；而注册制则是通过充分的信息披露让“烂苹果”无所遁形，即使出现个别以次充好的情形，也可通过事后追责的方式予以惩戒。可见，注册制奉行完全披露主义，审核者通过大量专业性、综合性的判断来使每一份招股说明书经过反复补正以达到真实、准确、完整的披露标准。

当前，在严把“入口关”和提高上市公司质量的监管大背景下，注册制的审核方式悄然间有向核准制复归的趋势。严把“入口关”往往意味着要确保拟上市公司的质量，而如何才能保证 IPO 公司的优质呢？审核机构只有一个办法，那就是不断加强审核，不断细化审核的要求，不断要求进行穿透核查，直到企业自己退出或者真的经受住了这样的考验。在监管语境中，只有经历了高标准、严要求以及各类条条框框、层层考验的企业才是优质的企业，或者至少是运行规范的企业。

同时，发行上市审核与注册环节的理念和标准尚处于磨合进程中，因此审核和注册环节分设于交易所和证监会的制度安排极易造成注册环节的重复审核。根据公开披露的注册环节问询内容可以看出：大多数内容都是交易所审核过程中已经问询过的问题，并非交易所审核的遗漏事项；个别事项并不涉及发行条件和信息披露要求的重大方面，而是纠结于一些会计政策选择的细节问题。这种情形使得注册制的审核在程序上更为烦琐，也带来了监管资源的重复投入和浪费。

这种中国特色的注册制审核方式能否带来优质的上市企业？答案很大可能是否定的。事实上，过于严苛的审核标准和上市难度往往导致逆向选择，因为真正优质的企业可以选择制度环境更为友好、流程效率更高的市场发行上市，而能忍受这种严苛标准的往往是资质较差、心存侥幸的企业，或者是合规性好但资质平庸的企业。时至今日，大众熟悉的那些新经济行业明星公司和中概股仍纷纷远走他乡发行上市，在很大程度上是对境内外注册制审核环境的无言投票。

注册制的精神不在实质判断而在形式审核，靠严防死守和实质性审核杜绝造假与注册制的精神就背道而驰了，况且监管机构是否真的有能力来鉴定“苹果”的好坏呢？造假上市在任何国家的任何交易所都杜绝不了，只能靠强化后发制人的民事刑事责任制度来降低造假上市的概率。在诚信惩戒未立、市场治理方始的新兴加转轨市场中，监管机构不应将 IPO 链条上的种种监管职能过度地集中于审核环节，而应厘清各个环节的职能，对涉及欺诈发行上市的案例采取查清事实、依法追究法律责任的处理方式，这样才更有助于 IPO 参与各方真正做到归位尽责，从而在审核端进一步放松管制，发挥市场在资源配置中的基础性作用。

6.3.4　审多久：明确预期还是相机抉择

中国证券市场 30 年，曾有过 9 次暂停新股发行，其背后是以行政手段对新股发行调节奏、管价格、控规模，破坏了正常的供需关系，造成定价机制严重扭曲。注册制改革的一大目标就是建立以市场机制为主导的新股发行制度安排，推动审核进程高效、可预期，这也是市场观察和评价注册制实施效果最直观的窗口。

科创板和创业板目前的发行审核流程，在交易所审核环节、发行人和中介机构回复问询环节以及证监会注册环节均有明确的时间规定，分别是 60 个工作日、60 个工作日和 20 个工作日，但对交易所审核通过后到提交注册环节并未规定时间限制。监管部门“巧妙”地利用了这一规则漏洞，于是出现了大批公司已经通过交易所审核，但是不能提交注册的情形，很多公司在通过交易所发审会超过两个月后依然无法提交注册申请，科创板和创业板已过会但未能提交注册的企业逾百家之多，注册环节的“堰塞湖”悄然出现。

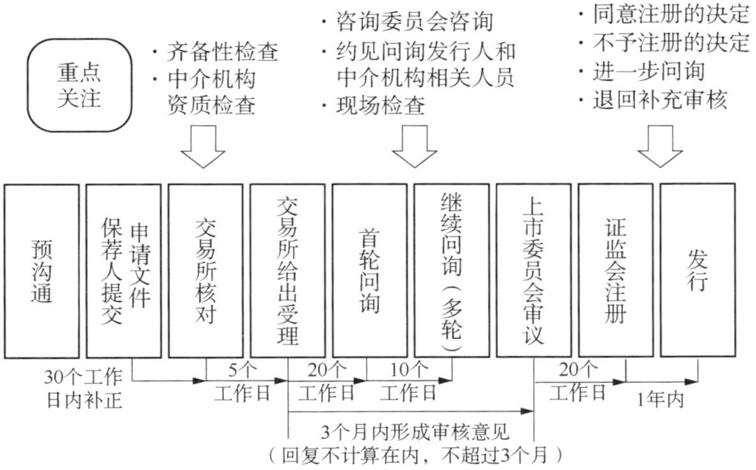

图 6.7 科创板发行上市审核流程

资料来源：根据上海证券交易所科创板业务规则整理。

上述情形的产生固然与监管部门在注册环节的资源和人手投入不足有关，但另一个背后的影响因素是要保持二级市场的稳定运行。监管机构在多重化监管目标之下，常有意或“被迫”将新股发行节奏与市场涨跌挂起钩来，形成“剪不断，理还乱”的关联关系。这种在发行节奏上忽前忽后、忽紧忽松的状况严重干扰了市场的正常预期和资本形成功能。企业如果预期相关政策不会持久，就会产生“冲刺上市”和“带病闯关”的冲动，某种程度上这也是造成 IPO“堰塞湖”重新出现的一大诱因。

有人可能要说，成熟资本市场同样存在着市场繁荣时发行筹资的公司增多，市场萧条时发行筹资的公司减少的现象。问题是：成熟市场的一二级市场之间的密切互动源于企业基于自身情况和发行成败作出的自主选择，而不是监管机构从“父爱主义”角度出发进行的行政干预。事实上，这正是注册制市场化改革所希望实现的一大目标。

从经济理论分析来看，只有无风险资产（比如消费品）的价格才取决于供求关系，而股票作为投资品，是一种风险资产。按照高风险高收益、低风险低收益的原则，投资品的价格只依赖于风险的高低。面对市场的涨跌起伏，监管机构应抛弃股市供需论的陈旧理念，忍住耐不住寂寞的“有形的手”，坚持市场化的发行节奏不动摇，使市场对注册制改革形成稳定的政策预期。多几个发行失败的案例，多几次上市首日破发的现象，才真正有助于建立市场化的发行约束机制和有效率的定价机制。

6.3.5　注册制改革：开弓没有回头箭

注册制改革是完善资本市场基础制度，发挥资本市场对提升科技创新能力和实体经济竞争力的支持功能，更好服务高质量发展的重要举措，也是党中央、国务院的重大决策。开弓没有回头箭，必须积极创造条件，坚定不移地向前推进改革进程。

回望资本市场的发展历史，股票发行的市场化改革总是会反复陷入“死循环”中。这既反映了发行体制改革的复杂性和艰巨性，也体现出新旧体制转轨过程中改革的不彻底性和摇摆性，面对改革中出现的难题甚至问题，不是继续用改革的方式加以解决，而是绕道走，甚至走回头路。然而，历史上所有的改革都是有阵痛的，“天下之事，因循则无一事可为；奋然为之，亦未必难”。

整体而言，目前注册制改革面临的最大挑战是：如何在诸多市场配套机制尚未成熟的环境下，实现市场化程度较高、符合社会预期的股票发行常态化运行。这就需要进一步处理好政府和市场的关系，完善注册制权力和责任配置的约束机制，推动市场主体的功能发育和归位尽责。在将发行人的质量优劣放手交给市场判断的同时，通过刑事、民事、行政立体性追责，严厉打击财务造假及其他信息披露违法违规行为，真正做到"市场的归市场，监管的归监管"。当下，需要重拾改革初心、重塑市场生态、重建责任体系、重构定价基础，尽管改革会带来阵痛，却是实现中国资本市场从新兴转轨到成熟市场伟大转型的必由之路。

6.4　股市异常交易监管之辩

一直以来，A股市场异常交易带来的违规交易形态和问题不断涌现，证券监管机构不断加强对股市异常交易的监管力度，社会和市场对此议论纷纷，颇有分歧。本节正是在这一背景下试图回答以下五个关键的相关问题：第一，如何认识交易所在组织和监管市场中的作用；第二，如何认识异常交易行为的本质和市场危害性；第三，对异常交易行为是否要进行监管；第四，在监管实践中如何合理界定异常交易行为；第五，如何加强异常交易行为监管。

6.4.1　交易所是证券市场法定的组织者和一线监管者

在经济学家的世界中，股价的形成机制最接近"竞争性均衡"(Competitive Equilibrium)的理想市场状态，诺贝尔经济学奖获得者斯蒂格勒就曾将纽约证券交易所视为竞争性市场的典型范例。在一个具有流动性的股市上，大量投资者自由地交易标准化的股票，交易所的交易系统恰如一只"看不见的手"计算每个股票在不同价格上的买入和卖出数量，然后，这只"看不见的手"根据这些价格和数量绘出供给和需求曲线，并决定交易的均衡价格，证券市场则以这一均衡价格为信号实现社会资金的合理配置。正如恩格斯所言，历史进程是千百万人意志相互冲突的结果，同样，股票价格也是从千百万个投资者的相互博弈中产生的，每个人的交易意愿都融合在均衡价格中，但并不对均衡价格起决定性的作用。

然而，真实世界的复杂性使得股票交易远离了理想的均衡市场。这主要体现在：首先，在完全市场中，信息可自由且即时传送给所有市场参与者，但现实市场中的投资者之间却存在信息的不对称性或对信息理解的差异性。其次，完全的市场必须是无摩擦的，具有无限的市场深度和流动性，但在市场实际运行中，买卖委托并非在时间上均匀地进入市场，可能导致买卖双方在委托量上出现失衡，使市场产生错误定价。再次，投资者也并非同质的完全竞争者，在资金数量、持股金额、投资经验及风险承受能力方面存在巨大的差异，部分投资者可能会滥用其市场优势，扭曲正常的价格发现过程。

面对现实市场和理想市场的偏离，各国证券法律均授权交易所通过制定强制性信息披露制度、交易制度和市场自律监管规则等制度，组织市场并对市场进行一线监管，使市场保持透明性、流动性、稳定性和有效性，发挥其应有的经济功能。我国《证券法》第九十六条规定，证券交易所、国务院批准的其他全国性证券交易场所为证券集中交易提供场所和设施，组织和监督证券交易，实行自律管理，依法登记，取得法人资格。

完全竞争的证券市场是一个信息尽可能完全的市场，要求信息的时空分布无偏性，即信息能够及时、全面、准确并同时传送给所有投资者。基于这一角度，交易所通过上市公司信息披露制度和交易信息发布制度向市场披露相关信息，投资者可以在交易前掌握相关股票的充分信息，从而使股票价格最大限度地反映相关信息，提高市场的公开性和定价效率。

交易机制将投资者的交易需求和买卖委托转化为均衡价格，是交易所组织市场的核心要素。全球主要交易所均以提供较高的流动性、促进有效的价格发现为目标，运用最新技术不断优化自身的价格确定机制、交易连续性、买卖委托类型、报价单位等交易要素。对于大额交易可能带来的价格扭曲，交易所通过设立大宗交易制度、盘后定价交易制度、冰山委托（Iceberg Order）等特殊的交易制度安排来维护市场的效率和秩序。而当临时性的买卖委托失衡、"乌龙指"引发的错单交易以及投资者过度反应等因素导致股价出现临时性的大幅波动时，交易所设立稳定机制来抑制股价出现自我增强式的大幅波动。例如，美国股市于 2013 年 4 月推出了个股的动态涨跌幅限制，香港股市则于 2016 年 8 月推出了市场波动调节机制。

股市定价功能的发挥也依赖于良好的市场运行秩序。当出现投资者试图利用其资金或持股优势，通过虚假申报幌骗（Spoofing）市场，或者通过大量买卖对股票价格产生重大冲击等异常交易行为时，交易所将通过市场自律监管规则履行其一线监管职能，促进公正、公平的交易原则，从总体上保护投资者和公共利益。

6.4.2　掠夺性交易是目前异常交易行为的主要形式

中国股市是在经济转轨过程中发展起来的新兴证券市场，加上中国特殊的社会文化、精神特质和价值观念的影响，使得中国股市具有与境外成熟市场完全不同的市场结构，这种差异主要表现在以下两个方面。

从投资者结构来看，中国股市仍是一个以个人投资者为主的市场，每年有交易纪录的个人账户数接近5000余万户，而个人投资者在二级市场总交易额中的占比更是接近80%，对交易价格的形成具有显著影响力。

从市场运行机制来看，中国股市的运行机制具备简单、直接而又高效的特点，满足了数以千万计投资者的参与需求。由于缺乏针对不同投资者和不同交易品种的多样化的交易机制，大额投资者和中小投资者的委托在一个系统中撮合成交，加之涨跌幅限制具有的“磁吸”效应和助涨助跌特性，加大了前者的市场影响力。从市场内在的买卖平衡力量来看，由于非市场化定价机制造成融资融券业务发展不平衡，融券业务发展极为滞后；同时，“T+1”交易制度的规定使股票的日内供应受到限制，这两个因素容易导致市场自身的买卖力量产生失衡，市场内生地具有“做多”的冲动。

经济学大师弗里德曼(1953)曾断言：“金融市场中的投机交易并不能真正影响市场价格，因为理性的套利者会消除这一切。”确实，在成熟市场中，如果没有基本面因素的改变，股票价格和交易量在短期内的急剧上涨将导致现有股东的大量抛售，同时卖空者也将增加股票的市场供应，上市公司更可以通过二次发行大量增加股票的市场供应，从而削弱或消除对股价的投机性攻击。但在中国股市中，不成熟的投资者和不完备的交易制度却使得投机性攻击成为可能，并催生出中国股市独特的异常交易行为——掠夺性交易(Predatory Trading)。

在一个竞争性的市场上，每个人的交易都不会影响股票价格，都是价格的接受者。但在以大量散户为主的股市中，大资金交易者可以在短期内对股价产生重大影响，甚至成为价格的确定者。由于市场内在多空力量的失衡，理性的投资者并不能有效地削弱这种非理性上涨，加之涨跌幅限制的影响，大资金的投机性攻击可以形成股价变化的惯性效应（Momentum），吸引更多中小投资者的参与，导致市场出现“集体非理性”，并使股价在短期内大幅偏离其基础价值，此时大资金交易者将股票卖出获利。金融学文献将某类投资者通过大量买卖对价格施加影响，并从另一类投资者处获取利润的行为称为“掠夺性交易”（Brunnermeier，2005），认为这种交易行为有别于传统意义上的股价操纵行为。

6.4.3　监管股市异常交易行为的必要性

对传统意义上的异常交易行为，如虚假申报、对倒对敲、多账户合谋操纵等行为加强监管，市场并无异议，而对利用盘中拉升、打压进行掠夺性交易的行为进行监管，则莫衷一是。社会上和市场中一种比较有代表性的观点认为：大资金交易者利用自有资金买卖股票并影响股价并不违规，中小投资者跟风参与也是“买者自负”，股票市场上“有钱就可以任性”，交易所和监管机构不应对此进行监管和干预。

事实上，由于市场异常交易可能以不同的模式和形态出现在不同的市场和交易场所中，因此各国证券法律均未对异常交易和股价操纵行为确切地进行定义，其目的在于保持法律的弹性，以更广泛地覆盖异常交易行为，防止有机可乘的漏洞。金融学家曾提出从市场经济功能角度来判断证券监管的必要性（Kyle，2008），由于中国股市特殊的投资者结构，基于市场公平性的角度也是一个必须考虑的因素。

首先,以掠夺性为主的异常交易降低了市场定价的准确性以及流动性两项影响市场效率的关键指标。由于流动性代表着市场的交易效率,而定价准确性影响了市场的资源配置效率,当这两种效率均被破坏时,股票市场的经济功能将会严重受损。同时,异常交易行为在短期内使股价大幅偏离其基础价值,严重透支公司、行业甚至整个市场未来的发展和盈利增长等因素,使中国股市始终处于"牛短熊长"的状态之中,在极端情况下甚至导致整个市场出现自我增强式的暴涨暴跌,影响到金融体系的稳定运行,2015 年股市风波的教训殷鉴不远。

其次,与境外成熟市场以机构投资者为主的结构不同,中国股市是以大量中小投资者为主的市场,持仓市值在 50 万元以下的中小投资者占比高达 95%以上,他们在与大资金交易者的博弈中天然地处于劣势地位。一直以来,由掠夺性交易引发的"盲目炒新""狂热炒小""博傻炒"等现象盛行,对于多数跟进炒作的散户,无异于"刀口舔血",往往蒙受惨重损失。以上交所曾披露的"兰石重装"新股炒作为例,在短短 15 个交易日内,中小散户平均亏损 3 271 元,其中亏损超过 20%以上的账户数量比例达到了 5%;个人大户平均盈利 8 316 元;个人超大户平均盈利达到了 6.14 万元。显然,如不加强监管,股票市场将成为弱肉强食的"霍布斯丛林",成为不法资金的"提款机",市场生态和投资文化也将不断恶化。

6.4.4 股市异常交易的特征和界定

通过分析近年来国内股市在这方面的典型案例,可以发现掠夺性交易具有一些突出的行为特征。

一是大量消耗市场流动性。大资金交易者大部分倾向于利用多笔主动性买入拉升股价，近 60%的委托是激进型委托，其主动成交数量占相关股票成交总量的比例平均高达 60%以上，对市场流动性形成严重冲击和损耗，降低了市场的运行效率。

二是在短期内致使股价发生大幅波动。大资金交易者的连续大量买入降低了股票短时期内的供需弹性，使股价产生大幅波动。以中国证监会曾处罚的“王耀沃操纵西仪股份案”为例，在 2014 年 11 月 27 日 13 时 1 分 35 秒至 5 分 41 秒，王耀沃账户组连续申报买入 24 笔共 2 321 000 股，申报价格从 13.05 元不断抬高至 13.56 元（涨停价格），占同期市场申买量的 84.89%，最终成交 617 535 股，占同期市场买入成交量的 71.78%。

三是以封涨停板的极端方式人为影响股价趋势。大资金交易者一般以涨停价或临近涨停价格发出大量买入委托，利用资金优势封住涨停。在王耀沃一案中，当西仪股份股票当日初次涨停后，王耀沃账户组以涨停价格申报买入 13 笔共 6 859 300 股，占同期市场涨停价格申买量的 64.65%，并且在次一交易日大量以涨停价申报买入并全部撤销，吸引中小投资者的注意力，导致他们跟风买入，之后全部卖出所持股票。

四是持股期限普遍较短。与传统的通过“坐庄”行为操纵股价有所不同，掠夺性交易的本质在于利用资金优势影响股价短期走势，并掠夺随后参与的跟风交易者，因此持股期限普遍较短，一般仅持有 1—5 天即会卖出，显示出快进快出的行为特征。

根据各国证券法律的立法原则、判例标准和国内市场异常交易行为的具体特征，可从交易动机、价格影响和持股期限三个维度来界定异常交易行为。

尽管各国证券法律并未给出异常交易乃至市场操纵行为的详尽

定义，但这些法律条文隐含着如下的假设，即投资者不应通过控制或人为影响证券价格的形式来误导其他投资者。在著名的美国"Amaranth（希腊文意为'不凋花'）公司天然气价格操纵案"中，纽约南区联邦法院裁定，尽管该公司的交易行为并没有违反相关法规，但其在最后半小时大量交易天然气合约的行为并不具有经济合理性，因此其交易目的是为了操纵合约价格，其交易行为被判定为市场操纵行为。

金融学研究表明，大资金交易者如果具有私有信息，那么其最佳策略应该是通过限制交易数量来降低大额委托的暴露程度和市场冲击成本，缓慢推升价格以实现盈利最大化，这也是成熟市场上"算法交易"（Algorithmic Trading）和"暗池"（Dark Pool）交易大量发展的主要原因。因此，如果市场没有出现突发性的信息，大资金交易者在极短时间内进行大量买卖的交易动机显然不具有经济上的合理性。

对异常交易行为的进一步界定需要建立动机、行为和价格影响之间的因果联系。如果大资金交易者的交易量在短期内占比很高，大量消耗市场流动性，降低了股票的供需弹性，使股价出现大幅波动，那么可以认为这种交易行为给市场注入了不准确的信息，以短期的垄断定价误导了其他投资者。

界定异常交易行为的另一个复杂之处是和涨跌幅限制有关。当股票基本面情况发生较大变化时，如果股票均衡价格的变化幅度超过涨跌限幅，涨跌幅限制将会使本应在当天达到的均衡价格无法实现，而不得不等到后续交易日继续向均衡价格靠拢（学术界称为涨跌幅限制的"价格发现延迟效应"）。在这种情况下，大资金交易者出于抢先交易的目的而集中大量买卖，显然，这种交易目的具有经济合理性，并且加速了价格发现过程。因此，界定此类行为不可避免地需要对相关信息进行主观的价值判断，或者在事后通过分析大资金交易者的持股期限来推断其交易目的。

金融学家在《如何定义非法股价操纵》一文中曾感慨，“尽管人们可以从能力、动机、因果关联、价格虚假性等方面来界定异常交易和股价操纵行为，但明确的认定仍不可避免地需要监管人员的主观判断并行使自由裁量权”(Kyle，2008)。事实上，这也是当前股市一线监管面临的主要挑战。

6.4.5　多措并举加强异常交易行为监管

中国证券市场处于新兴期、转轨期，由于社会文化、投资习惯、行为偏差和交易机制等多重因素的影响，由异常交易带来的违规交易形态和问题不断涌现，这些恶习不但导致市场暴涨暴跌，而且使中小投资者蒙受惨重损失，恶化了市场生态和投机文化，成为我国证券市场的一大顽疾。

国际证监会组织在《证券监管的目标和原则》报告中指出，证券监管的三项目标分别为：保护投资者利益；保证市场公平、高效和透明；减少系统性风险。基于这些监管目标，可多措并举，有针对性地加强对异常交易行为的监管，保障市场正常定价功能的发挥，提升证券市场优化资源配置及服务实体经济的能力。

一是进一步加强投资者教育和风险提示工作。积极倡导长期投资、价值投资和理性投资，中小投资者应摒弃“赚快钱”“一夜暴富”的侥幸心理和投机心态，不盲目跟风参与炒作。大额投资者应具有担责意识，积极调整交易行为，分散交易数量，尽可能降低因自身交易行为对市场带来的冲击，共同维护市场正常的交易秩序，改善市场生态和投资文化。

二是进一步完善交易机制。交易机制可视为市场的一种“游戏规则”,这种规则决定了价格发现的速度、质量以及市场的透明度及公平性。交易机制包含三大要素:委托类型、价格形成机制和价格稳定机制。基于我国股市以散户为主这一基本特点,可考虑对交易机制进行如下完善:一是引入冰山委托,限定大额交易者每次在市场上披露的最大委托数量,当该委托数量完全成交后,另一委托披露数量自动由系统产生,出现在委托档位中,产生新的委托时间(时间优先顺序已被改变),如此周而复始,直至该大额委托全部成交,从而抑制大资金交易者利用大量委托诱导中小投资者跟风交易并从中牟利的不当交易行为;二是推出盘中大宗交易安排和盘后定价交易安排,即在盘中允许大额委托之间以当日成交量加权平均价进行撮合成交(VWAP),在盘后允许大额委托之间以当日收盘价进行撮合成交,为大额委托引入新的流动性来源,降低其在盘中对股价的冲击;三是针对个股引入市场波动调节机制,当股价在极短时间内(如 5 分钟)波动超过一定幅度后,将进入股价监测期,其间拒绝高于上限的买盘和低于价格下限的卖盘,也使得交易所有充裕的应对时间来监管异常交易行为。

三是推动投资者分类监管。正如产业界对垄断企业需要进行监管一样,对日均持股市值或交易金额巨大的账户,可将其认定为“交易秩序重点监管账户”,纳入重点监管范围,并可相机采取限制两融交易、限制报单速度、增加交易成本、加强账户信息披露等措施,抑制利用资金优势进行的异常交易行为,维护市场正常的交易秩序。在这方面,美国等境外市场所采用的大交易商报告制度已有较为成熟的做法。

四是制定交易所反市场扰乱制度。2016 年 2 月,美国证券交易委员会批准BATS、纳斯达克等交易所修订其交易规则，引入了对扰乱报价（Disruptive Quoting）和交易行为（Trading Activity）的认定和处置机制，建立了以证券交易所为实施主体的反市场扰乱规则，明确了证券交易所在即时处置扰乱市场交易秩序行为中的功能和作用。我国证券交易所可借鉴这一做法，制定对“异常交易”或“扰乱市场秩序”行为的监管原则和判断规则，对大资金交易者形成约束机制，对市场交易行为产生引导作用，同时使一线监管者在市场操纵行为甫一进行时便可相机采取警示、暂停、限制交易等弹性和有效的监管措施，及时发现和制止异常交易行为。

6.5　未来10年的愿景与挑战

在中国经济培育新增长动能、开启新增长路径之际，建设一个健康、成熟、具有广度和深度、富有效率和国际竞争力的资本市场，可以有效推动技术创新和科技革命，支持人民币国际化进程和中国经济长期可持续发展，对全面建设小康社会和中华民族的复兴起着至关重要的作用。以科创板试点注册制改革为突破口，中国资本市场的深化改革已经迈入新阶段，这中间将面临许多困难和挑战，必须要深刻认识、深入研究、有效应对。

6.5.1　中国金融体系转轨过程中直接融资的发展问题

随着中国经济迈向转型升级和创新驱动的新发展阶段，客观上需要加快推动形成一个融资功能完备、基础制度扎实、市场监管有效、投资者合法权益得到有效保护的资本市场。目前，新增社会融资总量中直接融资占比在20%左右，股票融资在社会融资中占比仅为3%。显然，提高直接融资占比，尤其是股权融资占比是发展资本市场的应有之意。从国际情况来看，欧元区情况与中国类似，企业资金80%来源于银行贷款，20%来源于债券融资，美国资本市场体系较为发达，企业资金中有67%来源于债券融资，其余33%来源于各类贷款。可见，在两大经济体中，股权净融资的数量均可忽略不计，事实上美国近45年来的情况皆是如此。那么，在中国金融体系的转轨过程中，直接融资和间接融资的相对比重如何确定？直接融资中股权融资的金额究竟占多少比例比较合适？除此之外，至少还有两个问题特别值得探讨。

其一是如何打造具有国际竞争力的投资银行体系。没有强大的金融中介，特别是投资银行、保险公司和投资基金等非银行金融中介，资本市场就难以顺利发展。从国际比较来看，目前中国131家证券公司的资产总额与美国高盛公司一家的资产总额相当，存在显著的“大市场小行业”问题。在这种情况下，如何打造具有国际竞争力的投资银行体系，这是一个需要进一步探索的重大问题。在改革思路上，可考虑是否借鉴当初国有商业银行改革的成功经验。具体而言，可否探索通过特别国债或央行再贷款注资特定券商，证券公司在获得注资后，以自有资本参与认购其承销的证券。可以预期，上述方案的实施将使资本市场的功能和规模跃上一个新的能级，既可通过融资便利提升和创新资本积累助力企业融资上市，又可做大做强国内券商队伍，借助券商的市场化筛选机制为资本市场输送优质上市资源，使中国经济以资本市场为枢纽实现稳增长、调结构的目标。

其二是如何提高市场的定价效率。资本市场是配置社会资本的重要场所，要成功地实现这一基本功能，股价就必须可靠地反映公司的内在投资价值，即市场的定价在总体上是有效率的。合理的定价效率除了有赖于信息的及时、全面和准确披露外，更是有赖于股票发行的市场化和成熟而理性的投资者群体。但是，在投资者结构短时间内难以优化、中小投资者投资思维和习惯难以很快改善的情况下，市场的定价效率如何提高？另外，在注册制下如何吸引长期资金入市，保持供需双方的充分供给，真正实现股票发行和退市的市场化，重构市场的定价体系？这些都是需要进一步探索的重大问题。

6.5.2　多层次市场建设和服务中小企业融资问题

从境外多层次市场发展来看，上市条件设计凸显不同层次的差异化，制度实际运行中不同层次的上市主体也显著不同，其目的是为了让处于不同发展阶段的企业选择适合自身的筹资方式和股东结构，同时让广大投资者能够根据自身风险偏好，选择合适的投资市场。与成熟市场层次分明的多层次市场相比，我国交易所多层次资本市场“形备而神不至”。上述问题背后的最直接原因在于各市场板块缺乏清晰的市场定位，不同市场板块的上市制度不存在明显差异，上市条件的设置较为单一，“有下限无上限”。在目前科创板和创业板均试点注册制的环境下，如何避免在地方利益的裹挟下，两个市场板块再次出现同质化竞争，进而导致交易所之间的监管竞次和无序竞争？如何真正建立起层次分明、功能互补、错位发展、有机联通的多层次资本市场体系，支撑不同业态、不同规模、不同阶段的企业共同发展？客观而言，资本市场服务的企业覆盖范围、资本要素市场化配置的效率都还存在较大提升空间。这也正是多层次资本市场建设需要着力解决的问题。

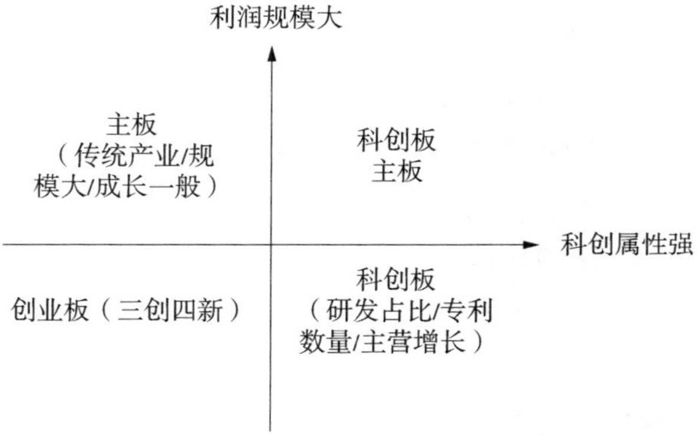

图 6.8　多层次资本市场定位

资料来源：根据相关市场板块业务规则整理。

6.5.3　资本市场改革的路径选择

渐进式改革是资本市场改革的主要路径，其本质就是所谓“摸着石头过河”，这是一种通过实验优化政策的渐进式方法。政府将从最初的（通常是很小的）政策变化开始，并根据经济对这种变化的反应逐步修改政策。这种方法在市场基本制度规则层面的改革效果很好，因为上市公司等参与主体通常需要几个月甚至几个季度才能对政策变化作出反应，这给了政策制定者足够的时间来研究反应并作出适当的政策调整。但在交易层面，由于股票市场为参与者提供了获得融资和交易的更大灵活性，使得投资者可以迅速对交易机制改革作出反应，严重的投机可能使渐进式的改革路径失效。更关键的是：投资者的交易行为受到诸多因素的影响，上至国内外政经大势，中至流动性松紧状况，下至市场情绪高低，投资者根据当时的情况对交易机制改革作出的反应在另一些情况下会表现迥异，在某种意义上这类似于经济政策制定中的“时间不一致性”问题，即政府发现以前根据当时的情况所制定和实施的最优政策现在已经不是最优政策了。因此，在既有投资者结构及市场存在高投机氛围的环境下，“T＋0”等交易机制的改革是否适用渐进式的改革路径？如何从增量市场的创新全方位复制到存量市场的改革？复制过程中是否会产生新的市场问题？这方面尤其需要进一步研究和探索。

6.5.4 加强监管和严格执法

资本市场是财富放大器，可以把一块钱的利润放大成几十乃至上百倍的市值，面对巨大的赚钱效应和国内市场“人傻钱多”的现实，如果没有法制化的约束和监管，谁都可能产生掠夺动机并将其付诸实施，再好的制度最终也会南辕北辙。法律的威慑效果是由惩罚的严厉性及确定性这两个变量决定的，目前新修订的《中华人民共和国证券法》和《中华人民共和国刑法修正案》大幅提高了对证券犯罪的惩罚力度，在地方利益盘根错节和市场做空机制不完善的生态环境下，要研究如何加强监管、严格执法，更加精准地打击真正应该负责的关键少数人。在加强监管的同时，也要研究放松管制的问题，要根据市场发展情况，审时度势，适时放松行政审批管制，给予市场自律监管适当的成长空间，完善“后发制人”的责任制度体系，这是股票市场加强监管和进一步发展的必要前提。

6.5.5 防范股价泡沫及其带来的金融风险

自诞生以来，中国股市历经多轮牛熊更替，股市泡沫也曾激荡人心，但不管是“5.19行情”引发的网络股狂潮，还是2007—2008年涌现的资源股泡沫，抑或是2015年的“互联网＋”泡沫，每次短暂的繁荣过后都是“一地鸡毛”，给市场发展带来严重风险。目前，中国居民资产的80％左右是实物资产，金融资产占比20％，考虑整个房地产市场的预期变化以及住房拥有率相对比较高的现实，中国现在正在进入一个居民资产配置更多倾向于金融资产，特别是权益资产的拐点之上，这为泡沫形成提供了“完美”的环境。如何防范杠杆交易和股价泡沫及其带来的金融风险？能否通过出售国有股权的方式，减轻泡沫形成的压力？如何培育和形成温和的创造性泡沫，使资本市场担负起引领科技创新、培育新经济增长功能的历史使命？这些问题都值得深入研究、认真应对。

当然，资本市场的发展和成熟在根本上与有利的宏观经济环境、企业的国际竞争力、保护中小投资者的法律体系等因素密切相关，这无疑是一个伟大而艰巨的制度成长过程，也是一个需要改革智慧和创造力的过程。

中国资本市场任重而道远！

参考文献

Abbas Ali, S. M. et al. (2014). Sovereign debt composition in advanced economies: A historical perspective. IMF Working Paper, No. 14/162.

Acemoglu, D. (2011). Thoughts on Inequality and the Financial Crisis. presentation held at the American Economic Association, http://economics. mit. edu/files/6348.

Alden F. Abbott. (2021). The Globalization of Antitrust: History and Prospects. Mercatus Research, Mercatus Center at George Mason University.

Aoki, Kosuke, and Kalin Nikolov. (2015). Bubbles, Banks and Financial Stability. Journal of Monetary Economics 74,33 - 51.

Argentesi, E. , P. Buccirossi, E. Calvano, T. Duso, A. Marrazzo, and S. Nava. (2021). Ex-post assessment of merger control decisions in digital markets. Journal of Competition Law and Economics, 17(1),95 - 140.

Asriyan, Vladimir, Luca Fornaro, Alberto Martin, and Jaume Ventura. (2016). Monetary policy for a Bubbly World. NBER working paper, w22639.

Autor, David, David Dorn, Lawrence F. Katz, Christina Patterson, and

John Van Reenen. (2019). The Fall of the Labor Share and the Rise of Superstar Firms. Quarterly Journal of Economics.

Baker, Dean, Josh Bivens, and Jessica Schieder. (2019). Reining in CEO Compensation and Curbing the Rise of Inequality. Economic Policy Institute, June 2019.

Bartsch, Elga, Jean Boivin, Stanley Fischer, and Philipp Hildebrand. (2019). Dealing with the Next Downturn: From Unconventional Monetary Policy to Unprecedented Policy Coordination. Blackrock Investment Institute.

Allen, F. and D. Gale. (2000). Bubbles and crises. Economic Journal 110, 236 - 255.

Balestra, Carlotta. (2018). Inequalities in household wealth across OECD countries: Evidence from the OECD Wealth Distribution Database. Organization for Economic Cooperation and Development.

Ball, Laurence. (2012). Ben Bernanke and the Zero Bound. Working Paper, Johns Hopkins University.

Barrett, P. (2018). Interest-Growth Differentials and Debt Limits in Advanced Economies. IMF Working Paper No. 19/82.

Bauguess, S. , Gullapalli, R. , Ivanov, V. (2018). Capital raising in the us: An analysis of the market for unregistered securities offerings, 2009 - 2017. SEC Division of Economic and Risk Analysis .

Bernanke, B. (2002). On Milton Friedman's Ninetieth Birthday. Remarks by Governor Ben S. Bernanke at the Conference to Honor Milton Friedman. 8 November, University of Chicago. Federal Reserve Board.

Bernanke, B. (2003). Some thoughts on monetary policy in Japan. Remarks by before the Japan Society of Monetary Economics, Tokyo, 31 May.

Bernanke, B. (2017). Federal reserve policy in a international context. IMF

Economic Policy Review.

Bianchi, F. and C. Ilut. (2017). Monetary/Fiscal Policy Mix and Agent's Belief. Review of Economic Dynamics, 26,113 - 139.

Bian Jiangze, Kalok Chan, Bing Han and Donghui Shi. (2020). Cross-Border Equity Flows and Information Transmission: Evidence from Chinese Stock Markets, Working Paper.

Bird, M. (2020). The coronavirus savings glut. Wall Street Journal, 23 June.

Blanchard, Olivier, Dell'Ariccia, Giovanni and Mauro, Paolo. (2013). Rethinking Macroeconomic Policy. IMF SPN No. 10 - 03.

Blanchard, Olivier, and Dani Rodrik. (2019). We Have the Tools to Reverse the Rise in Inequality. Speeches and Papers (November 20). Washington: Peterson Institute for International Economics.

Blanchard, O. (2019). Public Debt and Low Interest Rates. American Economic Review 109(4),1197 - 1229.

Blonigen, B. A., Pierce, J. R. (2016). Evidence for the effects of mergers on market power and efficiency. Tech. report, National Bureau of Economic Research.

Borio, C., P. Disyatat and A. Zabai. (2016). Helicopter money: The illusion of a free lunch. VoxEU. Available at: http://voxeu.org/article/helicopter-money-illusion-free-lunch.

Borio, C. (2017). Secular stagnation or financial cycle drag? Speech, Bank for International Settlements.

Bofinger, P. (2012). The Impact of Inequality on Macroeconomic Dynamics. Paper presented at the Conference "Paradigm Lost", Institute for New Economic Thinking, 12 - 14 April.

Bourreau, M. and A. de Streel. (2019). Digital conglomerates and EU competition policy. CERRE report, March 2019.

Boushey, Heather, and Somin Park. (2020). The Coronavirus Recession and Economic Inequality: A Roadmap to Recovery and Long-term Structural Change. Policy Resources for the Coronavirus Recession (July 8), Washington Center for Equitable Growth.

Brand, Claus, Bielecki, Marcin, and Penalver, Adrian. (2018). The natural rate of interest: estimates, drivers, and challenges to monetary policy. Occasional Paper Series 217, European Central Bank.

Brunnermeier, Markus K., and Martin Oehmke. (2013). Bubbles, Financial Crises, and Systemic Risk, in George M. Constantinides, Milton Harris, and Rene M. Stulz (eds) Handbook of the Economics of Finance, Vol 2B. Amsterdam: Elsevier.

Brunnermeier, Markus K., and Isabel Schnabel. (2015). Bubbles and Central Banks: Historical Perspectives. working paper, Princeton University.

Brunnermeier Markus K., Simon C. Rother, Isabel Schnabel. (2019). Asset Price Bubbles and Systemic Risk. NBER Working Paper Series, No. 25775.

Buiter, W. H. (2004). Helicopter money: irredeemable fiat Money and the liquidity trap. CEPR Discussion Paper 4202.

Buiter, W. H. (2014). The simple analytics of helicopter money: Why it works always. Kiel Institute for the World Economy Economics Discussion Paper 2014 - 24.

Caballero, Ricardo, Emmanuel Farhi and Pierre-Olivier Gourinchas. (2015). Global Imbalances and Currency Wars at the ZLB. NBER Working Paper No. 21670.

Cabral, L. (2020). Merger policy in digital industries. forthcoming in Information Economics and Policy . Special issue on the digital economy, edited by Y. Spiegel and J. Waldfogel.

Carvalho, Carlos, Andrea Ferrero and Fernanda Nechio. (2016). Demographics and Real Interest Rates: Inspecting the Mechanism. Available at https://www.frbsf.org/economic-research/files/wp2016-05.pdf.

Casas, Camila, Federico Diez, Gita Gopinath and Pierre-Olivier Gourinchas. (2015). Dominant Currency Paradigm. NBER Working Paper No. 22943.

Chancel, Lucas. (2019). Ten Facts About Inequality in Advanced Economies. Event held at the Peterson Institute for International Economics, October 17, 2019.

Charles Goodhart. (2020). Inflation after the pandemic: Theory and practice. voxEU, June 13.

Christopher Sims. (2020). How to Worry About Government Debt. Markus Academy webinar. Princeton University Bendheim Center for Finance. October 15.

Collins, Chuck. (2020). US Billionaire Wealth Surges to MYM584 Billion, or 20 Percent, Since the Beginning of the Pandemic. Institute for Policy Studies (June 18). Washington: Institute for Policy Studies.

Darrell Duffie. (2020). Still the World's Safe Haven: Redesigning the U.S. Treasury Market after the Covid-19 Crisis. The Brookings Institution.

DeLong, J. B. & Summers, L. H. (2012). Fiscal Policy in a Depressed Economy. Paper presented at the Spring 2012 Brookings Panel on Economic Activity.

De Loecker, J., Eeckhout, J. (2017). The rise of market power and the macroeconomic implications. Tech. report. National Bureau of Economic Research.

Doidge, C., Karolyi, G. A., Stulz, R. M. (2017). The Us listing gap. Journal of Financial Economics 123, 464 - 487.

Draghi, M. (2015). Structural reforms, inflation and monetary policy. Introductory speech, ECB Forum on Central Banking, 22 May.

Eggertsson, G. B. and P. Krugman. (2012). Debt, deleveraging, and the liquidity trap: A fisherminsky-koo approach. The Quarterly Journal of Economics 127(3),1469 – 1513.

Eichengreen, Barry. (2011). Exorbitant Privilege: The Rise and Fall of the Dollar and the Future of the International Monetary System. New York: Oxford University Press.

Eichengreen, Barry. (2015). Secular Stagnation: The Long view. American Economic Review, vo. 105, No. 5: 66 – 70.

Eichengreen, Barry. (2019). Two Views of the International Monetary System. Remarks to the conference on the "Past, Present and Future of the International Monetary System," 9th High-Level Conference on the International Monetary System, Swiss National Bank and IMF, Zurich, 14 May.

Epstein, G. (2019). The institutional, empirical, and policy limits of modern money theory. Working Paper No. 481, Political Economy Research Institute, University of Massachusetts, Amherst, March.

European Parliament's Committee on Economic and Monetary Affairs. (2020). Yes, We Are Probably All Japanese Now. Monetary Dialogue September.

Ewens, M. , Farre-Mensa, J. (2018). The Deregulation of the Private Equity Markets and the Decline in IPOs . Working paper.

Farhi, Emmanuel and Matteo Maggiori. (2017). A Model of the International Monetary System. Quarterly Journal of Economics 133,295 – 355.

Fishback, P. (2020). The COVID crisis in comparison with the Great Depression. Econlib, 6 May. https://www. econlib. org/the-covid-crisisin-comparison-with-the-great-depression.

Francis, Theo. (2019). The New Pay Gap: What Firms Report Paying CEOs Versus What They Take Home. Wall Street Journal, August 25, 2019.

Fullwiler, S. T. (2016). The Debt Ratio and Sustainable Macroeconomic Policy. World Economic Review 7: 12 - 42.

Gali, J. (2020). The Effects of a Money-Financed Fiscal Stimulus. Journal of Monetary Economics, forthcoming.

Galbraith, J. K. (2012). Inequality and Instability: A Study of the World Economy Just Before the Great Crisis. Oxford University Press.

Gans, J. , Leigh, A. , Schmalz, M. , Triggs, A. (2018). Inequality and market concentration, when shareholding is more skewed than consumption. Tech. report. National Bureau of Economic Research.

Gautier, A. and J. Lamesch. (2020). Mergers in the digital economy. CESifo Working Paper 8056.

George Selgin. (2021). The fiscal and monetary response to COVID-19: What the Great Depression has-and hasn't-taught us. Economic Affairs. 41, 3 - 20.

Ghulam, Y. , and J. Derber. (2018). Determinants of Sovereign Defaults. The Quarterly Review of Economics and Finance 69,43 - 55.

Gordon, R. (2016). The Rise and Fall of American Growth. Princeton University Press.

Gourinchas, P. O. , H. Rey, and N. Govillot. (2010). Exorbitant privilege and exorbitant duty. mimeo, UC Berkeley.

Hall, R. E. (2018). Using empirical marginal cost to measure market power in the us economy. Tech. report. National Bureau of Economic Research.

Hetzel, R. (2020). COVID - 19 and the Fed's Credit Policy. Working

Paper. Mercatus Center, George Mason University.

Hodak, Marc. (2019). Are Performance Shares Shareholder Friendly? Journal of Applied Corporate Finance 31, No. 3: 126 - 130.

Hutchinson, M. (2020). The coronavirus economy will bring inflation. Capital Matters, 23 April. https://www.nationalreview.com/2020/04/the-coronavirus-economy-will-bring-inflation.

Ikeda, D., and Kurozumi, T. (2018). Slow Post-Financial Crisis Recovery and Monetary Policy. Globalization Institute Working Paper 347. Dallas, TX: Federal Reserve Bank of Dallas.

Ito, Takatoshi and Tokuo Iwaisako. (1995). Explaining Asset Bubbles in Japan. NBER Working Paper 5358, Available at https://www.nber.org/papers/w5358.

Ito, Takatoshi. (2016). Japanization: Is It Endemic or Epidemic? NBER Working Paper 21954, Available at http://www.nber.org/papers/w21954.

Jay Powell. (2020). New Economic Challenges and the Fed's Monetary Policy Review. Federal Reserve Bank of Kansas City Jackson Hole Symposium, August 27.

Jayadev, A. and J. W. Mason. (2018). Mainstream macroeconomics and modern money theory: what really divides them? Institute for New Economic Thinking, 6 September.

Jorda, O., M. Schularick, and A. M. Taylor. (2016). Macrofinancial history and the new business cycle facts. NBER Macroeconomics Annual 2016.

Jorda, Oscar, Mortiz Schularick, and Alan M. Taylor. (2015). Leveraged Bubbles. Journal of Monetary Economics 76, S1 - S20.

Kolb, Melina. (2018). What is Globalization? (October 29). Washington:

Peterson Institute for International Economics.

Krugman, Paul. (2014). Apologizing to Japan. New York Times, The Opinion Pages, October 31, (in print).

Ljungqvist, A., Persson, L., Tag, J. (2018). The incredible shrinking stock market: On the political economy consequences of excessive delistings. Tech. report of NBER.

Lavoie, M. (2019). Modern monetary theory and post-Keynesian economics. Real World Economics Review, 89,97 - 108.

Lim, Cheng Hoon, Ivo Krznar, Fabian Lipinsky, Akira Otani, and Xiaoyong Wu. (2013). The Macroprudential Framework: Policy Responsiveness and Institutional Arrangements. IMF Working Paper 13/166, International Monetary Fund: Washington DC.

Lou Dong, Li An and Donghui Shi. (2021). Wealth Redistribution in Bubbles and Crashes, Working Paper of LSE.

Mankiw, N. G. (2020). A skeptic's guide to modern monetary theory. NBER Working Paper No. 26650, January.

Mauro, P., R. Romeu, A. Binder, and A. Zaman. (2015). A Modern History of Fiscal Prudence and Profligacy. Journal of Monetary Economics, Vol. 76,55 - 70.

Mbaye, S., M. Moreno-Badia, M., and K. Chae. (2018). Bailing Out the People: When Private Debt Becomes Public. IMF Working Paper No. 18/141.

McCulley Paul, Zoltan Pozsar. (2012). Does Central Bank Independence Frustrate the Optimal Fiscal-Monetary Policy Mix in a Liquidity Trap? Global Society of Fellows Report.

McCulley Paul, Zoltan Pozsar. (2013). Helicopter Money: Or How I Stopped Worrying and Love Fiscal-Monetary Cooperation. Global Society of Fellows Report.

Medas, P., T. Poghosyan, Y. Xu, J. Farah-Yacoub, and K. Gerling. (2018). Fiscal Crises, Journal of International Money and Finance. Vol. 88, 191 - 207.

Mehrling, Perry. (2010). The New Lombard Street: How the Fed Became the Dealer of Last Resort. Princeton Univ. Press.

Menasce Horowitz, Juliana, Ruth Igielnik, and Rakesh Kochhar. (2020). Trends in Income and Wealth Inequality. Social Research Trends (January 9). Washington: Pew Research Center.

Miao, Jianjun. (2014). Introduction to Economic Theory of Bubbles, Journal of Mathematical Economics 53, 130 - 136.

Mickey D. Levy. (2017). Why Have the Fed's Policies Failed to Stimulate the Economy? Cato Journal, 37(1), 39 - 45.

Mickey D. Levy. (2020). The Fed's Aggressive Response to the Crisis: What's Next? Berenberg Capital Markets, July 23.

Michael Bordo, Christopher Erceg, Andrew Levin and Ryan Michaels. (2017). Policy Credibility and Alternative Approaches to Disinflation. Research in Economics Vol. 7(3), 442 - 460.

Middleton, Roger. (2010). Lessons from the Great Depression for the Making of Economic Policy. Working Paper.

Miranda - Agrippino, S., Rey, H. (2020). US Monetary Policy and the Global Financial Cycle. Review of Economic Studies 87, 2754 - 2776.

Mishel, Lawrence, and Melat Kassa. (2019). Top 1.0% of Earners See Wages Up 157.8% Since 1979. Working Economics Blog (Economic Policy Institute), December 18.

Motta, M. and M. Peitz. (2020). Big Tech Mergers. CEPR Discussion Paper 14353.

Murphy，Kevin. (2012). The Politics of Pay：A Legislative History of Executive Compensation. University of Southern California Marshall School of Business Working Paper No. FBE 01. 11.

Obstfeld，Maurice. (2011). International Liquidity：The Fiscal Dimension. Monetary and Economic Studies 29，Tokyo：Bank of Japan，33－48.

Obstfeld，M. and A. Taylor. (2017). International monetary relations：Taking finance seriously. Journal of Economic Perspectives.

Parker，G.，and M. Van Alstyne. (2018). Innovation，openness，and platform control. Management Science 64(7)，3015－3032.

Pesek，William. (2014). Japanization：What the World Can Learn from Japan's Lost Decades. Singapore：Wiley.

Piketty，T. and G. Zucman. (2014). Capital is Back：Wealth-Income Ratios in Rich Countries 1700－2010. The Quarterly Journal of Economics 129(3)，1255－1310.

Reinhardt，Carmen and Ken Rogoff. (2009). The Aftermath of Financial Crises. NBER Working Paper 14656，Available at https://www.nber.org/papers/w14656.

Reinhart，C. and Reinhart，V. (2010). After the Fall. NBER Working Paper No. 16334. Cambridge，MA：National Bureau of Economic Research.

Rey Helene. (2017). The Global Financial System，the Real Rate of Interest and a Long History of Boom-Bust Cycles. Andrew Crockett Memorial Lecture.

Richard Clarida. (2020). Fed Vice Chair Richard H. Clarida on U. S. Monetary Policy，The Peterson Institute for International Economics，August.

Saez，Emmanuel，and Gabriel Zucman. (2020). The Rise of Income and Wealth Inequality in America：Evidence from Distributional Macroeconomic

Accounts. Journal of Economic Perspectives (September 26).

Schalck, Christophe. (2017). Public debt management in developed economies during the crisis. In U. Hacioglu & H. Din? er (Eds), Global Financial Crisis and Its Ramifications on Capital Markets, Springer, 67 - 77.

Segal, S. and Gerstel, D. (2020). Breaking down the G - 20 Covid-19 fiscal response. April 30th. Centre for Strategic and International Studies.

Shiller, Robert, J. (1981). Do Stock Prices Move Too Much to be Justified by Subsequent Changes in Dividends? American Economic Review 71, 421 - 436.

Shizume, Masato. (2009). The Japanese Economy During the Interwar Period. Bank of Japan Review.

Summers, Lawrence H. (2014). U. S. Economic Prospects: Secular Stagnation, Hysteresis, and the Zero Lower Bound. Business Economics, National Association for Business Economics, Vol. 49, No. 2, April: 65 - 73.

Summers, Larry H. (2015). Have We Entered an Age of Secular Stagnation? IMF Economic Review, Vol. 63, 277 - 280.

Staff of Congressman Keith Ellison. (2018). Rewarding or Hoarding? An Examination of Pay Ratios Revealed by Dodd-Frank. May.

Starr, Evan, J. J. Prescott, and Norman Bishara. (2020). Noncompetes in the US Labor Force. University of Michigan Law and Econ Research Paper No. 18 - 013 (May 7). Michigan: University of Michigan Law.

Teulings, Coen and Richard Baldwin. (2014). Secular Stagnation: Facts, Causes and Cures. VoxEU, http://www. voxeu. org/content/secular-stagnation-facts-causes-and-cures.

Thomas Palley. (2020). What's wrong with Modern Money Theory: macro and political economic restraints on deficit-financed fiscal policy, Review of Keynesian Economics, Vol. 8 No. 4, 472 - 493.

Wendy Edelberg and Louise Sheiner. (2020). What could additional fiscal policy do for the economy in the next three years? The Brookings Institution, October 9.

Wheelock, D. (2020). Comparing the COVID-19 Recession with the Great Depression. Economic Synopsis No. 39. Federal Reserve Bank of St. Louis.

Wolf, Martin. (2012). Ways to Accelerate Private Sector Deleveraging. Financial Times, August 31.

Wray, L. R. (2012). Modern Money Theory: A Primer on Macroeconomics for Sovereign Monetary Systems. New York: Palgrave Macmillan.

阿蒂夫·迈恩,阿米尔·苏菲:《债居时代:房贷如何影响经济》,中信出版社 2018 年版。

阿格尼斯·贝纳西-奎里,贝努瓦·科尔,皮埃尔·雅克,让·皮萨尼-费里:《经济政策:理论与实践》,中国人民大学出版社 2015 年版。

安东尼·阿特金森:《不平等:我们能做什么》,中信出版社 2016 年版。

保罗·肯尼迪:《大国的兴衰:1500—2000 年的经济变革与军事冲突》,中信出版社 2013 年版。

巴里·艾肯格林,阿尔诺·梅尔,利维·娅齐图:《货币变局》,机械工业出版社 2019 年版。

彼得·特朗,戴维·瓦因斯:《无霸主的世界经济:世界经济体系的崩溃和重建》,中信出版社 2019 年版。

陈雨露,马勇:《大金融论纲》,中国人民大学出版社 2013 年版。

查理斯·P. 金德尔伯格:《经济过热、经济恐慌及经济崩溃——金融危机史》,北京大学出版社 2000 年版。

蒂姆·奈特:《世界金融简史:关于金融市场的繁荣、恐慌与进程》,中国人民大学出版社 2017 年版。

安德烈·贡德·弗兰克:《白银资本: 重视经济全球化中的东方》,四川人民出版社 2017 年版。

辜朝明:《大衰退: 宏观经济学的圣杯》,东方出版社 2016 年版。

辜朝明:《复盘: 一个经济学家对宏观经济的另类解读》,中信出版社 2020 年版。

国际清算银行(BIS): 监管金融领域的大科技公司 2021 年 8 月 2 日。

卡门·M. 莱因哈特,肯尼斯·S. 罗格夫:《这次不一样: 八百年金融危机史》,机械工业出版社 2016 年版。

拉古拉迈·拉詹:《断层线: 全球经济潜在的危机》,中信出版社 2011 年版。

鲁奇尔·夏尔马:《国家兴衰: 全球经济格局与中国的前景》,新世界出版社 2018 年版。

莫妮卡·普拉萨德:《过剩之地: 美式富足与贫困悖论》,上海人民出版社 2019 年版。

乔纳森·休斯,路易斯·凯恩,《美国经济史》,上海海人民出版社 2013 年版。

唐文健:《中国经济增长收敛性及其机理研究》,人民出版社 2009 年版。

彭文生:《渐行渐近的金融周期》,中信出版社 2017 年版。

瑞·达利欧:《债务危机: 我的应对原则》,中信出版社 2019 年版。

三桥规宏,内田茂男:《透视日本经济》,清华大学出版社 2018 年版。

施东辉:《去杠杆已成中国经济当务之急》,《上海证券报》(理论版)2017 年 5 月 19 日。

施东辉:《完善资本市场融资制度》,《中国金融》2018 年第 6 期。

施东辉:《投资者行为与股市改革方向》,北大汇丰金融前沿讲堂 2020 年 3 月 16 日。

施东辉:《疫情之下如何发挥资本市场的枢纽作用》,《21 世纪经济报道》2020 年 5 月 22 日。

施东辉:《股价泡沫需要监管吗》,《北大金融评论》2020 年第 6 期。
施东辉,《“十四五”新形势下资本市场的改革与发展》,《清华金融评论》2020 年 12 月 18 日。
施东辉:《科创板两周年:一场尚未终局的试验》,《澎湃新闻》2021 年 7 月 26 日。
克劳斯·施瓦布,蒂艾利·马勒雷:《后疫情时代:大重构》,中信出版社 2020 年版。
沃尔特·沙伊德尔:《不平等社会》,中信出版社 2019 年版。
泽维尔·弗雷克萨斯,拉克·莱文,何塞-路易斯·佩德罗:《系统性风险、危机与宏观审慎监管》,中国金融出版社 2017 年版。
钟正生,姚世泽:《日本化是逃不开的梦魔么?——2020 年世界经济展望》,《中国外汇》2020 年第 1 期。
中国信通院:《平台经济与竞争政策观察》2021 年 5 月。

后 记

无论是学术研究还是大众史学，都将大国的兴衰更替视作世界经济运行乃至世界格局巨变的主要动力。在其影响颇广的著作《大国的兴衰》中，历史学家保罗·肯尼迪指出："一流国家在世界事务中的相对地位总是在不断变化，主要原因有二：一是各国国力的增长速度不同；二是技术突破和组织形式的变革。"随着中国改革开放以来伟大复兴进程的不断推进和近年来新兴经济体国家的强势崛起，世界格局正在发生前所未有的变化。应该说，国际格局和国家之间综合实力的变化成为"百年变局"的内在动因。

当中国经济腾飞的时候，新一轮技术革命的曙光出现在地平线上。以人工智能、大数据、云计算及区块链等新兴技术为主要内容的新经济群体迅速崛起，已经引起经济增长方式、经济结构以及经济运行规则和经济治理理念的深刻改变。

世界经济"大缓和"使20世纪初叶洋溢着乐观的情绪，2004年，时任美联储理事的本·伯南克在演讲时宣称，现代宏观经济政策已经解决了商业周期问题。但短短几年后，源于美国次贷违约的金融危机席卷全球，无论就其影响的深度还是广度而言，都成为大萧条以来最严重的一次。为应对危机,全球主要经济体开启了史无前例的货币宽松政策实验,与此相伴随的债务高企、贫富差距、赤字货币化等问题不断成为媒体的头条新闻,并成为社会关注的主要话题。

全球金融危机以来,欧美的财政和货币政策在管理经济周期方面采取了比其他大多数国家更为激进的做法,如果在这一方向上的进一步政策转变被证明是成功的,并避免了实质性和持续性的经济过热,这将加强其他国家在财政和货币政策方面效仿的理由,可能会鼓励各国增加结构性赤字,并在更长时间内保持更宽松的货币政策,这显然将带来各国经济政策的重大改变。

过去的几年充满着魔幻色彩的 2020 年已经过去,人们见证了太多意想不到的“历史”。突如其来的新冠肺炎疫情依然在全球肆虐,给整个世界带来前所未有的巨大冲击,数十亿人的工作和生活方式发生重大改变,全球经济遭受史无前例的重挫。未来数年,世界经济面临的关键挑战将是应对新冠肺炎疫情及其遗留问题:从刺激政策中安全退出、供应链的区域化和大重组、公共和私人债务的处理等。与这些挑战同样重要的是,新冠肺炎疫情之前的结构性问题仍然存在,并因疫情大流行而变得更加严重。

我们是否正身处一个重要的历史转折点?欧美量化宽松政策何时会退出?通货膨胀的“幽灵”是否已经重现?……无数的人们正致力于思考这些问题。

本书的主要内容源于本人近一两年对上述问题的思考和探索,它们曾以不同形式发表在《澎湃新闻》《21 世纪经济报道》《财经》《复旦金融评论》等媒体上。对一个以微观金融为研究“主业”的研究者来说,将自己的研究兴趣拓展到更为宏观的领域是一个巨大的挑战,恰如一个好奇的水手,奔赴所有未知的港口时难免战战兢兢,同时也充满着希望与期待。所幸这是一个信息爆炸的时代，站在前人的研究成果之上，我们可以相对容易地学习和思考自己尚未触及的广阔知识。

本书是一本分析性的简论，旨在以平实的方式描述今日世界经济运行的事实、现象以及背后的原因之所在。毫无疑问，在未来相当长的时间里，对这些问题的分析将充满各种争议和分歧。法国作家维克多·雨果曾说过："在路易十四时代，人人都是希腊学家；而在19世纪，人人都是东方学家。"如果把这句话代入今天动荡不安的世界，那么可以说：现在人人都是经济学家。希望本书的相关论述能对读者有所启发。

回顾那些在本书形成和出版过程中给予帮助的人，我深深为他们的热忱而感动。澎湃新闻的蔡军剑先生经常"催促"我写稿，使我能克服不时涌起的倦怠之意。泛海国际金融学院市场部的徐佳捷先生为我热心联系了出版事宜。东方出版中心的马晓俊先生为本书的出版提供了支持和帮助。最后我想说的是，由于学识有限，难免会有疏漏，书中的一些观点和内容有待进一步完善，敬请读者批评指正。

施东辉

2022年3月于上海浦东